U0933917

容斋随笔

（宋）洪迈　著　　乔沛芸　主编

吉林文史出版社

图书在版编目(CIP)数据

容斋随笔 / (宋) 洪迈著 ; 乔沛芸主编. -- 长春 : 吉林文史出版社, 2018.9

ISBN 978-7-5472-5347-2

Ⅰ. ①容… Ⅱ. ①洪… ②乔… Ⅲ. ①笔记-中国-南宋-选集 Ⅳ. ①Z429.442

中国版本图书馆 CIP 数据核字(2018)第 200932 号

容斋随笔

著　　者　(宋) 洪迈
主　　编　乔沛芸
责任编辑　李相梅
版面设计　文贤阁
出版发行　吉林文史出版社有限责任公司
地　　址　长春市人民大街 4646 号
网　　址　http://www.jlws.com.cn
印　　刷　北京市松源印刷有限公司
开　　本　880mm×1230mm　1/32
印　　张　17
字　　数　456 千字
版　　次　2019 年 5 月第 1 版　2019 年 5 月第 1 次印刷
书　　号　978-7-5472-5347-2
定　　价　50.00 元

前言

《容斋随笔》又称《容斋五笔》，是南宋文人洪迈历经四十年创作的笔记散文集。其中包括《容斋随笔》十六卷，《容斋续笔》十六卷，《容斋三笔》十六卷，《容斋四笔》十六卷，《容斋五笔》十卷。共七十四卷、一千二百二十则，内容广泛、资料丰富、议论精当，涉及历史典故、诸子百家、医卜星算、诗词文翰等，是研究宋代历史的必读书，具有很强的学术价值，与沈括的《梦溪笔谈》、王应麟的《困学纪闻》并称“宋代考据笔记三大家”。

《容斋随笔》之所以具有这么高的价值，得益于作者洪迈的渊博学识和独到见解。洪迈（1123—1202 年），字景卢，号容斋，又号野处，鄱阳（今江西鄱阳）人。他出身于文化氛围浓厚的仕宦之家，父亲洪皓曾以礼部尚书的身份出使金国议和，被扣留十五年却始终不屈服，有“宋之苏武”的美称。洪迈是洪皓第三子，他和哥哥洪适、洪遵并称“三洪”，全都进士及第、位高权重、名满天下。洪迈中进士之后，曾监修国史，任翰林学士、绍兴知府、龙图阁学士等，以端明殿学士致仕，卒赠光禄大夫，谥文敏。洪迈勤于治学、孜孜不倦，《容斋随笔》一书，正是他治学精神的体现。洪迈曾在《容斋四笔序》中说：“始予作容斋随笔，首尾十八年，二笔十三年，三笔五年，而四笔之成，不费一岁。身益老而著书益速，盖有其说。”主要作品除《容斋随笔》外还有《夷坚志》《野处类稿》《万首唐人绝句》等书传世。

《容斋随笔》中的笔记，题材、写法灵活多样，有的是叙述史实，夹杂考据和议论；有的是提出考辨，并兼及相关人和事的比较；有的则直接罗列史实或诗文，不加议论和判断；还有不少则是用耳闻目见的事实和大量史料来补史书的不足、纠正前人的谬误等。全书是作者近四十年读书所得，书中从始至终洋溢着爱国爱民、经世致用的色彩，不仅是南宋笔记小说之冠，也堪称我国古代笔记小说的珍品。

容斋随笔

容斋续笔

容斋三笔

容斋四笔

容斋五笔

容斋随笔

卷　一

黄鲁直诗

原文

徐陵[①]《鸳鸯赋》云："山鸡映水那相得，孤鸾照镜不成双。天下真成长会合，无胜比翼两鸳鸯。"黄鲁直[②]《题画睡鸭》曰："山鸡照影空自爱，孤鸾舞镜不作双。天下真成长会合，两凫相倚睡秋江。"全用徐语点化之，末句尤精工。又有《黔南十绝》，尽取白乐天语，其七篇全用之，其三篇颇有改易处。乐天《寄行简》诗，凡八韵，后四韵云："相去六千里，地绝天邈然。十书九不达，何以开忧颜！渴人多梦饮，饥人多梦餐。春来梦何处？合眼到东川。"鲁直剪为两首，其一云："相望六千里，天地

隔江山。十书九不到，何用一开颜?”其二云：“病人多梦医，因人多梦赦。如何春来梦，合眼在乡社!”乐天《岁晚》诗七韵，首句云：“霜降水返壑，风落木归山。冉冉岁将晏，物皆复本源。”鲁直改后两句七字，作“冉冉岁华晚，昆虫皆闭关”。

·注释·

①徐陵：徐陵（507—583 年），南朝文学家，字孝穆，东海郯（今山东郯城）人。梁朝时任东宫学士，陈朝时历任尚书左仆射。

②黄鲁直：即黄庭坚（1045—1105 年），北宋文学家、书法家，是“苏门四学士”之一，其诗与苏轼齐名，人称“苏黄”。他的诗奇崛瘦硬，力摈轻俗之习，开一代风气，为江西诗派的开山鼻祖。他的书法精妙，与苏轼、米芾、蔡襄并称“宋四家”。

徐陵的《鸳鸯赋》说：“山鸡映水那相得，孤鸾照镜不成双。天下真成长会合，无胜比翼两鸳鸯。”黄庭坚的《题画睡鸭》说：“山鸡照影空自爱，孤鸾舞镜不作双。天下真成长会合，两凫相倚睡秋江。”整首诗都是点化自徐陵的诗句，最后一句尤其精妙工整。黄庭坚还有《黔南十绝》，全都是使用白居易的诗句，其中有七篇完全引用，其余三篇做了一点儿改动。白居易的《寄行简》共八韵，后四韵是：“相去六千里，地绝天邈然。十书九不达，何以开忧颜！渴人多梦饮，饥人多梦餐。春来梦何处？合眼到东川。”黄庭坚将其一分为二变成了两首诗，其中一首是：“相望六千里，天地隔江山。十书九不到，何用一开颜？”另一首是：“病人多梦医，囚人多梦赦。

如何春来梦，合眼在乡社!”白居易的《岁晚》共七韵，开头是：“霜降水返壑，风落木归山。冉冉岁将晏，物皆复本源。”黄庭坚对后两句进行了修改，变成“冉冉岁华晚，昆虫皆闭关”。

敕勒歌

原文

鲁直《题阳关图》诗云：“想得阳关更西路，北风低草见牛羊。”又集中有《书韦深道诸帖》云：“斛律明月，胡儿也，不以文章显，老胡以重兵困敕勒[①]川，召明月作歌以排闷。仓促之间，语奇壮如此，盖率意道事实耳。”予按《古乐府》有《敕勒歌》，以为齐高欢攻周玉壁而败，恚愤[②]疾发，使斛律金唱《敕勒》，欢自和之。其歌本鲜卑语，词曰：“敕勒川，阴山下。天似穹庐，笼罩四野。天苍苍，野茫茫，风吹草低见牛羊。”鲁直所题及诗中所用，盖此也，但误以斛律金为明月。明月名光，金之子也。欢败于玉壁，亦非困于敕勒川。

注释

①敕勒：族名，南北朝时期居住在朔州（今山西北部）一带。

②恚愤：愤怒。

黄庭坚《题阳关图》一诗中写道："想得阳关更西路，北风低草见牛羊。"在他的文集中有一篇《书韦深道诸帖》这样说："斛律明月，是胡人，不是因文章出名。高欢大军被围困在敕勒川，就招来斛律明月作歌解忧。虽然完成得较为仓促，但歌词竟如此雄壮有力、气势磅礴，大概是作者率意而为、描绘的都是真情实景的原因吧。"我查到《古乐府》中有《敕勒歌》，认为是北齐高欢攻打北周的玉壁（今山西稷山西南）时失败，由于过度悲愤而生病，所以让斛律金唱《敕勒歌》，高欢亲自和乐。歌词本来是鲜卑语，歌词说："敕勒川，阴山下。天似穹庐，笼罩四野。天苍苍，野茫茫，风吹草低见牛羊。"黄庭坚的《阳关图》和诗中所引用的典故，大概都是来源于此，但他把斛律金误当成斛律明月。斛律明月名叫斛律光，是斛律金的儿子。高欢被打败的地方是玉壁，也不是被困在敕勒川。

地 险

原文

古今言地险者，以谓函秦宅关、河之胜，齐负海、岱，赵、魏据大河，晋表里河山，蜀有剑门、瞿塘之阻，楚国方城以为城，汉水以为池，吴长江万里，兼五湖之固，皆足以立国。唯宋、卫之郊，四通八达，无一险可恃。然东汉之末，袁绍跨有青、冀、幽、并四州，韩遂、马腾辈分据关中，刘璋擅蜀，刘表居荆州，吕布

盗徐，袁术包南阳、寿春，孙策取江东，天下形胜尽矣。曹操晚得兖州，倔强其间，终之夷群雄，覆汉祚[1]。议者尚以为操挟天子以自重，故能成功。

而唐僖、昭之时，方镇擅地，王氏有赵百年，罗洪信在魏，刘仁恭在燕，李克用在河东，王重荣在蒲，朱宣、朱瑾在衮、郓，时溥在徐，王敬武在淄、青，杨行密在淮南，王建在蜀，天子都长安，凤翔、邠、华三镇鼎立为梗，李茂贞、韩建皆尝劫迁乘舆。而朱温区区以汴、宋、亳[2]、颍巃然中居，及其得志，乃与操等。以在德不在险为言，则操、温之德又可见矣。

注释

①祚：福，赐福。

②亳：今安徽亳州。

译文

古今说到地势险要，都说关中秦地凭借函谷关的险要、黄河的形胜，齐国凭借大海与泰山，赵国和魏国凭借黄河天险，晋国外河内山，西蜀凭借剑门关、瞿塘峡，楚国则筑起了方城来防守、以汉水为护城河，吴国仰赖万里长江和五湖的险

要，这些有利的地形都有助于建立自己的国家。唯有宋国和卫国四通八达，没有一个险要地形可以防守。然而东汉末年，群雄四起，袁绍占据了青、冀、幽、并四州，韩遂、马腾等人分据关中，刘璋占有蜀地，刘表占有荆州，吕布窃据徐州，袁术拥有南阳和寿春，江东之地归了孙策，这样一来中国的险要之地被瓜分殆尽。曹操最后才得到兖州，在那里顽强奋斗，终于消灭群雄，颠覆汉室。论者可能会说曹操“挟天子以令诸侯”，提高了自己在政治上的优势，所以才会取得成功。

但是在唐僖宗和唐昭宗时，藩镇割据，王氏占据赵地百余年，罗洪信占据魏地，刘仁恭占据燕地，李克用占据河东，王重荣占据蒲州，朱宣、朱瑾占据兖州、郓州，王时溥占据徐州，王敬武占据淄州和青州，杨行密占据淮南，王建占据蜀地，皇帝则建都长安，凤翔、邠州、华州这三镇鼎足而立，不听诏令，李茂贞和韩建都挟持过皇帝。只有朱温凭借着小小的汴州、宋州、亳州、颍州几个地方，孤立地处在多股势力中间，一旦他志得意满之时，竟能取得与曹操一样的伟业。如果说兴衰“在德不在险”，那么曹操和朱温的德行都是非常高的吧。

史记世次

原文

《史记》所纪帝王世次[①]，最为不可考信，且以稷[②]、契论之，二仕皆帝喾子，同人于唐虞[③]。契之后为商，自契至成汤[④]凡十三世，历五百余年。稷之后为周，自稷至武王凡十五世，历千一百余年。王季盖[⑤]与

汤为兄弟，而世之相去六百年，既已可疑。则周之先十五世，须每世皆在位七八十年，又皆暮年所生嗣[6]君，乃合此数，则其所享寿皆当过百年乃可。其为漫诞不稽[7]，无足疑者，《国语》所载太子晋之言曰："自后稷之始基靖民[8]，十五王而文始平之。"皆不然也。

·注释·

①世次：世，世代；次，次序，位次。

②稷：即后稷。周的始祖，其母姜嫄是帝喾的元妃。后稷喜好耕种，善于分辨谷物，在尧、舜时代担任农官，教导民众采集种子、耕田播种。

③唐虞：唐尧、虞舜，也就是尧舜两代。

④成汤：即商汤，名履，契的后世子孙，商朝的开国君主。夏朝的末代君主桀暴虐无道，汤起兵讨伐，建立商朝。

⑤盖：大概，应该，表推测。

⑥嗣：子孙，此处代指儿子。

⑦漫诞不稽：即荒诞离奇，经不起推敲。稽，考核。

⑧靖民：安定平民，治理民众。靖，平定，使秩序安定。

·译文·

《史记》里记载的帝王世代次序，最经不起考证，以稷和契为例，二人都是帝喾之子，都在唐尧、虞舜时代做官。商汤是契的后代，从契到商汤共十三代，历经五百多年。文王、武王是稷的后代，从稷到武王，共十五代，长达一千一百多年。从辈分上看文王之父王季和商汤为兄弟辈，两人竟差了六百年，这已然非常可疑。周的十五代先人，每一代都必须在位七八十年，又必须全都是晚年得子，这个数字才符合，那样一来，他们的寿命必须全部超过一百岁才行。说《史记》的记载经不起考证，应该是无可怀疑的了，至于《国语》中太子晋说："从后稷打好基础，人民开始安定，经过十五代到了文王才得到天下。"也是错误的。

白公咏史

原文

东坡《志林》云："白乐天尝为王涯所谗，贬江州司马[①]。甘露之祸，乐天有诗云：'当君白首同归日，是我青山独往时。'不知者以乐天为幸之，乐天岂幸人之祸者哉？盖悲之也。"予读白集有《咏史》一篇，注云："九年十一月作。"其词曰："秦磨利刃斩李斯，齐烧沸鼎亨郦其。可怜黄绮入商洛，闲卧白云歌紫芝。彼为菹醢机上尽，此作鸾凰天外飞。去者逍遥来者死，乃知祸福非天为。"正为甘露事而作，其悲之之意可见矣。

注释

①司马：西周始置，掌军政和军赋的官员，与司徒、司空、司士、司寇并称五官。汉武帝时置大司马，作为大将军、骠骑将军的加号，东汉单独设置。隋唐以后成为兵部尚书的别称。

苏东坡在《志林》中说：“白居易因为王涯的谗言被贬为江州司马。甘露之变发生后，白居易作诗说：‘当君白首同归日，是我青山独往时。’不了解的人还以为白居易是在幸灾乐祸，白居易怎么会是那种人呢？他其实是在悲痛他们的死呀！”我读白居易的诗集，其中有一篇《咏史》，注中说：“大和九年（835 年）十一月所作。”诗中写道：“秦磨利刃斩李斯，齐烧沸鼎亨郦其。可怜黄绮入商洛，闲卧白云歌紫芝。彼为菹醢机上尽，此作鸾凰天外飞。去者逍遥来者死，乃知祸福非天为。”显然是为甘露之变所作，痛惜之意不言而喻。

裴晋公禊事

原文

唐开成二年三月三日，河南尹李待价将禊[①]于洛滨，前一日启留守裴令公。公明日召太子少傅白居易，太子宾客萧籍、李仍叔、刘禹锡，中书舍人郑居中等十五人

合宴于舟中，自晨及暮，前水嬉而后妓乐，左笔砚而右壶觞，望之若仙，观者如堵。裴公首赋一章，四坐继和，乐天为十二韵以献，见于集中。今人赋上巳[②]，鲜有用其事者。予按《裴公传》，是年起节度河东，三年以病丐还东都。文宗上巳宴群臣曲江，度不赴，帝赐以诗，使者及门而度薨。与前事相去正一年。然乐天又有一篇，题云《奉和裴令公三月上巳日游太原龙泉忆去岁禊洛之作》，是开成三年诗，则度以四年三月始薨。《新史》以为三年，误也。《宰相表》却载其三年十二月为中书令，四年三月薨。而帝纪全失书，独《旧史》纪、传为是。

·注释·

①禊：清除不祥的祭祀典礼。

②上巳：上巳节，即三月三日，是固定的进行禊典礼的节日。

·译文·

唐文宗开成二年（837 年）三月二日，河南尹李待价将要在洛水之滨举行禊祭，提前一天给河南留守裴度写了信。裴度第二天召集太子少傅白居易，太子宾客萧籍、李仍叔、刘禹锡，中书舍人郑居中等十五人在船上摆了宴席，从早到晚，前面嬉水后面奏乐，左边行文右边饮酒，远远望去就像神仙一般，围观的人水泄不通。裴度先赋诗一首，其他人进行唱和，白居易作了十二韵诗献给众人，现存于他的诗集中。如今人们写上巳诗，用这个典故的很少。我根据《裴度传》查到，他就是在这一年被起用为河东节度使，第二年因病请求调回洛阳。文宗上巳日在曲江大宴群臣，裴度由于病重没有参加，文宗写诗赐给他，使者刚到门口裴度就去世了。与上次的事正好相隔一年。但白居易还有一首诗，题目是《奉和裴令公三月上巳日游太原龙泉忆去岁禊洛之作》，就是创作于开成三年，那么裴度去世的日期就应该是开成四年三月。《新史》说他逝世于开成三年，无疑搞错了。《新史·宰相表》记载裴度开成三年十二月任中书令，四年三月病故。但是在帝纪中全无记载，只有《旧史》的纪和传记载是正确的。

卷　二

唐重牡丹

原文

欧阳公[1]《牡丹释名》云："牡丹初不载文字[2]，唐人如沈、宋、元、白[3]之流，皆善咏花，当时有一花之异者，彼必形于篇什[4]，而寂无传焉，唯刘梦得[5]有《咏鱼朝恩[6]宅牡丹》诗，但云一丛千朵而已，亦不云其美且异也。"予案[7]，白公集有《白牡丹》一篇十四韵，又《秦中吟》十篇，内《买花》一章，凡百言，云："共道牡丹时，相随买花去。一丛深色花，十户中人赋。"而《讽喻乐府》有《牡丹芳》一篇，三百四十七字，绝道花之妖艳，至有"遂使王公与卿士，游花冠盖日相望""花开花落二十日，一城之人皆若狂"之语。又《寄微之[8]百韵》诗云："唐昌玉蕊会，崇敬牡丹期。"注："崇敬寺牡丹花，多与微之有期。"又《惜牡丹》诗云："明朝风起应吹尽，夜惜衰红把火看。"《醉归盩厔》诗云："数日非关王事系，牡丹花尽始归来。"元微之有《入永寿寺看牡丹》诗八韵，《和乐天

秋题牡丹丛》三韵，《酬胡三咏牡丹》一绝，又有五言二绝句。许浑[9]亦有诗云："近来无奈牡丹何，数十元钱买一窠。"徐凝[10]云："三条九陌花时节，万马千车看牡丹。"又云："何人不爱牡丹花，占断城中好物华。"然则元、白未尝无诗，唐人未尝不重此花也。

·注释·

①欧阳公：即欧阳修。

②初不载文字：初，起初，最初。不载文字，不见于文字记载。

③沈、宋、元、白：沈佺期、宋之问、元稹、白居易，都是唐朝著名诗人。

④彼必形于篇什：他们必定会用文字记录下来。形，形诸，用形式表现出来。篇什，《诗经》的《雅》《颂》以十篇为一什，后用篇什指诗篇。

⑤刘梦得：即刘禹锡，字梦得，唐朝著名诗人，诗文清新自然，充满生活情趣。

⑥鱼朝恩：唐朝宦官，肃宗和代宗时擅权，执掌朝政，胁迫皇帝，后被代宗借机捕杀。

⑦予案：我考察（过）。案，考察，研求。

⑧微之：即元稹，字微之，与白居易唱和，时人称为"元白"，号为"元和体"。其诗辞浅意哀，动人肺腑。

⑨许浑：字用晦，一作仲晦，唐朝诗人。善于托物寄情，风格婉丽秀美。

⑩徐凝：唐朝诗人，受白居易、元稹等人赏识，诗文境界开阔，语句朴实无华。

欧阳修在《牡丹释名》一文中说："牡丹最初找不到文字记载，唐人中沈佺期、宋之问、元稹、白居易等全都善于咏花，一旦出现了奇异的花，他们都要写入诗中，然而他们都没有写牡丹，刘禹锡虽有《咏鱼朝恩宅中牡丹》一诗，也不过说它一丛千朵而已，并没有赞叹牡丹的美丽和奇特。"我考察过，白乐天集中有《白牡丹》一篇，共十四韵，又有《秦中吟》十篇，其中《买花》一章共一百字，其中写道："共道牡丹时，相随买花去。一丛深色花，十户中人赋。"他的《讽喻乐府》有《牡丹芳》一篇，共三百四十七字，极力赞美牡丹的娇艳，甚至有："遂使王公与卿士，游花冠盖日相望。""花开花落二十日，一城之人皆若狂"之类的话。又有《寄微之百韵》诗说："唐昌玉蕊会，崇敬牡丹期。"他自己注道："崇敬寺正开牡丹花，常邀元微之去看"还有《惜牡丹》一诗说："明朝风起应吹尽，夜惜衰红把火看。"《醉归盩厔》诗说："数日非关王事系，牡丹花尽始归来。"元稹有《入永寿寺看牡丹》诗八韵，《和乐天秋题牡丹丛》三韵，《酬胡三咏牡丹》一绝，又有五言二绝句。许浑也有诗说："近来无奈牡丹何，数十千钱买一窠。"徐凝说："三条九陌花时节，万马千车看牡丹。"又说："何人不爱牡丹花，占断城中好物华。"这样看来元、白并非没有牡丹诗，唐人也并没有不重视牡丹啊！

长歌之哀

原文

嬉笑之怒，甚于裂眦[①]，长歌[②]之哀，过于恸哭。此语诚然。元微之在江陵，病中闻白乐天左降[③]江州，作绝句云："残灯无焰影憧憧，此夕闻君谪九江[④]。垂死病中惊起坐，暗风吹雨入寒窗。"乐天以为："此句他人尚不可闻，况仆心哉!"微之集作"垂死病中仍怅望"，此三字既不佳，又不题为病中作，失其意矣。东坡守彭城，子由[⑤]来访之，留百余日而去，作二小诗曰："逍遥堂后千寻木，长送中宵风雨声。误喜对床寻旧约，不知漂泊在彭城。""秋来东阁凉如水，客去山公醉似泥。困卧北窗呼不醒，风吹松竹雨凄凄。"东坡以为读之殆不可为怀，乃和其诗以自解。至今观之，尚能使人凄然也。

注释

①裂眦：也写作"裂眥"，指因发怒而眼睛睁得极大，眼眶似乎要裂开的样子，形容极其愤怒的神态。

②长歌：很长篇幅的诗歌或者拖长了声音唱歌。

③左降：贬官，多指由京官降职到州郡。

④九江：也就是江州，即今江西九江。

⑤子由：即苏辙，字子由，苏轼之弟，与苏轼同为唐宋八大家。

嬉笑声掩饰下的愤怒，超过目眦尽裂；歌声中表达出的悲哀，超过号啕痛哭。这话很准确。元稹在江陵生病了，听到好友白居易被贬到江州后，作绝句说：“残灯无焰影幢幢，此夕闻君谪九江。垂死病中惊起坐，暗风吹雨入寒窗。”白乐天认为：“这些诗句其他人都不忍心听，何况是我呢！”元稹集中作“垂死病中仍怅望”，“仍怅望”这三个字不好，诗题也没有说病中所作，就脱离原意了。苏东坡做彭城（今江苏徐州）太守，弟弟苏辙来看他，住了一百多天才离去，作了两首诗说：“逍遥堂后千寻木，长送中宵风雨声。误喜对床寻旧约，不知漂泊在彭城。”“秋来东阁凉如水，客去山公醉似泥。困卧北窗呼不醒，风吹松竹雨凄凄。”苏东坡认为读了实在不能忍受，便和了两首诗来宽解自己。如今读起来，仍然使人感觉到十分凄凉。

周亚夫

原文

周亚夫距吴、楚[1]，坚壁不出[2]。军中夜惊，内相攻击扰乱，至于帐下[3]。亚夫坚卧不起。顷之[4]，复定[5]。吴奔壁东南陬[6]，亚夫使备西北。已而果奔西北，不得入。《汉史》书之，以为亚夫能持重。按，亚夫军细柳时，天子先驱至，不得入。文帝称其不可得而犯。今乃有军中夜惊相攻之事，安在其能持重乎？

·注释·

①周亚夫：西汉名将，带兵有方，属下纪律严明。汉文帝时周亚夫驻守细柳，文帝亲自去犒劳，结果不允许在营中跑马，进入后发现细柳营营垒坚固，将士装束整齐。文帝大为感动。距：通“拒”，抗拒，抵抗。

②坚壁不出：坚守营垒，拒不出战。

③至于帐下：一直闹到（周亚夫）军帐前。

④顷之：过了一会儿。

⑤复定：又渐渐安静下来。

⑥吴奔壁东南陬：吴军向东南角的营垒进攻。壁，军营的围墙。陬，隅，角落。

·译文·

周亚夫抗拒吴、楚叛军，坚守营垒，拒不出战。军队夜间受惊，发生骚乱，互相攻击，一直闹到周亚夫帐下。周亚夫躺着一动不动。过了一会儿，又安静下来。吴军攻打营垒的东南角，周亚夫命令防备西北。一会儿吴军果然来攻西北，攻不进来。《汉书》记载此事，认为周亚夫用兵持重。按，周亚夫驻军在细柳（今陕西咸阳西南）时，皇帝骑马率先到达，进不了军营。汉文帝称赞他不能够侵犯。现在有军队夜间受惊互相攻击的事件，怎么能说用兵持重呢？

汉轻族人

原文

爰盎陷晁错[1]，但云[2]："方今[3]计，独有斩错耳。"而景帝使[4]丞相以下劾奏，遂至父母妻子同产无少长皆弃市。主父偃[5]陷齐王于死，武帝欲勿诛，公孙丞相[6]争之，遂族[7]偃。郭解客杀人，吏奏解无罪，公孙大夫议，遂族解。且偃、解两人本不死，因议者之言，杀之足矣，何遽至族乎？汉之轻于用刑如此。

注释

①陷：陷害，构陷。晁错：汉朝著名经济学家，年轻时学法家学说，文帝时为太子家令，有辩才，号称"智囊"。景帝时为内史，后升迁御史大夫。曾多次上书主张加强中央集权、削减诸侯封地、重农贵粟。吴、楚等七国叛乱时，被景帝错杀。晁错的经济思想，散见于《汉书》的《食货志》《爰盎晁错传》等篇。

②但云：只是说。

③方今：当今，现时。

④使：指使，命令。

⑤主父偃：汉武帝时名臣，早年曾习纵横之术，中年时代顺应时势习儒术，改学《周易》《春秋》和百家之言。学成后，游历各方，在地方受到儒生的排挤，于是进长安求见武帝。武帝与其座谈，

大为欣赏，得破格任用。他的《推恩令》也得到武帝的重用。

⑥公孙丞相：即公孙弘，字季，一字次卿，因贤良被征召为博士。元朔五年（公元前124年），公孙弘被任命为丞相。他表面和善，实际上工于心计，睚眦必报，因为与主父偃政见不和，便阴谋"杀主父偃，徙董仲舒于胶西"。

⑦族：将其灭族。

译文

爰盎陷害晁错，只是说："为今之计，只有杀掉晁错。"而汉景帝指使丞相等官员弹劾晁错，竟至父母、妻儿、兄弟、姐妹不管男女老少都被斩首示众。主父偃陷害齐王致死，汉武帝不想杀他，公孙弘丞相坚持，遂就灭了主父偃一族。郭解的下属杀了人，官吏判郭解无罪，公孙大夫判有罪，遂也灭了他的族。再说主父偃、郭解二人本可以不被杀，因有人主张要杀，杀了也就够了，哪至于灭族呢？汉朝就这样地轻于用刑。

秦用他国人

原文

七国虎争天下[①]，莫不招致四方游士[②]。然六国所用相，皆其宗族及国人，如齐之田忌、田婴、田文[③]，韩之公仲、公叔[④]，赵之奉阳、平原君[⑤]，魏王至以太

子为相[6]。独秦不然，其始与之谋国以开霸业者，魏人公孙鞅[7]也。其他若楼缓赵人，张仪[8]、魏冉、范雎皆魏人，蔡泽[9]燕人，吕不韦韩人，李斯楚人。皆委国而听之不疑，卒之所以兼天下者，诸人之力也。燕昭王任郭隗、剧辛、乐毅，几灭强齐，辛、毅皆赵人也。楚悼王任吴起为相，诸侯患楚之强，盖卫人也。

· 注释 ·

①七国虎争天下：战国时期，齐、楚、燕、韩、赵、魏、秦七雄并立，争夺天下。公元前221年，秦灭六国，统一天下。

②四方游士：四方游说之士。战国时期谋臣策士众多，读书人习纵横之术，游历四方，希图出人头地。

③田忌、田婴、田文：田忌，战国时齐国名将，曾与田婴等大将帮助韩、赵讨伐魏国，在马陵道杀掉魏国大将庞涓。田婴，田文的父亲，齐国的丞相，讨伐魏国立下大功。田文，即孟尝君，齐国贵族，礼贤下士，有门客数千人，“战国四君子”之一。

④公仲、公叔：战国时韩国贵族。

⑤奉阳、平原君：奉阳君，战国时期赵国贵族。平原君，即赵胜，战国时曾经三次担任赵相，为人谦和贤明，据传有门客三千人，“战国四君子”之一。

⑥魏王至以太子为相：魏哀王九年，魏相田需去世，楚国担心张仪等人任相会对本国不利，于是楚相昭鱼游说苏代（苏秦胞弟）去说服魏王让太子襄王为相。

⑦公孙鞅：即商鞅，本为卫国人，被秦孝公封到商地，故而又称商鞅、商君。他曾出仕魏国，后来入秦为相，辅佐秦孝公变法革

新，废井田、开阡陌，奖励耕战，开启了秦国富强之路。

⑧张仪：战国时著名的军事家、外交家，擅长纵横之术。

⑨蔡泽：战国时期燕国人，曾游说六国，不得，后入秦，被昭王拜为客卿。在范雎后为秦相，不久后辞相位。后出使燕国，游说燕太子丹入秦为人质。

七国争雄天下，都在招纳游说四方的人才。但六国所任用的相国，都是他们的宗族和本国人，像齐国的田忌、田婴、田文，韩国的公仲、公叔，赵国的奉阳君、平原君，魏王甚至任用太子当相国。只有秦国不是这样，最初与秦国商讨大计、开创霸业的是魏国人公孙鞅。其他的像楼缓是赵国人，张仪、魏冉、范雎都是魏国人，蔡泽是燕国人，吕不韦是韩国人，李斯是楚国人。秦国把国家托付给他们，没有一点疑心，所以结果就取得了天下，便是这些人的力量。燕昭王任用郭隗、剧辛、乐毅，差点灭了强盛的齐国，剧辛、乐毅却都是赵国人。楚悼王任用吴起为相国，诸侯都惧怕楚国强盛起来，大概因为吴起是卫国人。

卷　三

和归去来

原文

今人好和《归去来辞》，予最敬晁以道所言。其《答李持国书》云："足下爱渊明所赋《归去来辞》，遂同东坡先生和之，仆所未喻也。建中靖国间，东坡《和归去来》，初至京师，其门下宾客从而和者数人，皆自谓得意[①]也，陶渊明纷然一日满人目前矣。参寥忽以所和篇示予，率同赋，予谢之曰：'童子无居位，先生无并行，与吾师共推东坡一人于渊明间可也。'参寥即索其文袖之，出吴音曰：'罪过公，悔不先与公话。'今辄[②]以厚于参寥者为子言。"昔大宋相公谓陶公《归去来》是南北文章之绝唱，《五经》之鼓吹。近时绘画《归去来》者，皆作大圣变，和其辞者，如即事遣兴小诗，皆不得正中者也。

·注释·

①自谓得意：自以为做得不错。

②辄：就。

·译文·

今天的文人喜欢唱和陶渊明的《归去来辞》，我最佩服晁以道所说的话。他在《答李持国书》中说："先生喜欢陶渊明所做的《归去来辞》，于是与东坡先生和它，这我就不明白。徽宗建中靖国元年（1101年），苏东坡有《和归去来辞》文章刚传到京城时，他门下的宾客随他唱和的有好几个人，都自以为做得不错，真是一日之间满眼都是陶渊明了。参寥忽然把他和的篇章给我看，大略和赋一样，我告诉他：'童子不敢占据高位，先生面前不敢同行，我和大师共同推举东坡先生与陶渊明并驾齐驱就足矣了。'于是参寥就把他的文章索回，装在袖里走了，并且用吴语说：'对不起先生，我后悔没有早点向先生请教。'现在我把爱重参寥的话对先生说。"旧时大宋相公称陶渊明《归去来》是南北文章之绝唱，《五经》的传播者。近来画《归去来》的都画成了大圣变，唱和陶公的作品就如同即事所做的遣兴小诗，这些都是与原意不符的。

儒人论佛书

原文

韩文公[①]《送文畅序》言儒人不当举浮屠之说[②]以告僧。其语云："文畅，浮屠也，如欲闻浮屠之说，当自就其师而问之，何故谒[③]吾徒而来请也?"元微之作《永福寺石壁记》云："佛书之妙奥，僧当为预言，予不当为僧言。"二公之语，可谓至当[④]。

·注释·

①韩文公：字退之，河南河阳（今河南孟州）人，郡望昌黎，世称韩昌黎。因官吏部侍郎，又称韩吏部。谥号"文"，又称韩文公，唐朝著名文学家、哲学家，古文运动的倡导者。与柳宗元齐名，被称为"韩柳"，亦是"唐宋八大家"之一。其诗力求险怪新奇，雄浑大气。

②浮屠之说：佛家学说。

③谒：拜谒，求见。

④至当：十分精确恰当。

·译文·

韩愈《送文畅序》说儒生不应当把佛家学说告诉僧人。序中说："文畅是佛教徒，若想听佛家学说，自应去问他的师傅，为什么来找我们呢？”元微之作《永福寺石壁记》说：“佛经的奥妙，僧人应当对我说，我不应当给僧人说。”二人的话可算是十分确切。

四海一也

原文

海一而已，地之势西北高而东南下[①]，所谓东、北、南三海，其实一也。北至于青、沧[②]，则云[③]北海，南至于交、广，则云南海，东渐[④]吴、越，则云东海，无由有[⑤]所谓西海者。《诗》《书》《礼》经所载四海，盖引类[⑥]而言之。《汉·西域传》所云蒲昌海，疑亦渟居一泽尔。班超遣甘英往条支[⑦]，临[⑧]大海，盖即南海之西云。

注释

①下：低，与“高”相对。

②青、沧：青州、沧州。

③云：叫作。

④渐：范围波及。

⑤无由有：没有。

⑥盖：大概，表推测。引类：援引类似的事物。

⑦条支：亦作“条枝”，古西域国名，在安息西数千里，临西海。

⑧临：遇到。

大海只有一个，地势西北高、东南低，所说的东海、北海、南海三个海，其实是一个海。北边到青州、沧州，就叫北海，南边到交州、广州，就叫南海，东到吴、越，就叫东海，没有所说的西海。《诗》《书》《礼》等经书记载的四海，乃是援引类似的事物说的。《汉书·西域传》所记的蒲昌海，我怀疑它只是积存的一个大湖罢了。班超派甘英出使条支，遇到大海，大概就是南海的西面。

李太白

原文

世俗多言李太白在当涂采石，因醉泛舟于江，见月影俯而取之，遂溺死，故基地有捉月台[①]。予案李阳冰作太白《草堂集序》云："阳冰试弦歌于当涂，公疾亟，草藁万卷，手集未修，枕上授简，俾为序。"又李华作太白墓志，亦云："赋《临终歌》而卒。"乃知俗传良不足信，盖与谓杜子美因食白酒牛炙[②]而死者同也。

注释

①捉月台：又称联壁台。在今安徽马鞍山采石矶的陡峭绝壁间，翘首展翅，突兀江干，势态险峻，十分壮观。传说李白醉酒后即从

此台跳江捉月，故名。

②炙：烤肉。

世俗多传说李太白在当涂的采石酒醉后行船于长江之上，因见到水中月亮的影子，便俯身去捞，结果失足落水而死，所以采石今筑有捉月台。我考察李阳冰为李白所做的《草堂集序》中说："我任当涂县令期间，李白病重，有很多卷草稿，还没有修订，他在病床上把草稿交给我，嘱咐我为之作序。"另外李华所做的太白墓志也说："太白作《临终歌》而死。"由此可知社会上所传的实在不可信，这大概和说杜甫因吃了白酒、牛肉块饱胀而死，是一样的无稽之谈。

太白雪谗

原文

李太白以布衣入翰林[①]，既而不得官。《唐史》言高力士以脱靴为耻，摘其诗以激杨贵妃，为妃所沮止[②]。今集中有《雪谗诗》一章，大率[③]载妇人淫乱败国，其略云："彼妇人之猖狂，不如鹊之强强。彼妇人之淫昏，不如鹑之奔奔[④]。坦荡君子，无悦簧言。"又云："妲

己[5]灭纣，褒女[6]惑周。汉祖吕氏，食其在旁。秦皇太后，毐亦淫荒[7]。螮蝀作昏，遂掩太阳。万乘尚尔，匹夫何伤[8]。词殚意穷，心切理直。如或妄谈，昊天是殛。”予味此诗，岂非贵妃与禄山淫乱，而白曾发其奸乎？不然，则“飞燕在昭阳”之句，何足深怨也？

·注释·

①布衣：平民。翰林：指翰林院，内廷掌管供奉的官署。

②“《唐史》”三句：见《新唐书·文艺列传》：“故白亦至长安。往见贺知章，知章见其文，叹曰：‘子，谪仙人也！’言于玄宗，召见金銮殿，论当世事，奏颂一篇。帝赐食，亲为调羹，有诏供奉翰林，白犹与饮徒醉于市。帝坐沉香亭子，意有所感，欲得白为乐章；召入，而自己醉，左右以水颒面，稍解，援笔成文，婉丽精切无留思。帝爱其才，数宴见。白尝侍帝，醉，使高力士脱靴。力士素贵，耻之，摘其诗以激杨贵妃，帝欲官白，妃辄沮止。”沮止，通“阻止”。

③大率：大概、大致。

④“彼妇人”句：指鹊、鹑都是雄雌相随，不离不弃，每只鸟都有固定的配偶，而淫乱的妇人却连鸟都不如。《诗经》中，此诗用来讽刺淫乱者都落到败家亡国的下场。李白《雪谗诗》也用其意。

⑤妲己：商纣王的爱妃，世人认为她妖娆妩媚，迷惑纣王，使商朝灭亡。武王伐纣时，妲己被杀。

⑥褒女：即褒姒，也是红颜祸水的典型，为褒国美女，深受周幽王宠幸。褒姒生来沉默寡言，不苟言笑。周幽王为了取悦她，甚至点燃烽火台上的烽火，反复戏弄诸侯。褒姒看见来往兵士乱作一团，展颜开怀。后申侯、犬戎入侵，周幽王命人点燃烽火求救，但

诸侯因被戏弄多次，不再相信。周朝于是被攻破。

⑦“秦皇太后”句：秦皇太后行为不检，与宠臣嫪毐有染，并生下二子。始皇知道后暴怒，后借机斩杀嫪毒，并杀掉自己的两个异父兄弟。

⑧万乘：这里代指帝王。匹夫：指百姓。

李太白以平民的身份进入翰林院，没有得到官职。《唐史》说高力士以给李白脱靴为耻辱，便摘取李白的诗句激怒杨贵妃，杨贵妃于是阻碍了李白的前途。现在太白集中有一首《雪谗诗》，大概讲妇人淫乱败坏国政，大略说：“那妇人太猖狂，还不如喜鹊双飞翔。那妇人太淫滥，还不如鹌鹑相随伴。胸怀坦荡的君子啊，不要听从悦耳的细语。”又说：“妲己灭了殷纣，褒姒乱了西周。汉高祖吕后与郦食其同床。秦皇太后与嫪毐情长。虹霓弄昏暗，遮蔽太阳光。皇帝还如此，百姓又何妨。词说完，意说尽，心情迫切道理直。如果有假话，皇天来处死。”我体味此诗，莫非杨贵妃与安禄山私通，李白曾揭发过他们的丑事？不然，“飞燕在昭阳”的句子，值得这么怨恨吗？

卷　四

马融皇甫规

原文

汉顺帝时，西羌[1]叛，遣征西将军马贤将十万人讨之。武都太守马融上疏曰：“贤处处留滞，必有溃叛之变。臣愿请贤所不用关东兵五千，裁假部队之号，尽力率厉，三旬之中，必克破之。”不从。贤果与羌战败，父子皆没，羌遂寇三辅，烧园陵。诏武都太守赵冲督河西四郡兵追击。安定上计掾皇甫规上疏曰：“臣比年以来，数陈便宜。羌戎未动，策其将反；马贤始出，知其必败。愿假臣屯列坐食之兵五千，出其不意，与冲共相首尾。土地山谷，臣所晓习，可不烦方寸之印、尺帛之赐，可以涤患。”帝不能用。赵冲击羌不利，羌寇充斥，凉部震恐，冲战死，累年然后定。案，马融、皇甫规之言晓然易见，而所请兵皆不过五千，然讫不肯从，乃知宣帝纳用赵充国之册为不易得，所谓明主可为忠言也。

注释

①西羌：汉朝时，西边湟水一带聚居的羌族人，为西羌。

译文

汉顺帝时，西羌反叛，朝廷派征西将军马贤率领十万大军征讨。当时的武都太守马融上书说：“马贤处处留滞，行动迟缓，军队日后必定会发生战败叛乱之事。我愿率领马贤所不用的五千名关东兵，给我一个军队番号，我将以身作则尽力鼓励他们，一个月以内，必定能击溃敌军。”朝廷不接受他的意见。后来马贤果然被羌人打败，父子均战死。西羌趁势骚扰关中地区，焚烧汉帝陵园。汉顺帝下诏命武都太守赵冲率领河西四郡兵马追击。安定上计掾皇甫规上疏说：“我近年来，屡次上书谈边疆事宜。西羌还没有兴兵，我就估计到他们要反叛；马贤刚刚出兵，我就知道他必定失败。请朝廷给我屯守坐食之兵五千人，出其不意，与赵冲前后夹击。我熟悉这一带的山川地势，不必赐给我印绶和布帛就可以清除边患。”顺帝不听。赵冲果然失利，羌人大规模集结，西凉受到震动，赵冲战死后，经过几年西羌才被平定。我认为马融、皇甫规的意见显而易见是正确的，他们要的兵都不超过五千，然而汉顺帝却始终不肯答应，由此可知，汉宣帝能完全采用赵充国的计策实属难能可贵，这就是所谓的只有对英明的皇帝才能进献忠言啊！

石鼓歌夸过实

原文

文士为文，有矜夸过实，虽韩文公不能免。如《石鼓歌》[1]极道宣王之事，伟矣。至云："孔子西行不到秦，掎摭星宿遗羲娥。陋儒编《诗》不收拾，《二雅》[2]褊迫无委蛇。"是谓《三百篇》皆如星宿，独此诗如日月也。"《二雅》褊迫"之语，尤非所宜言。今世所传石鼓之词尚在，岂能出《吉日》《车攻》之右？安知非经圣人所删乎？

注释

①《石鼓歌》：韩愈所作。石鼓文系我国最早的石刻，是秦代所为。其文为大篆，记叙狩猎情状；章法整齐，辞严义密，音韵铿訇。

②《二雅》：即《大雅》与《小雅》。

译文

文人做文章，有的人极力夸张以致言过其实，即使是韩愈这样的人也不能例外。如《石鼓歌》，极力称赞宣王的丰功伟业。甚至说："孔子西行不到秦，掎摭星宿遗羲娥。陋儒编《诗》不收拾，《二雅》褊迫无委蛇。"这是说《三百篇》都如星宿，只有此诗才像日月。"《二雅》褊迫"这种话，尤其不是韩愈应该说的。现在社会上流传的《石鼓歌》尚在，哪能超过《吉日》《车攻》呢？又怎知《诗经》不收《石鼓歌》不是圣人删掉的呢？

谤　书

原文

司马迁作《史记》，于《封禅[①]书》中述武帝神仙、鬼灶、方士之事甚备，故王允谓之谤书。国朝景德、祥符间，治安之极，王文穆、陈文忠、陈文僖、丁晋公诸人造作天书符瑞，以为固宠容悦之计。及真宗上仙，王沂公惧贻后世讥议，故请藏天书于梓宫以灭迹。而实录之成，乃文穆监修，其载崇奉宫庙、祥云芝鹤，唯恐不详，遂为信史之累，盖与太史公谤书意异而实同也。

①封禅：最早出现于《管子·封禅篇》，后太史公在《史记·封禅书》中曾引用《管子·封禅篇》中的内容，并对其内容加以演绎，唐朝张守节解释《史记》时曾对"封禅"进行了释义，并指出了封禅的目的。

司马迁作《史记》，在《封禅书》里描述汉武帝敬奉神仙、鬼灶、方士的事情很详细，所以王允指斥它是谤书。本朝真宗景德、祥符年间，王文穆公（钦若）、陈文忠公（尧史）、陈文僖公（鼓年）、丁晋公（谓）诸人，假造天书符瑞，作为讨取皇帝欢心、巩固地位的手段。等到真宗逝世，王沂公（曾）害怕遭到后人讽刺，因而要求把天书藏在真宗棺内，以消灭证据。而真宗实录的编纂，是王文穆监修的，其中记载尊奉宫庙及祥云芝鹤之类，恐怕也不够详细，于是为信史留下污点，这与太史公司马迁的谤书用意不同而结果却完全一样啊！

孟蜀避唐讳

原文

蜀本石《九经》皆孟昶[①]时所刻，其书“渊世民”三字皆缺画，盖为唐高祖、太宗讳[②]也。昶父知祥，尝[③]为庄宗、明宗臣，然于“存勖嗣源”字乃不讳。前蜀王氏已称帝，而其所立龙兴寺碑，言及唐诸帝，亦皆平阙[④]，乃知唐之泽[⑤]远矣。

·注释·

①孟昶：后蜀末代皇帝，早期励精图治，兴修水利，注重农桑，实行“与民休息”的政策，使国力日渐强盛。后期沉迷酒色，不思进取，朝政腐败，日益荒颓，终被赵匡胤所破。

②讳：避忌。

③尝：曾经。

④平阙：笔画有缺失。

⑤泽：恩泽，影响。

·译文·

蜀本石刻《九经》都是后蜀孟昶刻的，书中遇到“渊世民”三字都缺笔画，这是避唐高祖、唐太宗讳呀！孟昶的父亲孟知祥，曾为后唐庄宗和明宗的大臣，然而对于“存勖嗣源”四字却不避讳。前蜀王氏已称皇帝了，然而他们立的龙兴寺碑，说到唐朝诸皇帝的名字，也都缺笔画，我才知道唐朝的影响是很远的了。

牛米

原文

燕慕容皝以牛假[①]贫民，使佃[②]苑中，税其什之八[③]；自有牛者，税其七。参军封裕谏[④]，以为魏、晋之世，假官田牛者不过税其什六，自有牛者中分之，不取其七八也。予观今吾乡之俗，募人耕田，十取其五，而用主牛者，取其六，谓之牛·米，盖晋法也。

·注释·

①假：借给。

②佃：租种。

③税其什之八：以他们收入的十分之八作为租税。

④谏：进谏劝阻。

·译文·

燕国慕容皝把牛借给贫苦的农民，让他们租种苑囿中的土地，收十分之八的高租；自己有牛的，就收十分之七。参军封裕劝阻他，认为魏、晋时，租种官田和使用官牛的，收租不过十分之六，自己有牛的，双方各取一半，不会收十分之七八。现在我们乡的风俗，用佃户耕田，收租十分之五，使用主家耕牛的，收租十分之六，名为“牛·米”，这乃是晋朝的制度。

卷　五

汉唐八相

原文

萧、曹、丙、魏、房、杜、姚、宋为汉、唐名相，不待诵说。然前六君子皆终于位，而姚、宋相明皇，皆不过三年。姚以二子及亲吏受赂，其罢犹有说；宋但以严禁恶钱及疾负罪而妄诉不已者，明皇用优人戏言而罢之，二公终身不复用。宋公罢相时，年才五十八，后十七年乃薨。继之者如张嘉贞、张说、源乾曜、王晙、宇文融、裴光庭、萧嵩、牛仙客，其才可睹矣。唯杜暹[①]、李元纮为贤，亦清介龌龊自守者。释骐骥[②]而不乘，焉皇皇而更索，可不惜哉！萧何且死，所推贤唯曹参；魏、丙同心辅政；房乔每议事，必曰非如晦莫能筹之；姚崇避位，荐宋公自代。唯贤知贤，宜后人之莫及也。

注释

①杜暹：公元？—740 年，唐玄宗时宰相。濮州濮阳（今河南濮阳）人。曾任郑尉、大理平事、监察御史、给事中、黄门侍郎兼

安西副大都护等职，在任时，安抚将士，不怕勤苦，清廉有节，颇受当地各族人民的欢迎。

②骐骥：骏马。

萧何、曹参、丙吉、魏相、房玄龄、杜如晦、姚崇、宋璟是汉唐名相，这不必细说。然而前六位君子终身任宰相之职，而姚崇、宋璟在唐明皇时任相，都不超过三年。姚崇因为自己两个儿子及亲信小吏收贿赂被罢相，尚属事出有因；宋璟却仅仅因为严厉禁止劣质的钱币及嫉恨有罪而无休无止告状的人，唐明皇就根据优人的一句戏言而罢掉了他的宰相之位，姚崇、宋璟两人再也没有被起用。宋璟罢相时，年仅五十八岁，过了十七年才死去。继之为相的，如张嘉贞、张说、源乾曜、王晙、宇文融、裴光庭、萧嵩、牛仙客，他们的才能我们也看到了。只有杜暹、李元纮可称为贤人，也不过是清正廉洁、谨慎自保罢了。放弃骏马不骑，反而急急忙忙地去找别的劣马，真可惜啊！萧何将死，所推荐的贤人只有曹参，魏相、丙吉同心协力，辅佐国政；房玄龄每次议论国事，必定言及没有杜如晦就没有人能筹划决策；姚崇退出相位之时，推荐宋璟来代替自己。只有贤人才了解贤人，在这一点上，后人是望尘莫及啊！

晋之亡与秦隋异

原文

自尧、舜及今，天下裂而复合者四：周之末为七战国，秦合之；汉之末分为三国，晋合之；晋之乱分为十余国，争战三百年，隋合之；唐之后又分为八九国，本朝合之。然秦始皇一传而为胡亥，晋武帝一传而为惠帝，隋文帝一传而为炀帝，皆破亡其社稷。独本朝九传百七十年，乃不幸有靖康之祸[①]，盖三代以下治安所无也。秦、晋、隋皆相似，然秦、隋一亡即扫地，晋之东虽曰“牛继马后”，终为守司马氏之祀，亦百有余年。盖秦、隋毒流四海，天实诛之，晋之八王擅兵，孽后盗政，皆本于惠帝昏蒙，非得罪于民，故其亡也，与秦、隋独异。

注释

①靖康之祸：金军大肆搜掠后，立张邦昌为楚帝，驱掳徽、钦二帝和宗室、后妃等数千人，携文籍舆图、宝器法物等北返，北宋亡。史称“靖康之变”或“靖康之难”“靖康之祸”“靖康之耻”。又因靖康元年为丙午年，亦称此事件为“丙午之耻”。

从尧、舜至今，天下分裂而后又统一了四次：周朝末年为战国七雄，秦朝统一；汉朝末年为魏、蜀、吴三国鼎立，晋朝统一；晋朝乱而分裂为十几个小国，战争持续三百年，隋朝统一；唐朝之后又分裂为八九个小国，本（宋）朝统一。然而秦始皇传一世而为胡亥，晋武帝传一世而为晋惠帝，隋文帝传一世而为隋炀帝，都葬送了自己的大好江山。唯独本朝传九世一百七十年，才不幸遭遇靖康之祸，大概三代以来没有如本朝这样和平安定的。秦朝、晋朝、隋朝都有相似之处，然而秦、隋一旦灭亡即彻底消失无迹了，东晋虽然被称为“牛继马后”，但毕竟仍然保持了司马氏的江山，也享国百余年。大概秦朝、隋朝流毒四海，罪恶极大，上天诛之，晋朝的八王之乱，“孽后”贾南风专权乱国，都是因为晋惠帝昏庸无能所致，并不是得罪百姓，所以它的灭亡和秦朝、隋朝的灭亡不同。

汉宣帝忌昌邑王

原文

汉废昌邑王[1]贺而立宣帝，贺居故国，帝心内忌之，赐山阳太守张敞玺书，戒以谨备盗贼。敞条[2]奏贺居处，著其废亡之效[3]。上知贺不足忌，始封为列侯。光武废太子强为东海王而立显宗，显宗即位，待强弥[4]厚。宣、显皆杂霸道，治尚刚严[5]，独此事显优于宣多矣。

注释

①昌邑王：刘髆之子刘贺。公元前<? >年4月，汉昭帝病死，昭帝无子，霍光等大臣于同年六月迎立刘贺继位。刘贺不学无术，进京后，将京城搅得乌烟瘴气。霍光见他不堪重任，于是奏请上官皇太后下诏，废黜了他，送他回到封地昌邑，削去王号，改封为山阳郡。不久，他又被汉宣帝改封为海昏侯，就国于豫章昌邑城，史称昌邑王。

②条：逐条。

③著：写明，著清。效：表现。

④弥：更加。

⑤治尚刚严：治理天下崇尚严刑峻法。

汉大将军霍光等废黜昌邑王刘贺而立汉宣帝即位，刘贺移居原来被封的中学，汉宣帝内心很疑忌刘贺，赐给山阳太守张敞玉玺手谕，告诫他要谨防强盗反贼。张敞逐条上奏刘贺住在国中的状况，写明了刘贺被废之后的表现。汉宣帝知道刘贺不足为虑，才封他为列侯。光武帝废太子强为东海王，而立刘庄为太子，刘庄即帝位，史称显宗，对待刘强更加优厚。汉宣帝、汉显宗都用“霸道”治国，崇尚严刑峻法，唯独这件事上汉显宗要比汉宣帝宽厚得多。

韩信周瑜

原文

世言韩信伐赵，赵广武君请以奇兵塞井陉口，绝其粮道，成安君不听。信使间人窥知其不用广武君策，还报，则大喜，乃敢引兵遂下，遂胜赵。使广武计行，信且成禽，信盖自言之矣。周瑜拒曹公于赤壁，部将黄盖献火攻之策，会东南风急，悉[①]烧操船，军遂败。使天无大风，黄盖不进计，则瑜未必胜。是二说者，皆不善观人者也。夫以韩信敌陈余，犹以猛虎当羊豕尔。信与汉王语，请北举燕、赵，正使井陉不得进，必有它奇策矣。其与广武君言曰："向使成安君听子计，仆亦禽矣。"盖谦以求言之词也。方孙权问计于周瑜，瑜已言操冒行四患，将军禽之宜在今日。刘备见瑜，恨其兵少。瑜曰："此自足用，豫州但观瑜破之。"正使无火攻之说，其必有以制胜矣。不然，何以为信、瑜？

注释

①悉：全部。

·译文·

世人都说韩信攻打赵国时，赵国的广武君李左车请求用一支奇兵堵塞井陉口防守，以断绝韩信军队的粮道，成安君陈余没有采纳他的意见。韩信所派遣的间谍暗中探知陈余没有采纳广武君李左车的计策，回来报告，韩信大喜，马上率军前进，随即战胜了赵国。假使广武君李左车的计策得以采纳，韩信就要战败被擒，这大概是韩信自己说过的话。周瑜和曹操在赤壁对阵，部将黄盖献火攻之策，巧遇强劲的东南风，这才烧毁曹操的所有战船，使曹军大败。如果没起大风，黄盖没有献火攻之计，那么周瑜未必能取胜。这两种说法都是不善于观察人的结果。因为，用韩信对付陈余，就如同用猛虎对付羊猪一样。韩信对汉王刘邦说，请求向北攻下燕国、赵国，假使井径口不能通过，他必定会想出其他锦囊妙计。韩信对广武君李左车说：“假若成安君采纳您的计谋，我就要战败被擒了。”这大概是韩信谦虚以求李左车畅所欲言的说法。当孙权向周瑜询问破操之计时，周瑜已经陈说了曹操贸然进军的四种弊病，并说将军擒只应该在今日。刘备见周瑜，嫌周瑜带的军队人少。周瑜说：“这些军队已足够，您就看我周瑜怎么大破曹军吧！”就算没有火攻之策，周瑜也必定会有其他克敌制胜的办法。如果不是这样，那么他们还是韩信、周瑜吗？

汉武赏功明白

原文

卫青为大将军，霍去病始为校尉[1]，以功封侯，青失两将军，亡翕侯，功不多，不益封。其后各以五万骑深入，去病益封五千八百户，裨校封侯益邑者六人，而青不得益封，吏卒无封者。武帝赏功，必视法如何，不以贵贱为高下，其明白如此。后世处此，必曰青久为上将，俱出塞致命，正不厚赏，亦当有以尉其心，不然，它日无以使人，盖失之矣。

注释

①校尉：官名。校，军事编制单位。尉，军官。校尉为部队长之意。战国末期当已有此官。秦朝为中级军官。西汉汉武帝为了加强对长安城的防护而置中垒、屯骑、步兵、越骑、长水、胡骑、射声、虎贲八校尉。

译文

卫青当大将军时，霍去病才为校尉，因功被封侯，卫青进攻匈奴时，丧失了两位将军，翕侯阵亡，因战功不多，所以没有增加封赏。其后，二人各率领五万骑兵深入匈奴腹地，结果霍去病增封五千八百户，所属偏将、校尉被封食邑的共六人，而卫青没有得到增封，手下的吏卒也没有得到封赏。汉武帝论功行赏，定然依法行事，不以贵贱论高下，竟如此公正无私。后世对待这些事情，必定说卫青长期任上将，每次都率兵出塞作战卖命，即使没有封赏，也应当有所表示以安慰将士之心，如果不这样做，他日就无法驱使将士，这种看法是不正确的。

卷　六

魏相萧望之

原文

赵广汉之死由魏相，韩延寿之死由萧望之。魏、萧贤公卿也，忍以其私陷二材臣于死地乎？

杨恽坐语言怨望，而廷尉当以为大逆不道。以其时考之，乃于定国也。史称定国为廷尉，民自以不冤，岂其然乎？宣帝治尚严，而三人者又从而辅翼①之，为可恨也！

注释

①辅翼：辅佐。

译文

赵广汉的死与魏相韩延寿的死也与萧望之有关。魏相、萧望之都是非常贤明的公卿大臣，怎么会因私怨把两位有才能的贤臣置于死地呢？

司马迁的外孙平通侯杨恽也是一位为朝廷立过大功的大臣，只是因为被贬为庶人后，在给友人的信中说了几句牢骚话，就被执掌刑狱的廷尉判为大逆不道，处以斩刑。按照时间来考察，这个廷尉正是于定国。史书中说于定国为廷尉，百姓们有罪自认为不会受到冤屈，果真如此吗？汉宣帝崇尚严刑治国，而魏相、萧望之、于定国三人又顺承他的旨意推波助澜，这真是天大的遗憾。

狐突言词有味

原文

晋侯使太子申生伐东山皋落氏，以十二月出师，衣之偏衣，佩之金玦。《左氏》[①]载狐突所叹八十余言，而词义五转。其一曰："时，事之征也。衣，身之章也。佩，衷之旗也。"其二曰："敬其事，则命以始。服其身，则衣之纯。用其衷，则佩之度。"其三曰："今命以时卒，閟其事也。衣之龙服，远其躬也。佩以金玦，弃其衷也。"其四曰："服以远之，时以閟之。"其五曰："龙凉，冬杀，金寒，玦离。"其宛转有味，皆可咀嚼。《普通话》亦多此体，有至六七转，然大抵缓而不切。

注释

①《左氏》:《左氏春秋》。

晋献公十七年（公元前660年），献公让太子申生去讨伐东山皋落氏，并命他十二月出兵，穿上左右颜色不同的衣服，佩戴镶金的玉佩。《左传》记载了狐突说的八十多个字的一段话，内容竟包含五个层次的转折。第一层说："时间是事情的征兆。衣服是身体的花纹。佩饰是内心的旗帜。"第二层说："假如真的郑重其事，就要命他在一年的开头行动。要想让他驯服，就应当让他穿纯色的衣服。要想让他内心忠诚，就应当让他佩戴合乎礼度的饰物。"第三层说："现在让他在年末出征，是想让他的事业不顺利。让他穿杂色的衣服，是想表明与他非常疏远。让他佩戴镀金的玉佩，就是要抛弃他内心的忠诚。"第四层说："让他穿混杂的服色说明要疏远他，让他出师的时间表明要让他不顺利。"第五层说："杂色意味着凄凉，冬天意味着肃杀，金属意味着寒气，玉佩意味着火一般的燥热。"语言婉转有味，极其耐人咀嚼。《普通话》中也有大量的这种文字，有的转折竟达到六七层之多，但是大多数语气舒缓、结构松散，而且不太切紧主题。

带职人转官

原文

绍兴中，王浚明以右奉直大夫直秘阁，乞磨勘[1]，吏部拟朝议大夫，时相以为既带职，则朝议、奉直为一等，遂超转中奉。其后曾慥踵之[2]。绍兴末，向伯奋亦用此，继而续觱复然。后省有言，不应蓦[3]三级，自是

但得朝议。

予案故事[④]，官制[⑤]未行时，前行郎中迁少卿，有出身，得太常，无出身，司农。继转光禄，即今奉直、朝议也。自少卿迁大卿、监，有出身，得光禄卿，无出身，历司农卿、少府监、卫尉卿，然后至光卿。若带职，则自少农以上径得光卿，不涉余级，至有超五资者。然则浚明等不为过，盖昔日职名不轻与人，故恩典亦异。又，自承务郎至奉议词人，但三转，而带职者乃与余人同作六阶不小异，乃有司之失也。

·注释·

①乞磨勘：磨勘，唐宋官员考绩升迁的制度。唐时文武官吏由州府和百司官长考核分九等。考状期满根据考绩决定升降，并经吏部和各道观察使等复验，称“磨勘”。文中指王浚明向上级请求考核他的政绩，予以升迁。

②踵之：跟随、模仿这样的做法。踵：脚后跟，引申作跟随、继承。

③蓦：跳越。

④故事：过去的事，先例。

⑤官制：设官的制度。

宋高宗绍兴年间，一个叫王浚明的人以右奉直大夫的身份在收藏珍贵图书的秘阁中任直秘阁，掌管图书管理工作。当时他向审官

院请求考核他的政绩，予以升迁，吏部打算授以四品的朝议大夫。当时的宰相以为既然是带着职务迁升为官的，朝议和奉直属于同一级别，于是就超越了朝议转为中奉。之后，曾慥也按此办法给转了官。宋高宗绍兴末年，向伯奋也按这一办法转了官，紧接着，续觱也给予了同样的办理。后来中书省里却有人说，不应该跳越三级，只能得到吏部原议的朝议大夫之职。

经过认真考察，我了解到，过去的惯例是：前行郎中升为少卿时，过去有做官经历的，得太常；没有做官经历的，得司农，然后再转而为光禄大夫，就是现在的奉直和朝议一级。从少卿升为大卿和监的人，有做官经历的得光禄卿；没有做官经历的，经过司农卿、少府监、卫尉卿，然后再至光禄大夫。如果是带着职务升迁的，自少农以上可以直接得到光禄大夫的品级，不必经过别的级别，以至于有一次超越五级的。由此可知，王浚明等人的越级并不过分。这是因为从前的职务名分不轻易给人，因而得到的待遇自然也不同。再有从承务郎升到奉议词人，只经三次转升，可是带职务的人与别人一样也作六阶，这是掌管升迁的机关人员工作中的失误。

上下四方

原文

上下四方不可穷竟[①]，正杂《庄》、《列》、释氏[②]之寓言，蔓延不能说[③]也。《列子》[④]：“商汤问于夏革曰：‘上下八方有极尽乎？’革曰：‘不知也。’汤固[⑤]问。革曰：‘无则无极，有则有尽，朕何以知之？然无极之外，复无无极，无尽之中，复无无尽，无极复无无极，无尽

复无无尽，朕是以知其无极无尽也，而不知其有极有尽也，焉知天地之表，不有大天地者乎？'"《大集经》："'风住何处？'曰：'风住虚空。'又问：'虚空为何所住？'答言：'虚空住于至处。'又问：'至处复何所住？'答言：'至处何所住者，不可宣说。何以故？远离一切诸处所故，一切处所所不摄故，非数非称不可量故，是故至处无有住处。'"

二家之说，如是而已⑥。

·注释·

①穷竟：追根究底。

②释氏：释迦牟尼，代指佛教。

③蔓延：散漫流衍、延伸变化。说：解释、阐明。

④《列子》：道家著作，共八卷，相传为列子所撰，约成书于晋太康二年后。列子，名御寇，战国时郑国人，主张空、静、无为，独立处世，善于修身养性。《列子》内容多为民间传说、寓言故事和神话等，文学价值极高，并包含深刻的哲学思想。该书主旨为天地万物生于无形，不停变化，万物都不完美，人要掌握并利用自然界的规律。

⑤固：坚持。

⑥如是而已：不过就是这样罢了。

什么是上下四方，这个问题不可追根究底。就是《庄子》《列子》和佛教经典中的一些含义很深的寓言，也不能说清楚。《列子》中曾说：“商汤问夏革：‘上下八方有极尽吗？’夏革说：‘不知道。’商汤坚持要问，夏革就说：‘无就是无终点，有就是有范围，我怎么知道它有没有终极？不过，在无终点以外，就不再存在没有终点之说；在没有范围的说法之内，也不存在没有范围。没有终点之外不再没有终点，没有范围之内不再没有范围，所以我只知道没有终点、没有范围的存在，而不知道有终点、有范围的存在。既然如此，怎么能知道在所能看见的天地之外，有没有比天地更大的东西存在呢？’”

佛教的《大集经》却是另一种说法：“‘风住在什么地方？’答：‘风住在虚空那里。’又问：‘虚空又住在哪里？’回答：‘虚空住在至处。’又问：‘至处又住在哪里呢？’回答：‘至处住的地方是无法说的。为什么呢？因为至处是远离所有地方的地方，是任何地方都约束不了的地方，是用什么东西都无法量度的地方。这样的地方是找不到的，所以至处没有住的地方。’”

两家的说法，也不过就是这个样子。

卷　七

将军官称

原文

《前汉书·百官表》："将军皆周末官，秦因[1]之。"予案《普通话》："郑文公以詹伯为将军。"又："吴夫差十旌一将军。"《左传》："岂将军食之而有不足。"《檀弓》[2]："卫将军。"《文子》："鲁使慎子为将军。"然则[3]其名久矣。彭宠为奴所缚，呼其妻曰："趣为诸将军办装[4]。"《东汉书》注云："呼奴为将军，欲其赦己也。"今吴人语犹谓小苍头[5]为将军，盖本诸此。

注释

①因：因袭，沿用。

②《檀弓》：《礼记》中的篇章。

③然则：由此可见。

④趣：通"促"，赶紧，赶快。诸将军：诸位将军，这里指各位奴隶。办装：置办行装。

⑤小苍头：级别很低的奴仆。

《前汉书·百官表》中载："将军都是周代末年的官，秦代沿用了这个称号。"据查，《普通话》里有载："郑文公以詹伯为将军。"又载："吴王夫差十旌一将军。"《左传》里记有："岂将军食之而有不足。"《檀弓》里有："卫将军。"《蚊子》里亦有："鲁国任用慎子为将军。"由此可见，将军的称号时间很久了。东汉时，彭宠被奴仆缚捆，他急忙喊叫他的妻子："快去为各位将军置办行装。"《东汉书》中在这一句下作注说："称呼奴隶为将军，是为了要他们释放自己。"现在吴（今江苏苏州）人仍称奴仆为将军，其根据也在于此。

孟子书百里奚[1]

原文

柳子厚[2]《复杜温夫书》云："生用助字，不当律令，所谓乎、欤、耶、哉、夫、也者，疑辞[3]也。矣、耳、焉、也者，决辞[4]也。今生则一[5]之，宜考前闻人所使用，与吾言类且异，精思之则益也。"予读《孟子》百里奚一章曰："曾不知以食牛干秦缪公之为污也[6]，可谓智乎？不可谏而不谏，可谓不智乎？知虞公之将亡而先去之，不可谓不智也。时举于秦[7]，知缪公之可与有行也而相之，可谓不智乎？"味其所用助字，开阖变化，使人之意飞动，此难以为温夫辈言也。

注释

①百里奚：秦穆公时贤臣，早年贫穷困乏，流落不仕。百里奚辅佐秦穆公，富国强兵，立下大功。

②柳子厚：即柳宗元，字子厚。

③疑辞：疑问词，表示疑问语气。

④决辞：判断词，表示判断。

⑤一：统一对待，认为它们都一样。

⑥曾不知以食牛干秦缪公之为污也：食牛，给牛吃食，喂养牛。因百里奚曾经做过放牛的奴隶，故有此说。

⑦时举于秦：当被秦举荐时。

译文

柳宗元在《复杜温夫书》中说："你在写文章时，使用助字，不合乎规则。人们常用的所谓乎、欤、耶、哉、夫等，是疑问字，表示疑问的意思。所谓矣、耳、焉等，是判断字，表示判断的意思。而今，你认为这些字所表达的意思是一样的，应仔细查考前人对这些字的使用。若与我上面所说的是不同的，从此进行认真的思考分析是有益的。"我在读《孟子》一书时，见到关于百里奚的一段记载，说万章问道："有人说百里奚用自己卖给秦国养牲畜的人的所得，来求见秦穆公，这话可信吗？其回答是：他竟不知道用饲养牛的方法来求见秦穆公是‘为污也，可谓智乎？’他预见到虞公不可以劝阻，便不去劝阻，‘可谓不智乎？’他又预知到虞公将要灭亡，因而早早离开，‘不可谓不智也’。当他在秦国被推举出来的时候，便知道秦穆公是一位可以帮助而有作为的君主，可谓不智乎？”仔细辨别所使用的助字，开合变化，使人思绪飞动，这些对温夫之辈来说是难以理解的。

韩柳为文之旨

原文

韩退之自言：作为文章，上规姚、姒、《盘》《诰》《春秋》《易》《诗》《左氏》《庄》《骚》、太史、子云、相如，闳其中而肆[①]其外。

柳子厚自言：每为文章，本之《书》《诗》《礼》《春秋》 《易》，参之《穀梁氏》以厉其气[②]，参之《孟》《荀》以畅其支[③]，参之《庄》《老》以肆其端，参之《普通话》以博其趣，参之《离骚》以致其幽[④]，参之太史公[⑤]以著其洁。此韩、柳为文之旨要，学者宜思之。

注释

①闳：宏大充实。肆：汪洋恣肆。

②厉其气：振奋文章的气势。

③畅其支：使文章行文流畅通顺。

④致其幽：使文章意境幽远。

⑤太史公：即司马迁，他著《史记》，语言精练优美，无冗词。

唐朝韩愈曾说：写文章时，应当师法上古的名著名篇，诸如《虞书》《夏书》《尚书·盘庚》《尚书·诰》《春秋》《易》《诗经》《左传》《庄子》《离骚》，以及司马迁、杨雄、司马相如的文章。师法时，在内容上要充实，在表现上要流畅。

柳宗元则认为：写文章时，应当首先依据《尚书》《诗经》《礼记》《春秋》《易经》这个根本；其次，要参照《穀梁传》的写法，可使文章思路开阔，振奋气势；参照《孟子》《荀子》，可使文章流畅、说理精当；参照《庄子》《老子》，可使文章酣畅泼墨，妙笔生花；参照《普通话》，可使文章情趣横生，耐人寻味；参照《离骚》，可使文章意境幽远，发人深省；参照《史记》，可使文章语言优美，简洁精炼。这是韩愈、柳宗元两人所谈的创作要旨，应当引起学人的重视。

汉书用字

原文

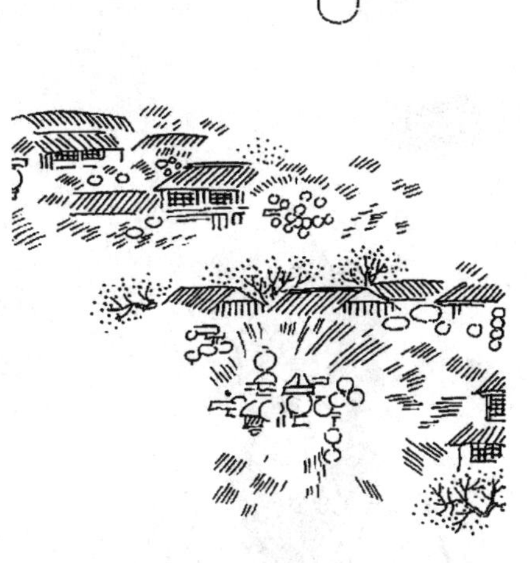

太史公《陈涉[1]世家》："今亡亦死，举大计亦死，等死，死国可乎？"又曰："戍死者固什六七[2]，且壮士不死即已，死即举大名耳！"叠用七"死"字，《汉书》因之。《汉·沟洫志》载贾让《治河策》云："河从河内北至黎阳为石堤[3]，激使东抵东郡平刚；又为石堤，使西北抵黎阳、观下；又为石堤，使东北抵东郡津北；又为石堤，使西北抵魏郡昭阳；又为石堤，激使东北。百余里间，河再西三东[4]。"凡五用"石堤"字，而不为冗复，非后人笔墨畦径[5]所能到也。

注释

①陈涉：即陈胜，字涉。秦二世元年七月，与吴广率领戍卒九百人，在蕲县大泽乡揭竿而起，天下云集响应。待占领陈县，陈胜

自立为王，国号张楚。他与秦将章邯战，兵败退回到下城父，为庄贾所害。

②戍死者固什六七：戍边的人，十个当中就有六七个逃脱不了死的厄运。

③河：特指黄河。为石堤：筑造石堤。

④河再西三东：黄河向西拐了两个弯，向东拐了三个弯。

⑤笔墨畦径：循规蹈矩，如法炮制。

·译文·

西汉太史公司马迁在《史记·陈涉世家》中，记载陈胜的话，说："今天，逃跑也是一死，造反也是一死，与其坐着等死，何不为国而死？"又说道："十个戍边的人，有六七个都逃脱不了死的厄运，况且壮士不死则已，死就得使天下知其大名！"连用了七个"死"字，《汉书》也沿袭它这种用字法。《汉书·沟洫志》记载贾让的《治河策》中说："黄河从河内（今河南武陟）向北流到黎阳（今河南浚县），以此筑起石堤，使黄河折而流向东郡（今河南濮阳）的平刚；又筑起石堤，使黄河折而流向黎阳观一带；又筑起石堤，使黄河折而流向东郡渡口北；又筑起石堤，使黄河折向西北到魏郡（今河北临漳南）的昭阳；又筑起石堤，使黄河折流向东北。百余里内，黄河向西拐了两个弯，向东拐了三个弯。"这段文字共用了五个"石堤"，但并不让人感到重复冗杂，这种文笔不是后人循规蹈矩、如法炮制所能达到的。

卷　八

诸葛公

原文

诸葛孔明千载人[①]，其用兵行师[②]，皆本于仁义节制，自三代以降[③]，未之有也。盖其操心制行[④]，一出于诚[⑤]，生于乱世，躬耕垅亩，使无徐庶之一言[⑥]，玄德之三顾，则苟全性命，不求闻达必矣。其始见玄德，论曹操不可与争锋，孙氏可与为援而不可图，唯荆、益可以取，言如蓍龟[⑦]，终身不易[⑧]。二十余年之间，君信之，士大夫仰之，夷夏服之，敌人畏之。上有以取信于主，故玄德临终，至云："嗣子不才，君可自取[⑨]。"后主虽庸懦无立，亦举国听之而不疑。下有以见信于人，故废廖立而立垂泣，废李严而严致死。后主左右奸辟侧佞[⑩]，充塞于中，而无一人有心害疾者。魏尽据中州，乘操、丕积威之后，猛士如林，不敢西向发一矢以临蜀，而公六出征之，使魏畏蜀如虎。司马懿案行其营垒处所，叹为天下奇才。钟会伐蜀，使人至汉川祭其

庙，禁[11]军士不得近墓樵采，是岂智力策虑所能致哉？魏延每随公出，辄[12]欲请兵万人，与公异道会于潼关，公制而不许，又欲请兵五千，循秦岭而东，直取长安，以为一举而咸阳以西可定。史臣谓公以为危计不用，是不然。公真所谓义兵不用诈谋奇计，方以数十万之众，据正道而临有罪，建旗鸣鼓，直指魏都，固将飞书告之，择日合战，岂复翳行窃步，事一旦之谲以规[13]咸阳哉！司马懿年长于公四岁，懿存而公死，才五十四耳，天不祚[14]汉，非人力也。"霸气西南歇，雄图历数屯。"杜诗尽之矣。

·注释·

①千载人：千年的伟人。

②行师：用兵，出兵。

③自三代以降：自从夏商周三代以来。

④操心制行：思想和行为。

⑤一出于诚：全部都出于一片赤诚。一，一概、全部。

⑥使无徐庶之一言：假使没有徐庶对刘备的那一句推荐。徐庶本效力刘备，被曹操扣押了他的母亲，徐又是孝子，只得前往曹营。走前，徐向刘备推荐了诸葛亮，说他比自己更有韬略。使无，假使没有。

⑦蓍龟：蓍草、龟壳，两者都是用来占卜的，此处代指占卜

算卦。

⑧易：更改，变更。

⑨自取：自取帝位，自己做了皇帝。

⑩佞：善辩，巧言谄媚。

⑪禁：禁止。

⑫辄：总是，就。

⑬谲：欺诈，玩弄手段。规：谋划。

⑭祚：福，赐福。

诸葛孔明是千载伟人，他用兵行军、指挥作战，都以仁义之道为本，这是自夏商周三代以来未曾有过的。他的思想行为，一概出于对刘玄德和恢复汉室事业的忠诚。他生在乱世，亲自种田谋生，假使没有徐庶一句话的推荐、玄德三顾茅庐的热忱，那么他苟且保全性命、不求扬名显达是一定的了。诸葛亮在隆中第一次回见玄德，纵论天下大势时，就提出不可与曹操较量高低，对孙权也只可相互支援，不可图谋，只有荆州、益州可以夺取。这些论断像蓍占、龟卜一样准确，终其一生的政治经历看，真是不容变更之论。在他掌权的二十多年里，国君信任他，士大夫仰慕他，汉族与少数民族的百姓信服他，敌人畏惧他。对上，他以忠诚取得君主的高度信任，所以玄德临死时以至于对他说："我的儿子没有才能，你可以自取帝位。"后主刘禅虽平庸懦怯、无所建树，但把整个国家交给他并毫无怀疑。对下，他的才德威望被部属信赖，所以长水校尉廖立与骠骑将军李严虽都被除名为民，但听到诸葛亮病逝的消息后，廖立垂泣不已，李严病发死去。后主左右奸佞之臣充塞宫中，但是没有一个人有嫉恨暗害诸葛亮之心。当魏国完全占领中州之地以后，还挟有

曹操、曹丕父子生前的积威，军中勇猛的将士如林，却不敢派一兵一卒发一支箭到蜀国，而诸葛亮却率领大军六出岐山、讨伐魏国，致使魏国上下畏惧蜀国如同畏虎。敌帅司马懿仔细考查诸葛亮军营壁垒后，叹服他是天下奇才。敌将钟会征讨蜀国时，特地派人至汉川祭礼诸葛亮庙，并下令，军士禁止在诸葛墓附近砍柴。这难道是智力高超或谋略过人所能获得的吗？魏延每次随诸葛亮出兵伐魏，总想请求拨给自己将士万人，他要仿效韩信故事，从暗道与诸葛亮潼关会师，诸葛亮坚决制止，不允许；魏延又想请求诸葛亮拨给他将士五千人，他要沿秦岭向东走，直取长安。他认为这一军事行动能使咸阳以西之地平定。史臣记载说，诸葛亮认为这是危险之计而不予采纳。其实不然，诸葛亮真是人们所说的正义之师，不用诈谋奇计，他正要率领数十万大军，占据通衢要道去讨伐敌人。他树起大旗，高鸣战鼓，直指魏国京都，本来要飞骑传书，通知敌方，择定日期交战，难道又能隐秘行动，暗中行事，以谲诈之计谋图咸阳吗？司马懿比诸葛亮年长四岁，司马懿活着而诸葛亮却不幸死去，享年才五十四岁。上天不保佑汉室，这不是人力所能挽回的。“霸气西南歇，雄图历数屯。”杜甫这两句诗说天命去而汉祚终，是将当时的情势概括尽了。

沐浴佩玉

原文

石骀仲卒，“有庶子[①]六人，卜所以为后者[②]，曰：‘沐浴佩玉则兆[③]。’五人者皆沐浴佩玉。石祁子曰：‘孰有执亲之丧[④]而沐浴佩玉者乎？’不沐浴佩玉。”此

《檀弓》之文也，今之为文者不然，必曰[⑤]：“沐浴佩玉则兆，五人者如之，祁子独不可，曰：‘孰有执亲之丧若此者乎？’”似亦足以尽[⑥]其事，然古意衰[⑦]矣。

·注释·

①庶子：庶出的儿子，不是正妻所生。

②卜所以为后者：占卜看这六个儿子中哪一个可以继承石骀仲的位子。

③兆：吉兆。

④孰：怎么，哪里。执亲之丧：父母亲丧事期间。

⑤必曰：必定会写。

⑥尽：概括，说尽。

⑦衰：减弱、衰退。

·译文·

（春秋时代卫国大夫）石骀仲去世，“没有嫡子，只有庶出的六个儿子，于是请掌卜的人卜占哪个儿子可以立为后人。仆人说：‘如果沐浴并佩戴玉器就能得到吉兆。’于是其中五人都去沐浴佩玉。只有石祁子说：‘居丧应该穿着丧服，悲哀憔悴，哪有在父亲丧事期间而沐浴佩玉的人呢？’他就不去沐浴佩玉。”这是《礼记·檀弓》篇中的一段文字。如今写文章的人却不这样写，必定写道：“沐浴佩玉就能得到吉兆，五人就这样做，单单祁子不这样做，说：‘哪有在父亲丧事期间像这样子的人呢？’”似乎也足能概括出这件事，然而古文中的意思就减弱多了。

陶渊明

原文

陶渊明高简闲靖[①]，为晋、宋第一辈人[②]。语其饥则箪瓢屡空[③]，瓶无储粟；其寒则短褐穿结[④]，絺绤冬陈；其居则环堵萧然[⑤]，风日不蔽[⑥]。穷困之状，可谓至[⑦]矣。读其《与子俨等疏》云："恨室无莱[⑧]妇，抱兹苦心。汝等虽曰同生，当思四海皆兄弟之义。管仲、鲍叔，分财无猜[⑨]，他人尚尔，况同父之人哉！"然则犹有庶子也。《责子》诗云："雍端年十三。"此两人必异母尔。渊明在彭泽，悉令公田种秫[⑩]，曰："吾常得醉于酒足矣。"妻子固请种秔[⑪]，乃使二顷五十亩种秫，五十亩种秔。其自序亦云："公田之利，足以为酒，故便求之。"犹望一稔[⑫]而逝，然仲秋至冬，在官八十余日，即自免去职。所谓秫、秔，盖未尝得颗粒到口也，悲夫！

注释

①高简闲靖：高超、简淡、闲适、宁静。

②第一辈人：第一等的人物。

③语：谈论。箪瓢屡空：饭瓢经常空空如也。箪，古代盛饭的圆竹器。瓢，舀水或取东西的工具，多用对半剖开的匏瓜或木头制

成。屡，接连着，不止一次。

④短褐穿结：粗布短衫，还补丁烂缀。短褐，短小的粗布衣服。褐，粗布或粗布衣服。穿结，用来比喻衣服洞穿和补缀。

⑤环堵萧然：四面空空，即家徒四壁。

⑥风日不蔽：难以遮挡太阳、荫蔽寒风。

⑦至：极，到达顶点。

⑧莱：老莱子。

⑨管仲、鲍叔，分财无猜：管仲与鲍叔牙，两人是好朋友，一同外出做生意，每次赚来的钱财，管仲都多取几份，鲍叔牙从来不计较，依然对他如前。

⑩秫：黏高粱，可以做烧酒，有的地区泛指高粱。

⑪秔：稻的一种，黏性很大。

⑫稔：年，古代稻谷熟一次为一年。

·译文·

陶渊明高超、闲静、淡远，是晋、宋间第一流的人物。谈到饥饿他是饭瓢常空，家无存粮；说到寒冷他是粗布短衣，补丁连缀，冬天还穿着夏天的葛衣，没有替换的衣裳；他的住房是四壁空空，难以遮蔽寒风和太阳。穷困之状可以说是到了极点了。读他的《与子俨等疏》说："我常恨家中没有楚国老莱子之妻那样的贤内助来开导我，只有自己怀抱这样的一片苦心了。你们虽然是一母所生，也应当思索四海之内皆兄弟的意义。齐国的管仲、鲍叔二人是朋友，在经商赢利分财多少时，并无猜疑之意。外人尚可以这样，何况你们是同父的兄弟呢！"那么，陶渊明还是有妾生的庶子了。他的《责子》诗说："雍、端两人年龄都是十三。"看来这两人一定是不同母的弟兄了。陶渊明在彭泽县做县令时，下令公田全都种成高粱，说：

"这样我就能常醉酒了，便心满意足了。"但妻子和儿子坚决请求种粳稻，他就下令让二顷五十亩种高粱好酿酒，五十亩种粳稻可食用。他在《归去来兮辞》自序中也说："公田的收成，足够做酒，所以顺便求了彭泽令这个小官。"他本希望种的庄稼熟了，一年后离任。然而从仲秋到冬天，他在官仅八十几天，就自动免官离职。无论高粱还是粳稻，实际上一粒也未曾到他的口中，可悲啊！

卷　九

霍光赏功

原文

汉武帝外事四夷①，出爵劝赏②，凡③将士有军功，无问贵贱，未有不封侯者。及昭帝时，大鸿胪田广明平益州夷④，斩首捕虏三万，但⑤赐爵关内侯。盖霍光为政，务与民休息，故不欲求边功，益州之师，不得已耳，与唐宋璟抑郝灵佺斩默啜之意同。然数年之后，以范明友击乌桓⑥，傅介子刺楼兰⑦，皆即侯之⑧，则为非是，盖朋友，光女婿也。

注释

①外事四夷：对外处理四方少数民族事务。

②出爵：获得官爵，此处指使获得官爵。劝赏：乐于行赏。

③凡：但凡，只要。

④平益州夷：平定益州少数民族。

⑤但：只是。

⑥乌桓：古代少数民族，原为东胡部落联盟中的一支，汉武帝时，臣服于汉朝。

⑦楼兰：西域古国，因地势缘故，臣服匈奴和汉朝两方。昭帝时，汉遣傅介子到楼兰，刺杀其旧主，立新王，改国名为鄯善，将楼兰纳入汉朝势力范围。

⑧即：立即。侯之：以之为侯，即给其封侯。

汉武帝对外治理少数民族，利用爵位鼓励奖赏将士，只要有了军功，不论出身显贵或低贱，没有不封侯的。等到汉昭帝时，掌管外交礼仪的大鸿胪田广明平定益州少数民族，斩杀并捕获俘虏了三万人，只被赏赐关内侯的爵位。因为霍光处理政务，力求让百姓休养生息，因此不希图在边地建立战功。益州之战，是不得已的，这跟唐朝宋璟抑制郝灵佺斩杀突厥可汗默啜的情况相同。但是几年之后，霍光派范明友攻击乌桓，派傅介子刺杀楼兰王，事成之后，都马上给他们封侯，这就不对了，大概是因为范明友是霍光的女婿吧。

汉文失材

原文

汉文帝见李广，曰："惜广不逢时，令当高祖世①，万户侯②岂足道哉！"贾山上书言治乱之道，借秦为谕，其言忠正明白，不下③贾谊，曾④不得一官。史臣犹赞美文帝，以为山言多激切，终不加罚，所以广谏争之

路[5]。观[6]此二事，失材多矣。吴、楚反时，李广以都尉战昌邑下显名[7]，以梁王授广将军印，故赏不行[8]。武帝时，五为将军击匈奴，无尺寸功，至不得其死[9]。三朝不遇[10]，命也夫！

·注释·

①令当高祖世：如果让你活在汉高祖的那个年代。

②万户侯：食邑在万户以上，是汉代侯爵的最高一层，一般都是因军功而被封赏。后世就将“万户侯”作为大官的象征。

③不下：不比……差。

④曾：竟然，简直，还。

⑤广谏争之路：广开劝谏帝王的言路。

⑥观：考察。

⑦显名：名声显赫。

⑧行：施行，实施。

⑨至不得其死：到最后死也没得到任何功名。

⑩遇：知遇。

汉文帝召见李广，说：“可惜李广生不逢时，如果处在高祖时代，封个万户侯又算什么！”贾山上书谈论治理乱世的方法，借用秦朝的事打比方，他的言论忠烈正直、明白畅晓，不比贾谊差，可

他竟然没有得到一官半职。但是史官们仍然称誉赞颂汉文帝，认为贾山的言辞过于激烈热切，最后也没有受到责罚，这是汉文帝用来广开劝说帝王言路的方法。考察这两件事，汉文帝丧失的人才太多了。吴国、楚国反叛时，李广以都尉的身份在昌邑作战，因而名声显赫，但由于梁王授予李广将军之印，违背了禁忌，因此没有得到奖赏。汉武帝的时候，李广五次作为将军攻打匈奴，没有为他建立任何功名，直至最后自杀。李广历经文帝、景帝、武帝三朝，却没有得到知遇之礼，这真是命啊！

简师之贤

原文

《皇甫持正集》有《送简师序》，云："韩侍郎[①]贬潮州，浮屠之士，欢快以抃[②]，师独愤起访余求序，行资适潮，不顾蛇山鳄水万里之崄毒，若将朝得进拜而夕死者。师虽佛其名[③]，而儒其行；虽夷狄其衣服，而人其知。不犹愈于冠儒冠[④]，服朝服[⑤]，惑溺[⑥]于经怪之说以斁彝伦邪[⑦]？"予读其文，想见简师之贤，而惜其名无传于后世，故表而出之[⑧]。

注释

①韩侍郎：即韩愈，因他曾任刑部侍郎，又任吏部侍郎，故有此称呼。

②浮屠之士，欢快以抃：（韩愈被贬到潮州）崇信佛法的人都欢欣鼓舞，拍手称快。因为韩愈反对礼佛，上书谏佛骨，所以对于他被贬，佛法一派会有此反应。

③佛其名：表面上皈依佛门。

④冠儒冠：戴着儒生的帽子。

⑤服朝服：穿着朝官的衣服。

⑥惑溺：迷惑沉溺。

⑦彝：法理，常理。邪：语气助词，无实义。

⑧表而出之：特意将他表彰出来。

《皇甫持正集》中有《送简师序》，写道："韩侍郎被贬官到潮州，信佛的人欢欣地拍手称快，简法师独自愤慨而起，拜访我，请求我写序文送行，资助他到潮州去，不管路途遥远，有毒蛇猛兽的艰险，好像是要早上进见晚上死了也甘心的样子。简法师虽然名义上皈依佛门，但行为上却是儒者；虽然穿着外族的袈裟，却有着汉族人的智慧。这岂不更胜过戴着儒者帽子、穿着朝官衣服，却迷惑沉溺于佛经怪异之说而败坏天地人伦的常道的人吗？"我读了这篇序文，想到简师的贤良，因而遗憾他的名字没有流传到后代，所以把他表彰出来。

老人推恩

原文

唐世赦宥[①]，推恩[②]于老人绝优。开元二十三年，耕籍田。侍老百岁以上，版授[③]上州刺史；九十以上，中州刺史；八十以上，上州司马。二十七年，赦[④]。百岁以上，下州刺史，妇人郡君；九十以上，上州司马，妇人县君；八十以上，县令，妇人乡君。天宝七载，京城七十以上本县令，六十以上县丞，天下侍老除官与开元等。国朝之制，百岁者始得初品官封，比唐不侔矣。淳熙三年，以太上皇帝庆寿之故，推恩稍优，遂有增年诡籍[⑤]以冒荣命者。使如唐日，将如何哉！

·注释·

①赦宥：赦免有罪的人，宽宥人的过失。

②推恩：实施恩惠。

③版授：封号，受封。

④赦：皇帝大赦天下。

⑤遂：便，于是。增年：虚报岁数。诡籍：谎报籍贯。

·译文·

唐朝赦免罪人宽宥过失，对老人施及的恩惠非常优厚。开元二十三年（735 年），皇帝亲行籍田礼。侍奉老人百岁以上的，封给上州刺史的头衔；九十岁以上的，封中州刺史；八十以上的，封上州司马。开元二十七年（739 年），赦免天下。百岁以上的老人，封下州刺史，百岁以上的妇女，封为郡君；九十岁以上的老人，封上州司马，妇女封为县君；八十岁以上的，封县令，妇女封乡君。唐天宝七载（748 年），京城里七十以上的老人，依照县令的待遇；六十以上的，按县丞对待；京城外全国侍奉老人，安排官衔跟开元年间一样。我们宋朝的制度，百岁的人才能得到初品官的封衔，跟唐朝就不相等了。淳熙三年（1176 年），因为太上皇帝庆寿的缘故，施加恩惠稍为优厚，于是有虚加岁数谎报籍贯来冒领光荣职命的人。如果像唐朝那样，将会怎么样呢！

卷　十

爰盎温峤

原文

赵谈常[①]害爰盎，盎兄子种曰："君与斗，廷辱之[②]，使其毁不用。"文帝出，谈参乘[③]，盎前，曰："天子所与共六尺舆[④]者，皆天下英豪，陛下奈何与刀锯余人[⑤]载?"上笑，下谈，谈泣下车。温峤将去王敦[⑥]，而惧钱凤为之奸谋，因敦饯别，峤起行酒，至凤，击凤帻坠，作色曰："钱凤何人，温太真行酒而敢不饮!"及发后，凤入说敦曰："峤于朝廷甚密，未必可信。"敦曰："太真昨醉，小加声色，岂得以此变相谗贰[⑦]。"由是凤谋不行。二者之智如此。

·注释·

①常：通"尝"，曾经。

②廷辱之：在朝廷上羞辱他。

③参乘：也作"骖乘"，古时乘车，在车右陪坐的人。

④舆：泛指车驾。

⑤刀锯余人：受过宫刑的人，也就是宦官。

⑥温峤：字太真，温憺之子，太原人，东晋时有名的政治家。去：离开。王敦：字处仲，琅琊临沂人，王导的堂兄，亦是东晋有名的政治家。

⑦相谗贰：相信谗言而分崩离析。馋，谗言，中伤他人。

赵谈曾害过爰盎，爰盎哥哥的儿子爰种说："您跟他斗，在朝廷上羞辱他，使他名义被毁而不受重用。"汉文帝外出，赵谈陪坐在车右边，爰盎上前说："跟天子同坐六尺车舆的人，都是天底下的英雄豪杰，陛下怎么跟宦者同坐车中呢？"皇上笑着让赵谈下去，赵谈流着泪下了车。温峤（字太真）要离开王敦，但怕钱凤为王敦出奸诈谋略。趁着王敦设宴送别，温峤站起来劝酒，走到钱凤跟前，打落了钱凤的头巾，变了脸色说："钱凤是什么人，温太真劝酒竟敢不喝！"等到温峤出发以后，钱凤进来劝说王敦道："温峤跟朝廷联系非常紧密，不可轻信。"王敦说："温太真昨天醉了，稍微对你有点不好的声音和神色，怎么能根据这一点就说他坏话制造分裂呢？"因为这件事，钱凤的计谋没有实行。这两个人的智慧就像这样。

爰盎小人

原文

爰盎真小人，每事皆借公言而报私怨，初非尽忠一意为君上者也。尝为吕禄舍人，故[①]怨周勃。文帝礼下[②]勃，何豫盎事[③]，乃有"非社稷臣"之语，谓勃不

能争吕氏之事，适会[④]成功耳。致文帝有轻勃心，既免使就国，遂有廷尉之难。尝谒[⑤]丞相申屠嘉，嘉弗为礼，则之丞相舍折困[⑥]之。为赵谈所害，故沮止[⑦]其参乘。素不好鼂错，故因吴反事请诛之。盖盎本安陵群盗，宜其忮[⑧]心忍戾如此，死于刺客，非不幸也[⑨]。

·注释·

①故：因此，以其故。

②礼下：以礼相待。

③何豫盎事：关爰盎什么事情？

④适会：恰巧碰上。

⑤谒：进谒，求见。

⑥舍：住所。折困：折辱为难。

⑦沮止：通“阻止”。

⑧忮：嫉妒，恨。

⑨非不幸也：并非是不幸的事情。

爰盎真正是个小人，每件事都是假借公言来报私人的怨恨，最初并不是竭尽忠诚、一心一意地为君上办事的。他曾经做过吕禄的舍人，因此怨恨周勃。汉文帝礼待周勃，跟爰盎有什么相干？竟然说周勃“不是国家的忠臣”的话，说周勃不能为吕氏的事劝诤，正好碰上诛诸吕成功罢了。致使汉文帝有不看重周勃的思想，周勃被免职回到封国之后，于是遭受刑狱之难。爰盎曾经求见丞相申屠嘉，申屠嘉不礼待他，他就到丞相住处去折辱为难他。爰盎被赵谈害过，因此阻止赵谈作为皇上车右的陪乘。爰盎素来不喜欢晁错，因此趁着吴王造反的事请求杀了晁错。爰盎家本来是安陵的一伙盗匪，难怪他心怀猜忌、残忍乖张到这种地步。他被刺客杀死，没有死于王法，并不是不幸的事。

古彝器

原文

三代彝器①，其存至今者，人皆宝②为奇玩。然自春秋以来，固重③之矣。经传所记④，取郜大鼎于宋，鲁以吴寿梦之鼎贿⑤荀偃，晋赐子产莒之二方鼎，齐赂晋以纪甗、玉磬，徐赂齐以甲父之鼎，郑赂晋以襄钟，卫欲以文之舒鼎、定之鞶鉴纳鲁侯，乐毅为燕破齐，祭器⑥设于宁台，大吕陈于元英，故鼎反⑦乎磨室是已。

注释

①彝器：青铜器。

②宝：珍视，将其当作宝物。

③重：看重，重视。

④经传所记：根据文献典籍的记载。

⑤贿：赠送。

⑥祭器：祭祀的青铜器。

⑦反：通“返”，运回。

夏商周三代的青铜器，留存到现在的，人们都珍视它并作为奇异古玩。然而自春秋以来，本来就很重视它们了。根据文献记载，把郜国的大鼎取到宋国，鲁国用吴国的寿梦鼎送给荀偃，晋国赏赐给子产莒国的两个方鼎，齐国将纪甗、玉磬馈赠给晋国，徐国把甲父鼎赠给齐国，郑国把襄钟送予晋国，卫国想用文氏的舒鼎、定氏的鞶鉴进纳给鲁侯，乐毅替燕国打败齐国，把祭祀的青铜器安设在宁台，奏乐协律用的青铜器大吕钟陈列在元英，原来是鼎器运回到磨室宫中，这些都是证据。

玉蕊杜鹃

原文

物以希见为珍，不必异种也。长安唐昌观玉蕊，乃今玚花，又名米囊，黄鲁直易[①]为山矾者。润州鹤林寺杜鹃，乃今映山红，又名红踯躅者。二花在江东弥山亘野[②]，殆[③]与榛莽相似。而唐昌所产，至于神女下游，折花而去，以践玉峰之期；鹤林之花，至以为外国僧钵盂中所移，上玄命三女下司之，已逾百年，终归阆苑。是不特[④]土俗罕见，虽神仙亦不识也。王建《宫词》云："太仪前日暖房来，嘱向昭阳乞药栽。敕赐一窠红踯躅，谢恩未了奏花开。"其重如此，盖宫禁中亦鲜[⑤]云。

·注释·

①易：更改，改称。

②江东：江左，长江北岸。弥山亘野：漫山遍野，到处都是。弥，弥漫。

③殆：几乎。

④不特：不仅仅。

⑤宫禁：皇宫。鲜：稀少，少见。

·译文·

事物以少见为珍奇，不一定要奇异的品种。长安的唐昌观中玉蕊花，就是现在的玚花，又名米囊，黄鲁直改称为山矾的那种花。润州的鹤林寺中的杜鹃花，就是现在的映山红，又叫红踯躅的那种花。这两种花在江东漫山遍野，几乎跟丛生的野草一样。而唐昌观中所种的玉蕊花，甚至神女下凡游赏都折花离去，去赴玉峰仙境的约会；鹤林寺的杜鹃花，人们甚至认为是从外国僧人的钵盂中移来的，上天命令三位仙女主管它已经超过一百年了，最终要回到阆风仙苑。这说明不仅仅民间很少见到，就算是神仙也不认识。王建的《宫词》咏道：“太仪前日暖房来，嘱向昭阳乞药栽。敕赐一窠红踯躅，谢恩未了奏花开。”对它这样的看重，可见皇宫之中也很稀有。

卷十一

汉二帝治盗

原文

汉武帝末年，盗贼滋[①]起，大群至数千人，小群以百数。上使使者衣绣衣[②]，持节虎符[③]，发兵以兴击，斩首大部或[④]至万余级。于是作“沈命法”，曰：“群盗起[⑤]不发觉，觉而弗捕满品者，二千石以下至小吏主者皆死。”其后小吏畏诛，虽有盗，弗敢发[⑥]，恐不能得，坐[⑦]课累府，府亦使不言。故盗贼寖多，上下相为匿，以避文法[⑧]焉。光武时，群盗处处并起。遣使者下郡国，听郡盗自相纠擿，五人共斩一人者除其罪。吏虽逗留回避故纵者，皆勿问，听从禽讨为效。其牧守令长坐界内有盗贼而不收捕者，及以畏愞捐城委守者，皆不以为负，但取获贼多少为殿最，唯蔽匿者乃罪之。于是更相追捕，贼并解散。此二事均为治盗，而武帝之严，不若光武之宽，其效可睹也。

·注释·

①滋：生长，滋生，加多。

②衣绣衣：穿上锦绣衣服。

③持节虎符：拿着符节作凭证。持节，拿着旄节。节，旄节，也叫符节，以竹为竿，上缀以旄牛尾，是使者所持凭证。虎符，古时帝王调兵遣将用的兵符，用青铜或者黄金做成伏虎形状的令牌，一分为二，其中一半交给将帅，另一半由皇帝保存，只有两个虎符同时使用，才可以调兵遣将。

④或：有的。

⑤起：出现。

⑥发：揭发，上报。

⑦坐：定罪。

⑧文法：法令条文。

·译文·

汉武帝末年，盗贼越来越多，大的盗匪群多达数千人，小的也有几百人。皇上派使者穿上绣衣，拿着符节凭证，派军队进行攻击，斩首大的部队有的达一万多首级。于是建立“沈命法”，法律规定：“成群的盗匪出现没有发觉，发觉了而没有捕获到规定的标准的，二千石以下的官员到下级官吏主持这件事的人都判死刑。”这以后下级官吏害怕被杀，即使有盗贼也不敢上报，唯恐不能捕获，违犯规定连累郡府，郡府也让他们不要上报。因此盗贼渐渐增多，上上下下却相互隐瞒，好躲避法令条文的制裁。汉光武帝时，成群的盗贼到处兴起。汉光武帝派遣使者下到各郡，听任盗贼们自己相互纠纷揭发，五个人共同斩杀一人的，免除他们的罪行。官吏们即使停留拖延、回避不前、故意放纵盗贼的，都不加追问，只以捉获讨伐的成效论处。那些郡守、县令犯了管辖区域内有盗贼而不收容捕捉的罪过的，及因为害怕、软弱丢弃城池和职守的人，都不看作过失，只根据捕获盗贼的多少来评定优劣，只有包庇隐藏的人才判罪。于是互相追捕，盗贼们都解体逃散。这两件事都是治理盗贼的，而汉武帝的严厉不如汉光武帝宽缓，它们的不同效果是很明显的。

屯蒙二卦

原文

屯蒙二卦，皆二阳而四阴[①]。屯以六二乘初九之刚[②]，蒙以六三乘九二之刚。而屯之爻曰：“女子贞不字[③]，十年乃字。”蒙之爻曰：“勿用取[④]女，见金夫[⑤]，不有躬[⑥]。”其正邪不同如此者。盖屯二居中得正，不为初刚所诱，而上从九五，所以为贞。蒙三不中不正，见九二之阳，悦而下从之，而舍上九之正应，所以勿用。士之守身居世[⑦]，而择所从所处，尚监兹[⑧]哉！

注释

①皆二阳而四阴：都是两个阳爻四个阴爻。爻为《周易》中组成卦的符号。每三爻合成一卦，可得八卦；两卦（六爻）相重则得六十四卦，称为别卦。

②屯以六二乘初九之刚：屯卦的六二爻位在初九之上，现出阴柔凌驾阳刚之象。

③贞：贞洁。不字：不生育。

④取：通“娶”。

⑤金夫：有财物的丈夫。

⑥不有躬：失去贞洁。

⑦士之守身居世：士人自守信守节、处身处世。

⑧尚监兹：还要借鉴这些道理。

屯蒙两卦的卦象，都是两个阳爻四个阴爻。屯卦的六二爻位在初九之上，呈阴柔凌驾阳刚之象；蒙卦的六三在九二之上，也呈阴柔凌乘阳刚之象。但是屯卦的爻辞说：“女子贞洁，不生育，十年才生育。”蒙卦的爻辞却说：“不要娶女子，她见到有财物丈夫，就会失身的。”它们的正直和奸邪是这样的不同。屯卦的二爻在下卦位里处在中间，得到中正，不受初爻的阳刚诱惑，而且在上卦位里是九五，上下卦位阴阳都处在中间，相互呼应，这就是贞洁的道理。蒙卦的三爻不在卦体的正中，见到九二的阳刚之象，就欣喜地向下跟随着它，而舍弃了与上九的正当呼应，这就是不要娶的道理。士人自守信守节、处身处世，选择跟随的对象、处世的方法，还要借鉴这些道理呀！

谊向触讳

原文

贾谊[①]上疏文帝曰："生为明帝，没[②]为明神。使顾成[③]之庙，称为太宗，上配太祖，与汉亡极。虽有愚幼不肖之嗣[④]，犹得蒙业而安；植遗腹[⑤]，朝委裘，而天下不乱。"又云："万年之后，传之老母弱子。"此既于生时谈死事，至云"传之老母"，则是言其当终于太后之前，又目其嗣为"愚幼不肖"，可谓指斥[⑥]。而帝不以为过，谊不以为疑。刘向上书成帝谏王氏事曰："王氏与刘氏，且不并立，陛下为人子孙，守持宗庙，而令国祚移于外亲，降为皂隶[⑦]，纵不为身[⑧]，奈宗庙何！"又云："天命所授者博，非独一姓。"此乃于国存时说亡语，而帝不以为过，向不以为疑，至乞援[⑨]近宗室，几于[⑩]自售，亦不以为嫌也。两人皆出于忠精至诚，故尽言触忌讳而不自觉。文帝隆宽待下，圣德固尔；而成帝亦能容之，后世难及也。

·注释·

①贾谊：又称贾太傅、贾长沙、贾生，河南洛阳人，西汉时著名的文学家。少年得志，步步高升，但三十二岁时，因招嫉恨，被

贬到长沙，做长沙王的太傅。后被召回长安，为梁怀王太傅。梁怀王坠马而死，贾谊心下惶恐，不久忧郁而死。

②没：死去。

③顾成：汉文帝的庙名。

④愚幼不肖之嗣：愚顽幼小不成器的后代。嗣，后代。

⑤植遗腹：扶植遗腹太子。

⑥指斥：指责、斥责。

⑦皂隶：衙门里的官差。

⑧纵不为身：纵使不为自己考虑。

⑨乞援：乞求援助。

⑩几于：几乎，近于。

贾谊奏进疏文给汉文帝说："活着做英明的皇帝，死了做圣明的神灵。如果让顾成庙（汉文帝自立的宗庙）称为太宗，上面可跟太祖相配，那么汉朝兴旺就没有尽头了。即使有愚顽幼小的不成器的后代，仍然可以承蒙您留下的基业而平安；即使扶植未出世的太子，朝拜您留下的衣服，天下也不会动乱。"又说："您死了以后，传位给老母亲或弱小的太子。"这既是在帝王活着的时候谈他死后的事，甚至说到"传位给老母亲"，又是说皇帝会死在太后的前面，且把他的后代看成是"愚顽不成器"，可以说是指斥责备了。可是汉文帝不认为是罪过，贾谊也不因此而疑虑。刘向上书

给汉成帝进谏王氏的事说："王氏和刘氏，将不能并立，陛下作为汉室的子孙，守护维持宗庙，却让国家的权位转移到外姓亲戚手中，自己地位下降为奴仆，即使不为自己考虑，对宗庙会怎么样呢？"又说："天命授给的人很多，不仅仅是一姓的人。"这是在国家还存在的时候说亡国的话，可是汉成帝不以此为罪过，刘向也不因此而疑虑。说到请求帮助与自己相近的宗室，几乎是自我举荐，也不认为是涉嫌。这两个人都是出于忠心的精神、最高的诚意，因此畅所欲言，触犯了忌讳也没有自我觉察。汉文帝以宽厚的态度对待下属，他圣明的德行当然是这样；而汉成帝也能容忍触犯忌讳，这是后代难以企及的。

卷十二

利涉大川

原文

《易》[1]卦辞称“利涉大川”者七，“不利涉”者一。爻辞称“利涉”者二，“用涉”者一，“不可涉”者一。《需》《讼》《未济》，指《坎》体而言。《益》《中孚》，指《巽》体而言。《涣》指《坎》《巽》而言。盖《坎》为水，有大川之象。而《巽》为木，木可为舟楫以济川。故《益》之彖[2]曰“木道乃行”，《中孚》之彖曰“乘木舟虚”，《涣》之彖曰“乘木有功”。又舟楫之利，实取诸《涣》，正合二体以取象也。《谦》《蛊》则中爻有《坎》，《同人》《大畜》则中爻有《巽》。《颐》之反，对《大过》，方有《巽》体，五去之远，所以言“不可涉”，上则变而之对卦，故“利涉”云。

①《易》:《易经》，又名《周易》，原是上古卜筮的学术，经由周文王的整理和注述，辑录成册，成为一部谨严的哲学著作。

②彖:《易经》中解释卦义的文字。

·译文·

《易经》的卦辞说到“利涉大川”的话有七次，“不利涉”的话一次。爻辞说到“利涉”的话有两次，“用涉”的话一次，“不可涉”的话一次。《需》卦、《讼》卦、《未济》卦中的话，是针对《坎》卦的卦体而说的。《益》卦、《中孚》卦是针对《巽》卦的卦体而说的。《涣》卦则针对《坎》卦、《巽》卦而说的。《坎》卦的象义是水，有大河的取象。而《巽》卦的象义是木，木可以做成船和桨来渡河。因此《益》卦的彖传说“木道乃行”，《中孚》卦的彖传说“乘木舟虚”，《涣》卦的彖传说“乘木有功”。另外，船和桨的便利，实际上是取象于《涣》卦的，《涣》卦正是合《坎》（水）、《巽》（木）两个卦体来取像的。《谦》卦、《蛊》卦则是中爻有《坎》卦，《同人》卦、《大畜》卦则是中爻有《巽》卦。《颐》卦的阴爻阳爻反过来，就变成对卦《大过》卦，变成《大过》卦才有了《巽》卦的卦体，九五爻与《巽》卦卦体离得太远，所以说“不可涉”，上位的经卦如果阴阳爻互变，就变成对卦《巽》卦了，所以说“利于渡河”。

光武弃冯衍

原文

汉室中兴[①]，固皆[②]光武之功，然更始[③]既即天子位，光武受其爵秩[④]，北面[⑤]为臣矣，及平王郎，定河北，诏令罢兵，辞[⑥]不受召，于是始贰[⑦]焉。更始方困于赤眉[⑧]，而光武杀其将谢躬、苗曾，取洛阳，下河东，翻[⑨]为腹心之疾。后世以成败论人，故不复议。予谓光武知更始不材[⑩]，必败大业，逆取顺守[⑪]，尚为有辞。彼鲍永、冯衍，始坚守并州，不肯降下，闻更始已亡，乃罢兵[⑫]来归，曰："诚惭以其众幸富贵。"其忠义之节，凛然可称。光武不能显[⑬]而用之，闻其言而不悦。永后以它立功见用，而衍终身摈斥[⑭]，群臣亦无为之言者，吁可叹哉！

注释

①中兴：国家由衰退到复兴。

②固皆：固然都是。

③更始：即更始帝刘玄，字圣公，南阳蔡阳人，汉光武帝刘秀的族兄。公元23年，绿林军拥立刘玄为帝，年号更始。他才能平庸，性格懦弱。更始三年，赤眉军进攻，刘玄投降，被封畏威侯，不久改封为长沙王。十二月，被赤眉将张昂派人缢死。

④爵秩：爵禄。

⑤北面：对人称臣。古代君主坐北朝南，臣子朝见君主则面朝北，所以对人称臣称为北面。

⑥辞：推辞，退却。

⑦贰：背叛，变节。

⑧赤眉：新莽末年，山东东部兴起的一支农民起义军，为和绿林相区别，用赤色染眉，故称赤眉军，主要力量是贫苦农民。赤眉兴起后，势力急剧壮大，几年间，发展到十万人以上。但终被刘秀势力所击败。

⑨翻：翻转过来，此处指反而。

⑩不材：不能成材。

⑪逆取顺守：以武力夺取天下，用文治治理天下。

⑫罢兵：停战收兵。

⑬显：使其显贵。

⑭摈斥：排挤，排斥。

汉朝衰微而又复兴，固然都是光武帝的功劳，但是更始帝刘玄即天子位之后，光武帝接受了他的封爵官位，面向北做了臣子，等到平定了王郎，安定了河北，更始命令撤军，但光武帝推辞不受召见，在这时开始有了二心。正当刘玄被赤眉军围困时，光武帝却杀了他的将领谢躬、苗曾，攻取洛阳，打下河东，反而成了刘玄的腹心之疾。后代根据成功或失败来评论人，因此不再议论。我认为光武帝知道刘玄不成材，一定会败坏大业，因此用武力夺取政权，用文教治理天下，还算可以辩解。那鲍永、冯衍，开始时坚守并州，不肯投降，听到刘玄已死，才停战来归顺光武帝，说道：“我实在惭愧带领我的部众来幸得富贵。”他的忠义节操，威严正气，值得称赞。光武帝不能提拔重用他，听到他的言谈就不高兴。鲍永后来因为另外立了功被任用了，而冯衍却终身被摈弃排斥，大臣们也没有谁替他说话的，唉！可叹哪！

逸诗书

原文

逸《书》、逸《诗》[①]，虽篇名或存，既亡其辞，则其义不复可考[②]。而孔安国[③]注《尚书》，杜预注《左传》，必欲强为之说。《书》“汩作”注云“言其治民之功”“咎单作《明居》”注云，“咎单，主土地之官。作《明居》，民法”。《左传》“国子赋辔[④]之柔矣”注云，“义取宽政以安诸侯，若柔辔之御刚马”。如此之类。予顷教授福州日，林之奇少颖[⑤]为《书》学谕，讲“帝釐下土”数语，曰：“知之为知之，《尧典》《舜典》之所以可言[⑥]也；不知为不知，《九共》《槁饫》略之可也。”其说最纯明可喜[⑦]，林君有《书解》行于世，而不载此语，故为表出之。

①逸：散失。《书》：《尚书》。《诗》：《诗经》。

②考：考证。

③孔安国：孔子的十一世孙，约汉景帝元年到昭帝末年间在世，跟随申公学《诗经》，又跟随伏生学《尚书》。汉武帝末年，鲁共王在孔子的旧宅中发现了古文《尚书》《礼记》《论语》，都是科斗文字，当时没人能够认识。只有孔安国能解，用当时的文字将《尚书》批注出来，一共有五十八篇。

④国子：公卿大夫的子弟。辔：驾驭牲口的嚼子和缰绳。

⑤林之奇少颖：林之奇，字少颖。

⑥可言：可以解说。

⑦可喜：值得嘉奖、表彰。

·译文·

散失的《尚书》、散失的《诗经》，虽然有些篇名留存着，但既然它的内容亡佚了，那么它的意义就不再能够考证了。可是孔安国注《尚书》、杜预注《左传》一定要想给它们做出解释。《尚书》的“汩作”，孔安国注释说，“这是说他治理百姓的功劳”“咎单作《明居》”，注解说，“咎单，是管理土地的官，写了《明居》，是关于民法的。”《左传》中“国子赋辔之柔矣”，杜预注解道，“它的意义在于，要用宽松的政治来使诸侯安定，就像柔软的缰绳驾驭刚烈的骏马一样”。像这一类的很多。我不久前在福州任儒学教授时，林之奇（字少颖）做了《尚书》学的教谕。在讲“帝釐下土”几句的时候，他说：“知道就是知道，这就是《尧典》《舜典》可以解说的道理；不知道就是不知道，《九共》《稿饫》略去它也是可以的。”这种观点是最精纯明白值得表彰的。林之奇有《书解》流行在社会上，可是没有写上这几句话，因此我为他发表出来。

卷十三

萧房知人

原文

汉祖至南郑，韩信亡去[①]，萧何自追之。上[②]骂曰："诸将亡者以十数，公无所追；追信，诈[③]也。"何曰："诸将易得，至如信，国士无双，必欲争天下，非信无可与计事者。"乃拜信大将，遂成汉业。唐太宗为秦王时，府属[④]多外迁，王患之[⑤]。房乔曰："去者虽多不足吝，杜如晦[⑥]王佐才也，王必欲经营四方，舍如晦无共功者。"乃表留幕府，遂为名相。二人之去留，系兴替治乱如此，萧、房之知人，所以为莫及也。樊哙从高祖起[⑦]丰、沛，劝霸上之还，解鸿门之厄，功亦不细矣，而韩信羞与为伍。唐俭赞太宗建大策，发蒲津之谋，定突厥之计，非庸臣也，而李靖[⑧]以为不足惜。盖以信、靖而视哙、俭，犹熊罴[⑨]之与狸狌耳。帝王之功，非一士之略，必待将如韩信，相如杜公，而后用之，不亦难乎！惟能置萧、房于帷幄中，拔茅汇进，则珠玉无胫而至[⑩]矣。

·注释·

①亡去：逃走。

②上：汉高祖刘邦。

③诈：欺骗，诓骗。

④府属：府中幕僚臣属。

⑤患之：以之为患。患：担忧。

⑥杜如晦：字克明，唐初名相，凌烟阁二十四功臣之一。李世民为秦王时，杜如晦便跟随他征战各方，出谋划策，后又帮助李世民夺取王位，居功至伟。太宗李世民即位后，杜如晦和房玄龄共同辅佐太宗，开创了贞观之治的局面。

⑦起：起事，兴兵。

⑧李靖：字药师，唐朝著名统帅，是隋朝名将韩擒虎的外甥，少有大略。李渊起事后，李靖被秦王李世民征召为幕府，在对各方的战争中，他的军事才能逐渐展现。

⑨熊罴：熊和罴。皆为猛兽。

⑩珠玉无胫而自至：像珠玉般宝贵的人才便会不请自至。珠玉，珍珠宝玉，此处代指优秀的人才。胫，小腿。

汉高祖刘邦行军到达南郑，韩信不辞而别，萧何亲自去追赶他。高祖骂萧何道："将领们逃跑了几十人，你都没有去追赶，说追赶韩信，是骗我的。"萧何说："将领不难找到，至于像韩信这样的人，是国之奇士，天下无二。您一定想要争夺天下，除了他再没有一起计议天下大事的人了。"于是高祖封授韩信为大将，终于完成汉室大业。唐太宗李世民为秦王时，幕府属吏很多外调任职，秦王为此忧虑。房乔（名玄龄）说："离去的人尽管不少，也不值得可惜，杜如晦是辅佐君王之才，大王想要经营天下大业，舍弃如晦就没有能共事的人了。"于是上疏请将杜如晦留在幕府中，如晦终成一代名相。韩、杜二人的去留，与兴衰治乱的关系密切到这种程度，萧、房二人的善于发现人才，是无人能比得上的。樊哙跟随高祖在丰、沛起兵，攻占咸阳后劝高祖还军霸上，鸿门宴上解除高祖困厄使之脱险，功劳也不算小了，可是韩信把自己与樊哙身份同等看作是羞辱。唐俭帮助高祖、太宗下决心灭隋建唐，在蒲津揭发孤独怀恩发动叛乱的阴谋，帮太宗制定诱降突厥的办法，不能说是平庸之臣，可是李靖认为失去他也不值得惋惜。在韩信和李靖看来，樊哙、唐俭，也不过是拿熊罴比狸猫而已。创建帝王之业，绝非个别谋士的谋略可成，一定要等到有了韩信那样的大将、杜如晦那样的贤相，然后才加重用，岂不太难了吗？只要能把萧何、房玄龄一类人安排到帐下，选贤进能，那么，珍珠宝玉般珍贵的人才就会不请自至了。

吴激小词

原文

先公在燕山，赴北人张总侍御家集[①]。出侍儿佐[②]酒，中有一人，意状摧抑[③]可怜，扣[④]其故，乃宣和殿

小宫姬也。坐客翰林直学士吴激赋长短句纪之⑤，闻者挥涕。其词曰："南朝千古伤心地，还唱《后庭花》⑥。旧时王、谢，堂前燕子，飞向谁家？恍然相遇，仙姿胜雪，宫髻堆鸦。江州司马，青衫湿泪，同是天涯⑦。"激字彦高，米元章⑧婿也。

注释

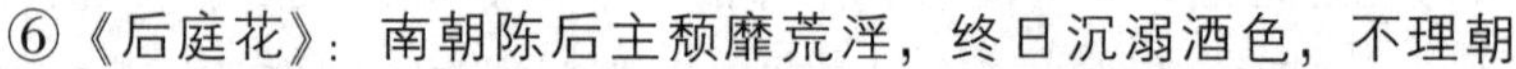

①集：集会，聚会。

②佐：劝。

③摧：伤痛。抑：抑制，压抑。

④扣：打听，询问。

⑤赋长短句纪之：吟诵词记下这件事情。赋，吟咏，吟诵。长短句：即词，因其句子长短不一，故有此称，又称诗余。

⑥《后庭花》：南朝陈后主颓靡荒淫，终日沉溺酒色，不理朝政。当百姓揭竿而起、国家动荡之时，陈后主还在后宫寻欢作乐。他曾作一首《玉树后庭花》，其中有"花开花落不长久，落红满地归寂中"之语，被人认为是亡国之音，是不祥的预兆。

⑦江州司马，青衫湿泪，同是天涯：唐朝白居易被贬江州，一晚与友送别时，听到江边舟中传来悠扬动听的琵琶曲，遂邀琵琶女同饮，言谈得知该女本为长安歌妓，年老色衰，委身为商人妇。白居易听闻，泪湿青衫，感慨地说："同是天涯沦落人，相逢何必曾相识。"

⑧米元章：即米芾，字元章，北宋书法家、画家，与苏轼、黄庭坚、蔡襄并称宋代四大书法家。其绘画擅长枯木竹石，尤工水墨山水。

先父在燕山，到北国人张总侍御家聚会。侍女出来劝酒，其中有一人，强抑悲伤的样子，令人可怜。询问缘故，原来她是流落在外的宣和殿小宫女。座中宾客翰林直学士吴激吟诵词一首记下这件事，听众无不挥泪。那首词道："南朝千古伤心地，还唱《后庭花》。旧时王、谢，堂前燕子，飞向谁家？恍然相遇，仙姿胜雪，宫髻堆鸦。江州司马，青衫湿泪，同是天涯。"吴激，字彦高，是米芾（字元章）的女婿。

晏子杨雄

原文

齐庄公之难[①]，晏子不死不亡[②]，而曰："君为社稷死则死之，为社稷亡则亡之；若为已死而为己亡，非其私昵[③]，谁敢任[④]之？"及崔杼[⑤]、庆封盟国人曰："所不与崔、庆者。"晏子叹曰："婴所不唯忠于君，利社稷者是与，有如上帝[⑥]！"晏子此意正与豫子所言众人遇我之义同，特[⑦]不以身殉庄公耳。至于毅然据正以社稷为辞，非豫子可比也。杨雄仕汉，亲蹈王莽之变，退托其身于列大夫中，不与高位者同其死，抱道没齿[⑧]，与晏

子同科。世儒或以《剧秦美[9]新》贬之；是不然，此雄不得已而作也。夫诵述新莽之德，止能美于暴秦，其深意固可知矣。序所言配五帝、冠三王[10]，开辟以来未之闻，真[11]以戏莽尔。使雄善为谀佞[12]，撰符命[13]，称[14]功德，以邀[15]爵位，当与国师公同列，岂固穷如是[16]哉？

· 注释 ·

①难：遇难，被杀。

②不死不亡：不自尽也不逃亡。

③私昵：个人宠爱。

④任：担任、承担。

⑤崔杼：又称崔子、崔武子，春秋时齐国大夫，齐惠公时为正卿。惠公死后，出奔卫国。后返齐，侍奉灵公，灵公死后，迎立故太子光，即齐庄公。因齐庄公行为不检，怒而杀之，立杵臼为君，即齐景公，自己为右相。两年后，家族内讧，在左相庆封的威逼下自杀。

⑥上帝：天帝。

⑦特：只，不过。

⑧没齿：终生，一辈子。

⑨美：美化。

⑩五帝：关于五帝的说法不一，最常见说法是太昊、炎帝、黄帝、少昊、颛顼五人。冠：冠盖，超过。三王：一般指夏商周三代之君，即夏禹、商汤和周武王。

⑪真：只不过。

⑫谀佞：奉承献媚。

⑬撰：杜撰。符命：符兆，预示着天命神授。

⑭称：称颂。

⑮邀：求取。

⑯如是：这个样子。

齐庄公遇难被杀之时，晏子既不去死，也不逃亡，而是说："君主为国家而死，那么就为他而死；为国家而逃亡，就为他而逃亡。如果君主为自己而死，为自己而逃亡，不是他个人宠爱的人，谁敢承担责任？"等到崔杼、庆封和国内的人在太公的宗庙结盟说"有不亲附崔氏、庆氏的人"时，晏子叹气说："我晏婴如果不亲附忠君利国的人，有天帝为证！"晏子这番话正和豫子所说众人待我如何如何那番话意义相同，只是不为庄公献出生命罢了。至于他坚决地据守正义，拿国家利益做理由，不是豫子能比得上的。杨雄在西汉做官，亲身经历王莽篡汉的变乱，退步托身在一般士大夫行列中，不和官位高的人一同去死，终身坚持正道，与晏子同等。社会上有些儒生拿他的《剧秦美新》来贬斥他，其实是不对的，因为这是杨雄迫不得已才写的。颂扬新莽的恩德，结果只能是美化残暴的秦王朝，其中深意不难体会。序中所说新莽与传说中圣明的五帝一样，甚至比夏禹、商汤、周文王、武王还强之类的话，有史以来没有听人说过，这只不过是在戏弄王莽罢了。如果杨雄善于逢迎讨好，杜撰符命，称颂功德，以此求取高官厚禄，本应与国师公等同了，怎会一直穷困如此呢？

卷十四

汉祖三诈

原文

汉高祖用韩信为大将，而三以诈临[①]之：信既定赵，高祖自成皋渡河[②]，晨自称汉使驰入信壁[③]，信未起，即其卧[④]，夺其印符[⑤]，麾召诸将易置[⑥]之；项羽死，则又袭夺其军；卒[⑦]之伪游云梦而缚信。夫以豁达大度开基[⑧]之主，所行乃如是，信之终于谋逆[⑨]，盖有以启之矣。

注释

①临：对付。

②河：黄河。

③壁：营垒，军营。

④即其卧：进入他的卧室。

⑤印符：帅印符节。

⑥麾：大将的旗帜。易：更改。置：处置。

⑦卒：最后。

⑧开基：开创基业，代指开国。

⑨谋逆：图谋叛乱。

汉高祖任用韩信作为大将，却三次用诈术对付他：韩信平定赵地之后，高祖从成皋渡过黄河，一大早自称汉王使节飞马驰入韩信军营，韩信尚未起床，进入他的卧室收取他的印信符节，用大将的旗帜招来将领们，改变了他们的职位；项羽死后，再次用突然袭击的方式收取韩信的军权；最后假托巡游云梦而捉拿了韩信。凭着一个豁达大度的开国君主的身份，所作所为竟然如此。韩信终于图谋叛乱，看来萌生这种念头是有原因的。

有心避祸

原文

有心于避祸，不若无心于任运[①]，然有不可一概论者。董卓盗执国柄[②]，筑坞[③]于郿，积谷为三十年储，自云："事不成，守此足以毕老。"殊不知一败则扫地，岂容老于坞耶？公孙瓒[④]据幽州，筑京于易地，以铁为门，楼橹[⑤]千重，积谷三百万斛，以为足以待天下之变，殊不知梯冲舞于楼上，城岂可保邪？曹爽[⑥]为司马懿所奏，桓范[⑦]劝使举兵，爽不从，曰："我不失作富家翁。"不知诛灭在旦暮耳，富可复得邪？张华[⑧]相晋，

当贾后[9]之难不能退，少子以中台星坼[10]，劝其逊位[11]，华不从，曰："天道玄远，不如静以待之。"竟为赵王伦[12]所害。方事势不容发，而欲以静待，又可蚩[13]也。他人无足言，华博物有识，亦闇[14]于几事如此哉！

·注释·

①任运：听凭命运安排。

②盗执国柄：窃取国家大权。

③坞：城堡。

④公孙瓒：字伯圭，西汉辽西人，勇猛好战，才能过人，后升至中郎将，后自己盘踞北方。其与袁绍相争，起初占据优势，后战略不当，逐渐被袁绍击败，自焚其身。

⑤楼橹：城楼。

⑥曹爽：字昭伯，沛国谯县人，曹操侄孙。少年时谨慎持重，备受魏明帝恩宠。后随着位高权重，一步步独揽朝中大权，招来众臣嫉恨。司马懿兵变，假太后令，罢免曹爽兄弟官职。后曹爽及其兄弟全被处斩，并夷灭三族。

⑦桓范：字元则，为人颇有见识，依附曹爽，为其谋划。曹爽被司马懿弹劾时，他劝曹爽挟魏帝到许昌，曹爽不听，被诛。桓范也被诛杀。

⑧张华：字茂先，西晋文学家、政治家。张华年少便好学不倦，曹魏末期，因愤世嫉俗作《鹪鹩赋》，引起巨大反响，自此他便声名鹊起，后官职一路上升。西晋取代曹魏后，又屡迁黄门侍郎，封广武县侯，官至司空。晋惠帝时，遭司马伦杀害。他曾编撰《博物志》，对后世影响很大。

⑨贾后：贾南风，西晋晋惠帝的皇后，又称惠贾皇后。本人其

貌不扬，但是善于钻营，精于权术。晋惠帝懦弱无能，朝中大小事务，悉出于贾后之手。她为掌握朝政大权，肃清异己，滥杀无辜，朝政动荡不安。

⑩坼：裂开。

⑪逊位：退位。

⑫赵王伦：赵王司马伦。司马伦，字子彝，晋宣帝司马懿第九子，西晋八王之乱其一王。晋武帝司马炎新中国成立后，封琅琅琊王。后自立为皇，改元建始，未几，便被其他王族攻灭，自己也被赐死。

⑬蚩：讥笑。

⑭闇：昧暗、糊涂。

·译文·

为躲避灾祸大动脑筋，倒不如漫不经心地听凭命运安排，不过也有不能一概而论的情况。董卓盗掌国务大权，在郿（今陕西眉县东北）修筑号称“万岁坞”的城堡，积储了足用三十年的粮食，自称：“大事不成，守着这座城堡，也完全可以终生到老。”殊不知，一朝中计被杀，其财产即刻扫荡净尽，哪里容他老死在郿坞？公孙瓒占据幽州，在易（今河北雄县西北）修筑高丘，人称易京，用铁造门，高台望楼千层，积存粮食三百万斛，以为足以应付天下之变，殊不知袁绍的云梯、冲车舞动在楼前，坚城怎能保守得住呢？曹爽被司马懿弹劾，桓范鼓动他发动兵变，曹爽不听，说：“我即使不行还可做个大富翁嘛。”岂不知满门抄斩就在眼前，富翁还能当得成吗？张华辅佐西晋任司空，当贾后在宫廷发动事变时不能辞官避祸，小儿子张韪因中台星分裂，劝他让出官位，他不听，说：“天象的规律玄奥深远，不如静心等待。”终于被赵王司马伦所害。当情势万分紧迫时，却想静心等待，太可笑了。别人不必说，张华学识渊博，也对机密之事糊涂到这种程度吗？

蹇解之险

原文

《蹇》卦《艮》下《坎》上，见险而止，故诸爻皆有蹇难之辞。独六二重言蹇蹇[①]，说者以为六二与九五为正应，如臣之事君，当以身任国家之责，虽蹇之又蹇，亦匪躬以济之[②]，此解释文义之旨也。若寻绎爻画，则有说焉，盖外卦一《坎》，诸爻所同，而自六二推之，上承九三、六四，又为《坎》体，是一卦之中已有二《坎》也，故重言之。《解》卦《坎》下《震》上，动而免乎险矣。六三将出险，乃有负乘致寇之咎[③]，岂非上承九四、六五又为《坎》乎？《坎》为舆为盗，既获出险而复蹈焉，宜其可丑而致戎[④]也，是皆中爻之义云。

注释

①重言蹇蹇：说两次“蹇”。

②匪躬以济之：应当全力以赴，鞠躬尽瘁。

③负乘致寇之咎：背负外来之“寇”袭击的凶相。

④宜其可丑而致戎：在极端困难的情况下又出现新的外患也没什么奇怪。

《蹇》卦乃是《艮》下《坎》上，见险而止，所以各爻都有蹇难之辞。唯独六二爻说两次“蹇”，解卦的人认为六二爻与九五爻为正应，如臣子侍奉君主，当亲身肩负国家重任，即使难之又难，也应当全力以赴，鞠躬尽瘁，这是解释卦辞的主旨。如果推演爻象，就有另外一种解释。外卦（上卦）为一个《坎》卦，各爻所同，而从六二向上推，上承九三爻、六四爻，又为《坎》卦，这即是一卦之中有两个《坎》卦，于是说两个“蹇”。《解》卦乃《坎》下《震》上，只要动就可免于险。六三爻表示将脱离险境，又会有外来之“寇”袭击的凶相，此爻上承九四、六五二爻，难道不又是一个《坎》卦吗？《坎》表示“舆”，表示“盗”，即将脱险又陷于险，在极端困难的情况下又出现新的外患也没什么奇怪，这都是中爻所表现出来的含义。

士之处世

原文

士[1]之处世，视富贵利禄，当如优伶之为[2]参军，方依据几正坐[3]，噫呜诃棰，群优拱而听命，戏罢则亦已矣。见纷华盛丽，当如老人之抚节物[4]，以上元、清明言之，方少年壮盛，昼夜出游，若恐不暇，灯收花暮[5]，辄怅然移日[6]不能忘，老人则不然，未尝置欣戚[7]于胸中也。睹金珠珍玩，当如小儿之弄戏剧[8]，方杂然前陈，疑若可悦，即委之以去，了无恋想。遭横逆机

阱，当如醉人之受骂辱，耳无所闻，目无所见，酒醒之后，所以为我者自若也，何所加损哉?

·注释·

①士：士子，读书人。

②为：扮演。

③方：当……的时候。几：几案。正坐：正襟危坐。

④节物：应节的景物。

⑤暮：凋零，垂暮。

⑥辄：便，就。移日：移动日影。指不算短的一段时间。

⑦欣戚：欢乐与悲戚。

⑧戏剧：游戏闹剧。

·译文·

读书人为人处世、看待富贵利禄，应像戏剧演员扮演军官。当他身凭几案、正襟危坐，哇哇啦啦发号施令时，众演员拱手而立听从他的命令，一出戏演完，一切也就结束了。见到豪华艳丽的场面，就如同老年人对待应时节的景物。拿上元、清明节来说，正当年轻力壮的人，昼夜出游，似乎唯恐时间不足；彩灯收了，鲜花凋零，就一副懊恼的样子，长时间不能忘怀。老年人则不然，不曾把欣喜、忧戚一直放在心上。而对黄金、珠宝、珍贵器物，应当如同儿童做游戏，当那些东西杂乱摆在面前时，看似喜欢的样子，倘若丢下它走开，一点也不留恋。遇上强暴无理、设计陷害的事，应当如同醉酒之人遭受辱骂，支着耳朵什么也没听到，睁着眼睛什么都没看见，酒醒之后，我还是原来那副老样子，又有什么损害呢？

卷十五

苏子由诗

原文

苏子由《南窗》诗云："京城三日雪，雪尽泥方深。闭门谢还往，不闻车马音。西斋书帙乱，南窗朝日升。辗转守床榻，欲起复不能。开户失琼玉，满阶松竹阴。故人远方来，疑我何苦心。疏拙自当尔，有酒聊共斟[①]。"此其少年时所作也。东坡好书之，以为人间当有数百本，盖闲淡简远，得味外之味云。

注释

①斟：喝酒、品酒。

译文

苏辙在《南窗》诗中写道："京城三日雪，雪尽泥方深。闭门谢还往，不闻车马音。西斋书帙乱，南窗朝日升。辗转守床榻，欲起复不能。开户失琼玉，满阶松竹阴。故人远方来，疑我何苦心。疏拙自当尔，有酒聊共斟。”这是他少年时代的作品。苏东坡很喜欢这首诗，认为在人世间应当有几百本流传，因为它风格闲淡简远，有种超越语言文字的情味包含其中。

孔氏野史

原文

世传孔毅甫《野史》一卷，凡四十事，予得其书于清江刘靖之所，载赵清献为青城宰，挈散乐妓以归，为邑尉追还，大恸且怒。又因与妻忿争，由此惑志。文潞公守太原，辟司马温公为通判，夫人生日，温公献小词，为都漕唐子方峻责。欧阳永叔、谢希深、田元均、尹师鲁在河南[①]，携官妓游龙门，半月不返，留守钱思公作简招之，亦不答。范文正与京东人石曼卿、刘潜之类相结以取名，服中上万言书，甚非言不文之义。苏子瞻被命作《储祥宫记》，大貂陈衍干当宫事，得旨置酒与苏高会，苏阴使人发，御史董敦逸即有章疏，遂堕计中。又云子瞻四六表章不成文字。其他如潞公、范忠宣、吕汲公、吴冲卿、傅献简诸公，皆不免讥议。予谓决非毅甫所作，盖魏泰《碧云騢》之流耳。温公自用庞颖公辟，不与潞公、子方同时，其谬妄不待攻也。靖之乃原甫曾孙，佳士也，而跋是书云：“孔氏兄弟，曾

大父行也，思其人欲闻其言久矣，故录而藏之。”汪圣锡亦书其后，但记上官彦衡一事，岂弗深考云。

①河南：指黄河以南的地方。

译文

社会上流传孔毅甫《野史》一卷，共记录了四十件事，我从清江县的刘靖之那儿得到了这部书。其中记载赵清献任青城县令的时候，曾带一名民间的乐妓回家，被县尉追上，要回了乐妓，因而大哭大闹，又因迁怒和妻子闹矛盾，由此失掉了自己的志向抱负。文潞公做太原太守时，曾任用司马温公为通判，文彦博的夫人生日时，温公曾进献小词祝寿，受到都漕唐子方的严厉斥责。欧阳永叔、谢希深、田元均、尹师鲁这些人在河南府治所洛阳时，曾经携同官妓游览龙门，半个月还不回来，河南留守官员钱思公写信请他们回来，也毫不加理睬。范仲淹和京东人石曼卿、刘潜之流互相结交以博取浮名，服丧期间上万言书，与服丧期间上书出言不要文采的规则极为不符。苏轼受命创作《储祥宫记》，大太监陈衍管理宫廷事务，得到皇上的旨意设酒席同苏轼畅饮，苏暗地叫人告发此事，认为不符合礼制，于是御史董敦逸就上了弹劾的奏章，刚好落入陈衍设计好的圈套。还说苏轼用四六文写的表章不成体统。别的如潞公、范忠宣、吕汲公、吴冲卿、傅献简等人，也都不免受其连累。我认为这绝非孔毅甫所写的，大抵属于魏泰的《碧云騢》之类的东西。温公自己因为庞颖的举荐而被征辟入朝，跟文潞公、唐子方并不是同时的，其荒谬就不言自明了。刘靖之作为刘原甫的曾孙，是品学兼优的读书人，可是为这部书所写的跋语却说："孔氏兄弟和我的曾祖父同辈，怀念他们的为人就想听到言论，已经有很长时间了，所以把它抄录下来加以保存。"汪圣锡也在书的后面写了跋语，只是记录了上官彦衡的一件事，难道他们没有仔细看过这本书的内容吗？

张子韶祭文

先公自岭外徙宜春，没于保昌，道出南安，时犹未闻桧相之死。张子韶先生来致祭，其文但云："维某年月日具官某，谨以清酌之奠昭告于某官之灵，呜呼哀哉，伏惟尚飨[①]！"其情旨哀怆，乃过于词，前人未有此格也。

·注释·

①伏惟尚飨：悼词常用语。

先父在从岭南调动到宜春去的时候，逝世于保昌，家人扶柩途经南安，当时还没听说奸相秦桧已死的消息。张子韶先生来吊祭，他的祭文只是说："某年某月某日具位之官某某，恭谨地在此地以清酒作为祭奠，敬告某官在天之灵，呜呼哀哉，伏惟尚飨！"他的情意极为哀痛，以至超过了文辞的表达。从前的祭文还没有见到过这种格式。

云中守魏尚

原文

《史记》《汉书》所记冯唐救魏尚事，其始云："魏尚为云中守，与匈奴战，上攻莫府，一言不相应，文吏以法绳[1]之，其赏不行。臣以为陛下赏太轻、罚太重。"而又申言之云："且云中守魏尚，坐上攻首虏差六级，陛下下之吏，削其爵，罚作之。"重言云中守及姓名，而文势益遒健有力，今人无此笔也。

①绳：逮捕。

《史记》和《汉书》所记载的冯唐救魏尚的事，冯唐在开始说："魏尚做云中郡郡守，和匈奴打仗，向幕府报告战功，有一句话说错了，执政官吏便根据法律条文处分他，对他的奖赏也未得以施行。臣认为陛下奖赏太轻、处罚太重。"并且又重新申述这件事，说："云中郡守魏尚，犯了呈报战功时斩首俘虏的人数中差六个人的首级的罪过，陛下就把他交由法吏审理，取消了他的官爵，罚他去做苦工。"这里有两次说到云中郡守及其姓名，文章气势便显得更加遒劲有力，现代的人是没有这样的笔力的。

卷十六

南宫适

原文

南宫适问羿、奡不得其死，禹、稷有天下，言力可贱而德可贵[1]。其义已尽，无所可答，故夫子俟其出而叹其为君子，奖其尚德，至于再言之，圣人之意斯可见矣。然明道先生[2]云："以禹、稷比孔子，故不答。"范淳父以为禹、稷有天下，故夫子不敢答，弗敢当也。杨龟山云："禹、稷之有天下，不止于躬稼[3]而已，孔子未尽然其言，故不答。然而不止之者，不责备于其言，以沮其尚德之志也，与所谓'雍之言然'，则异矣。"予窃谓南宫之问，初无以禹、稷比孔子之意，不知二先生何为有是言？若龟山之语，浅之已甚！独谢显道云："南宫适知以躬行为事[4]，是以谓之君子。知言之要[5]，非尚德者不能，在当时发问间，必有目击而道存，首肯之意，非直不答也。"其说最为切当。

·注释·

①言力可贱而德可贵：声言武力是无足轻重的，只有光明的道德品行才是可贵的。

②明道先生：即程颢，北宋理学大家。

③躬稼：亲自种地。躬，亲自。稼，耕种庄稼。

④以躬行为是：将亲力亲为当作大事。

⑤知言之要：知道他说话的重点。

南宫适问孔子请教羿、奡不得好死，而禹、稷却得到天下的问题，声言武力不值得重视，而光明的道德品行才是最为可贵。他的话已经把道理说清楚了，没有什么可以解答的，所以孔夫子等他出去之后叹他是位君子，褒奖他崇高美好的道德，以至于说了两次，圣人的意见从这里就可看出来了。可是明道先生（程颢，私谥明道先生）说："把禹、稷同孔子相比，所以不回答。"范淳父认为禹、稷得到了天下，所以孔夫子不敢回答是不敢当的意思。杨龟山说："禹、稷得到天下，并不只是靠着亲自种庄稼一件事，孔子不认为南宫适的话全对，所以不回答。"可是没有制止他的话，是为了不对他的话求全责备，不阻止他崇高道德的志向，这同其他场合所说的'冉仲弓的话正确'之类是全然不同的。"我私下以为南宫适的问话，全无拿禹、稷比孔子的意思，不知道二位先生为何说这种话？像杨龟山的意见，浅陋之极！唯有谢显道说："南宫适知道把亲身施行当成大事，因此称他为君子。知道他说话的要点，不是崇高道德的人是难以做到的，在发问的当时，肯定有用眼神示意的情况，表示了首肯的意思，并非只是不回答。"他的说法最为恰当。

吴王殿

原文

汉高祖五年，以长沙、豫章、象郡、桂林、南海立番君吴芮为长沙王。十二年，以三郡封吴王濞，而豫章亦在其中。又，赵佗先有南海，后击并桂林、象郡。则芮所有，但[①]长沙一郡耳。按芮本为秦番阳令，故曰番君。项羽已封为衡山王，都邾。邾，今之黄州也。复侵夺基地。故高祖徙之长沙而都临湘，一年薨，则其去番也久矣。今吾邦犹指郡正听为吴王殿，以谓芮为王时所居。牛僧孺《玄怪录》载，唐元和中，饶州刺史齐推女，因止州宅诞育[②]，为神人击死，后有仙官治其事，云："是西汉鄱阳王吴芮。今刺史宅，是芮昔时所居。"皆非也。

·注释·

①但：只，不过。

②诞育：诞生生命，即生小孩。

汉高祖五年（公元前 202 年）的时候，朝廷以长沙、豫章、象

郡、桂林、南海数郡之地册立番君吴芮为长沙王。汉高祖十二年（公元前195年），以包括豫章在内的其中三郡册封了吴王刘濞。又加上赵佗原先拥有南海，后来又攻占了桂林、象郡。那么，吴芮所占据之地，仅长沙一郡罢了。据查吴芮本来是秦时番阳县县令，所以称番君。项羽已经把他封为衡山王，建都于邾。邾，就是现在的黄州（今湖北黄冈）。后来又侵占夺取了他的土地。所以汉高祖把他迁移到长沙做了长沙王，都于临湘（今湖南长沙），一年就死了，那么，他离开番阳已经很久了。可是现在我家乡的人还指认郡府官署的正厅为吴王殿，把它说成是吴芮为王时所居住的。牛僧孺《玄怪录》记载，唐朝元和年间，饶州刺史齐推的女儿，因为宿止在州府官宅里生小孩，被神人击死，后来有道士办理这件事，说："这是西汉鄱阳王吴芮为祟。现在的刺史官宅，是吴芮过去的居住地。"这都是错的。

王卫尉

原文

汉高祖怒[1]萧何，谓王卫尉曰："李斯相秦皇帝，有善归主，有恶自予[2]，今相国请吾苑以自媚于民，故系治之。"卫尉曰："秦以不闻其过亡天下，李斯之分过，又何足法哉！"唐太宗疑三品以上轻魏王[3]，责之曰："我见隋家诸王，一品以下皆不免其踬顿，我自不许儿子纵横耳。"魏郑公曰："隋高祖不知礼义，宠纵诸子，使行非礼，寻皆罪黜[4]，不可以为法，亦何足

道。”观高祖、太宗一时失言，二臣能因其所言随即规正[5]，语意既直[6]，于激切中有婉顺体，可谓得谏争之大义。虽微二帝，其孰不降心[7]以听乎！

·注释·

①怒：对……生气。

②有善归主，有恶自予：有了好事就都归功于君王，有了坏事则自己承担。

③魏王：李泰，唐太宗的第四子。

④寻皆罪黜：不久之后都因罪而被罢免。寻，不久之后。

⑤规正：规劝改正。

⑥语意既直：语意直截了当。

⑦降心：虚心。

汉高祖刘邦对相国萧何感到很恼火，于是对王卫尉说：“李斯辅佐秦朝皇帝，有了好事归国君，有了坏事自己承担，现在相国萧何竟然请求开垦我的上林苑荒地以便自己讨好百姓，所以我将他收审治罪。”王卫尉说：“秦朝皇帝因为听不到自己的过失而丢了天下，李斯分担失误责任的做法又有什么值得后人学习呢！”唐太宗李世民怀疑三品以上官员轻视自己的儿子魏王李泰，便责备他们说：“在隋朝，我看见一品以下官员见到诸王时无不毕恭毕敬地行礼，我当然是不会允许皇子们随心所欲，胡作非为的。”魏徵闻听，说道：“隋高祖（文帝）不知礼义，过分地宠爱、放纵自己的儿子，使他们多行非礼，不久诸王就都因罪被罢免，这种做法是不值得学习的，也

不值一提。”汉高祖和唐太宗一时失言，王、魏二臣能在听到后随即规正，直截了当，但是在激切中又不失婉转、恭敬，可谓深得谏争之大义。即使不是汉高祖和唐太宗这两位具有雄才大略的明君，其他人谁能不虚心听取、诚恳接受呢？

前代为监

原文

人臣引古规诫，当进取前代，则事势相接，言之者有证，听之者足以监。《诗》曰：“殷监不远，在夏后之世。”《周书》曰：“今惟殷坠厥命，我其可不大监！”又曰：“我不可不监于有殷。”又曰：“有殷受天命，唯有历年，惟不敬厥德，乃早坠厥命。”周公作《无逸》[①]，称殷三宗。汉祖命群臣言吾所以有天下，项氏所以失天下，命陆贾著秦所以失天下。张释之为文帝言秦、汉之间事，秦所以失，汉所以兴。贾山借秦为谕。

贾谊请人主引殷、周、秦事而观之。魏郑公上书于太宗云：“方隋之未乱，自谓必无乱；方隋之未亡，自谓必无亡。臣愿当今动静以隋为监。”马周云：“炀帝笑齐、魏之失国，今之视炀帝，亦犹炀帝之视齐、魏也。”张玄素谏太宗治洛阳宫曰：“乾阳毕功，隋人解体，恐陛下之过，甚于炀帝。若此役不息，同归于乱耳！”考[②]《诗》《书》所载及汉、唐诸名臣之论，有国者之龟镜也，议论之臣，宜以为法。

①《无逸》：传说为周公所作。无逸，不要贪图安逸，是周公告诫成王的言论。

②考：考证。

大臣引述古代的事例来规劝君主时，应当选取当时时代较近的前代史实，这样的事势相接，劝说的人能提出具体而有力的证据，听的人也可引以为戒。《诗经》说：“商朝的借鉴不远，在夏后之世。”《周书》说：“现在商朝已经葬送了自己的社稷，我们周朝能不深深地引以为鉴吗？”又说：“我们不能不以商朝为借鉴。”又说：“商朝承受天命的时间已久，因为不敬天命，不修其德，以致过早地亡了国。”周公在《无逸》中称颂商朝的三位国王。汉高祖命群臣谈论自己为什么能得天下，项羽为什么失天下，又命陆贾撰文论述秦朝灭亡的原因。张释之为汉文帝讲解秦、汉之间的历史，以此证明秦朝之所以失败，汉朝之所以成功的缘由。贾山借秦朝做比喻，来说明朝代更替的原因。

贾谊请君主阅读有关商朝、周朝和秦朝的史书。魏徵在给太宗皇帝的上书中说：“当隋朝尚未动乱的时候，自以为天下必定不会

乱；当隋朝尚未亡的时候，也自以为天下必定不会亡。我希望现在的举措应以隋朝为鉴。”马周说：“隋炀帝嘲笑齐、魏亡国，可是今天看隋炀帝，也如同炀帝看齐、魏一样。”张玄素对唐太宗整修洛阳宫进谏说：“乾阳宫修成，隋朝瓦解，我担心陛下的过失比隋炀帝还要严重。如果这项工程不停，唐朝也将与隋朝一样陷于动乱!”《诗经》和《尚书》所载，以及汉、唐诸名臣的论述，的确可以作为拥有国家之人的一面镜子，负责谏议的大臣们也应当深入地学习，用心体会。

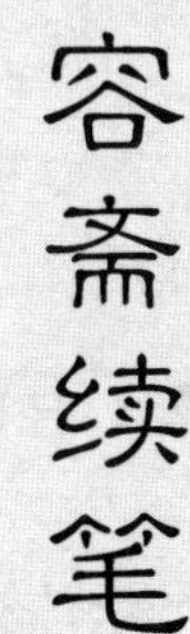
容斋续笔

卷　一

戒石铭

原文

“尔俸尔禄，民膏民脂。下民易虐，上天难欺。”太宗皇帝书此，以赐郡国，立于听事之南，谓之《戒石铭》。案，成都人景焕，有《野人闲话》一书，乾德三年所作，其首篇《颁令箴》，载蜀王孟昶为文颁诸邑云：“朕念赤子[①]，旰食宵衣[②]。言之令长，抚养惠绥[③]。政存三异[④]，道在七丝[⑤]。驱鸡为理，留犊为规。宽猛得所，风俗可移[⑥]。无令侵削，无使疮痍。下民易虐，上天难欺。赋舆是切，军国是资[⑦]。朕之赏罚，固不逾时。尔俸尔禄，民膏民脂。为民父母，莫不仁慈。勉尔为戒[⑧]，体朕深思。”凡二十四句。昶区区爱民之心，在五季诸僭伪[⑨]之君为可称也，但语言皆不工，唯经表出者，词简理尽，遂成王言，盖诗家所谓夺胎换骨法也。

·注释·

①念：关心、想念。赤子：对君主忠诚的百姓。

②旰食宵衣：天很晚才吃饭，天不亮就穿衣起床。形容勤于政务。

③惠绥：安抚。

④政存三异：处理政务要达到三种奇迹出现，即蝗虫不入境内，鸟兽也知礼仪教化，儿童也明了仁厚之心。

⑤道在七丝：治理地方如同拨弦弄琴一样。七丝，古琴的七根弦，也借指七弦琴。

⑥宽猛得所，风俗可移：处理政事要松紧适当，这样才能移风易俗。

⑦赋舆是切，军国是资：田赋收入是国家切身要事，军队和政府都要靠这些来养活。

⑧勉尔为戒：劝导你们要以此为戒。

⑨五季：五代。僭伪：割据一方的非正统的王朝政权。五代十国时候，群雄并起，大多文人都认为这些政权不是正统皇室，所以称之为僭伪。

·译文·

“你们做官得的薪俸，都是人民的血汗膏脂。虽然百姓容易虐待，上天却难欺骗。”宋太宗写了这四句，颁发给各地方官员，立碑在公堂南面，称作《戒石铭》。据记载，过去成都人景焕，著有《野人闲话》一书，是宋太祖乾德三年时作的。此书第一篇名《颁令箴》，记载了后蜀国主孟昶曾作文颁给各地方长官，说：“寡人十

分关心百姓，他们很晚才吃饭，天不明就起床。所以才给你们讲这番话，希望你们爱护黎民百姓。治理地方要达到蝗虫不入境、鸟兽懂礼仪、儿童有仁心这三种异事出现，而达到圣人之治，关键还在于地方官们如弹琴一样，把政务调理得好。要像驱鸡那样恰到好处，为政清廉的法规决不能荒废。政治要宽猛适当，才能移风易俗扶植正气。不能让百姓利益受到侵害，不能使百姓生活受到破坏。当官的虐待百姓很容易，可是上天却难被你们欺瞒。田赋收入是国家的切身要事，军队和政府都是靠百姓养活的。寡人对你们的赏罚，是决不会拖延时间的。你们做官所得的薪俸，都是人民的血汗膏脂。凡当百姓父母官的，没有不懂得对百姓仁慈的。希望你们都要以此为戒，要很好地体会寡人这个意思。”共写了二十四句。孟昶这一点爱护百姓的心思，在五代十国那些割据地方，称王称霸的君主里面，可以算是比较好的了。但他这篇文章语言不精炼，唯有从中归纳出来的四句，言辞简要，道理尽说，遂成为宋太宗的不朽名言。这种归纳法，就是诗人们常用的脱胎换骨的写作方法呀！

李建州

原文

建安城东二十里，有梨山庙，相传为唐刺史李公祠。予守郡日[①]，因作祝文，曰："亟回哀眷。"书吏持白"回"字犯相公名[②]，请改之，盖以为李回也。后读《文艺·李频传》，懿宗时，频为建州刺史，以礼法治下。时朝政乱，盗兴，相椎敚，而建赖频以安。卒官下[③]，州为立庙梨山，岁祠之[④]，乃证其为频。继往祷而祝之，云俟获感应，则当刻石纪实。已而得雨，遂为作碑。偶阅唐末人石文德所著《唐朝新纂》一书，正纪频事，云除建州牧，卒于郡。曹松有诗悼之，曰："出旌临建水，谢世在公堂。苦集体藏箧[⑤]，清资罢转郎。瘴中无子奠，岭外一妻孀。恐是浮吟骨，东归就故乡。"其身后事落拓如此。《传》又云："频丧归寿昌，父老相与扶柩葬之。天下乱，盗发其冢，县人随加封掩。"则无后可见云。《稽神录》载一事，亦以为回，徐铉失于不审[⑥]也。

注释

①予守郡日：我在这里担任太守的时候。

②犯相公名：和相公（李刺史）的名字相同，犯了忌讳。

③卒官下：死在任上。

④岁祠之：每年都去祭拜他。

⑤箧：箱子。

⑥审：考证，查究。

福建建安郡城东二十里，有座梨山庙，相传是唐朝一个姓李的刺史的祠庙。我在这里担任太守的时候，曾写了祝文去祭祀他。文中有“亟回哀眷”一句，办事的书吏说这个“回”字犯了李刺史的讳，请我改一下，这是因为他以为李刺史就是李回。后来，我读了《唐书》中的《文艺·李频传》，其中记有唐懿宗时李频担任建州刺史，用礼法治理地方的事情。当时朝政混乱，到处有盗贼杀人抢劫，而建州独因有李频在而十分安定。后来李频死在任上，建州百姓为纪念他建庙于梨山，每年都要去祭祀。这就证明了是李频的祭庙。以后我又再次去祈祷并许愿说，如果能得到灵验，一定要刻块石碑把他的事迹记下来。不久，果然下了一场雨，遂给他立了一块碑。后来偶然看到唐末人石文德所著《唐朝新纂》一书，正好记载有李频的事。书上说，李频担任建州太守，死在任上。曹松曾经写了一首诗悼念他，说：“摆着仪仗到建水做官，却死在任上。辛苦吟成的诗集不要埋没在箧中，清贫无钱从此不必再为升迁发愁。在这烟瘴的地方竟没有一个儿子送终，遥远的岭外只留下一个可怜的遗孀。恐怕你只能怀着苦吟的灵魂，往东去飞回故乡。”他死后的事竟然穷困潦倒到这种地步。他的传记里又说：“李频去世后送回故乡寿昌（今浙江建德南）时，是由故乡父老乡亲把他的灵柩安葬入土的。后来天下大乱，有盗墓的把他的坟挖了，县里人又将其封掩起来。”这样，可见李频确是没有后代的。宋朝的《稽神录》也载了这件事，亦当成了李回，是因其作者徐铉没有很好地考证而造成的错误。

存亡大计

原文

国家大策，系于安危存亡，方变故交切，幸而有智者陈至当之谋[1]，其听而行之，当如捧漏瓮以沃焦釜[2]。而愚荒之主，暗于事几[3]，且惑于谀佞孱懦者之言，不旋踵而受其祸败，自古非一也。曹操自将征刘备，田丰劝袁绍袭其后，绍辞以子疾不行。操征乌桓，刘备说刘表袭许，表不能用，后皆为操所灭。唐兵征王世充于洛阳，窦建德自河北来救，太宗屯虎牢以扼之，建德不得进，其臣凌敬请悉兵济河，攻取怀州、河阳，逾太行，入上党，徇汾、晋，趣蒲津，蹈无人之境，取胜可以万全，关中骇震，则郑围自解。诸将曰："凌敬书生，何为知战事，其言岂可用？"建德乃谢[4]敬。其妻曹氏，又劝令乘唐国之虚，连营渐进，以取山北，西抄关中，唐必还师自救，郑围何忧不解。建德亦不从，引众合战，身为人擒，国随以灭。唐庄宗既[5]取河北，屯兵朝城，梁之君臣，谋数道大举，令董璋引陕、虢、泽、潞之兵趣太原，霍彦威以汝、洛之兵寇镇定，王彦章以禁军攻郓州，段凝以大军当庄宗。庄宗闻之，深以为忧。而段凝不能临机决策，梁主又无断，遂以致亡。石敬瑭以河东叛，耶律德光赴救，败唐兵而围之[6]，废帝问策

于群臣。时德光兄赞华，因争国之故，亡归在唐，吏部侍郎龙敏请立为契丹主，令天雄、卢龙二镇分兵送之，自幽州趣西楼，朝廷露[7]檄言之，虏必有内顾之虑，然后选募精锐以击之，此解围一策也，帝深以为然。而执政恐其无成，议竟不决，唐遂以亡。皇家靖康之难，胡骑犯阙[8]，孤军深入，后无重援，亦有出奇计乞用师捣燕者。天未悔祸，噬齐弗及[9]，可胜叹哉！

·注释·

①陈至当之谋：陈述正确的谋略。

②捧漏瓮以沃焦釜：捧着漏了的水瓮去浇烧焦的锅，喻虽形势危急，但仍能缓解。釜，烧饭的锅。

③暗于事几：看不清事情的全貌。

④谢：谢绝，拒绝。

⑤既：已经。

⑥败唐兵而围之：打败了前来的唐军，并将其包围起来。

⑦露：出示，张贴。

⑧胡骑犯阙：金兵侵犯都城。

⑨噬齐弗及：若不早作打算，以后就会像咬自己的肚脐而够不着一样没有办法了。比喻后悔莫及。

·译文·

国家的重要决策，关系到安危存亡。当各种变故交织在一起时，幸而有聪明的人提出正确的谋略，听从他们的话去实行，好比捧着漏的瓮去浇烧焦的锅一样可救急。而愚昧的君主，看不清全局形势，而且容易被谄媚小人的话迷惑，这样的人必然很快就会垮台，自古以来这样的例子不止一个了。三国时期曹操曾亲自领兵去征伐刘备，田丰劝袁绍趁机袭击曹操的后方，袁绍借口儿子有病而不出兵。曹操领兵去攻打北方的乌桓，刘备劝说刘表趁机从南方袭击曹操的后方许都（今河南许昌），刘表没有采纳他的建议，结果袁绍、刘表都先后被操所灭。唐朝时，唐兵去洛阳攻打郑国的王世充，窦建德从河北出兵来救援，唐太宗李世民把军队屯于虎牢关来阻挡，窦建德攻打不进，他的部下凌敬献计让建德把兵渡过黄河，占领怀州、河阳（今河南沁阳、孟州），再翻过太行山，进入山西上党（今山西长治）境内，沿汾水、晋州（今山西临汾）直指蒲津关（今山西永济西），这一段路没有唐兵，必然如入无人之境，是取胜的万全之策，使关中地区（今陕西西安一带）震动，洛阳之围就可以解了。可是，建德部下将军们却说："凌敬不过是个书生，懂得什么军事，他的话怎能采用？"建德便谢绝了凌敬的建议。建德的妻子曹氏，又劝他趁唐国后方空虚，集中兵力，稳扎稳打，夺取山北地方，再向西包抄关中，唐兵必然要回来救援，郑国的包围便自然而解。建德仍未听从，而领兵与唐兵进行硬拼，结果被唐兵活捉，他的国家也随之灭亡。五代的后唐庄宗占领河北地方后，屯兵于朝城，梁国君臣商议，决定分兵几路大举进攻，让董璋领陕州（今河南陕州区）、虢州（今河南灵宝）、泽州（今山西晋城）、潞州（今山西长治）四州之兵攻打太原，霍彦威领汝州和洛阳的兵攻打镇定（今河北石家庄一带），王彦

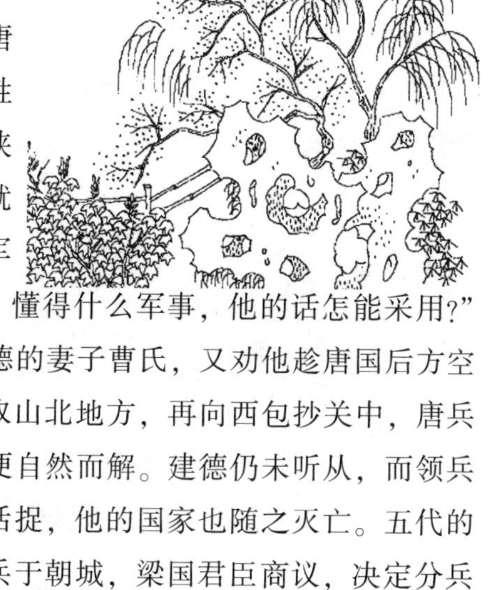

章领禁军攻郓州（今山东郓城），而以招讨使段凝统率主力去抵挡唐庄宗。庄宗得知这消息，十分担忧，但是由于段凝不能当机决策，梁国国君又优柔寡断，拖延不出兵，结果导致灭亡。后唐的河东节度使石敬瑭叛乱，契丹部落的领袖耶律德光领兵去救援他，打败了来征伐的唐兵，并把唐兵包围起来。后唐废帝听到这消息，向群臣征求对策。当时德光的哥哥耶律赞华，因和德光争夺王位失败，逃亡在后唐，吏部侍郎龙敏便请求策立赞华为契丹国王，让天雄、卢龙两镇（管辖河北大名至北京以北一带）节度使派兵送他回国即位，经幽州（今北京西南）直往西楼（今内蒙古林西），朝廷再出檄文通告这项决定。契丹必然担心国内争位乱起，军心动摇，这时再派精兵去袭击他，这是解围的一个方法。废帝也觉得是个好办法。可是执政的大臣怕没有把握，迟疑不决而失去时机，后唐也因此而亡国了。我们大宋经历靖康之难，金国的兵侵犯国都东京（今河南开封），孤军深入，无有力的后援，当时亦有人献出奇计，请派精锐兵力趁机直捣金国后方的幽燕地区。大概是老天有意给大宋降下灾祸，而此计没被采用，以致后来后悔也来不及了，真是可叹啊！

重阳上巳改日

原文

唐文宗开成元年，归融为京兆尹，时两公主出降，府司供帐事繁，又俯近上巳[①]曲江赐宴，奏请改日。上曰：“去年重阳取九月十九日，未失重阳之意，今改取十三日可也。”且上巳、重阳，皆有定日，而至展[②]一旬，乃知郑谷所赋《十日菊》诗云“自缘今日人心别，

未必秋香一夜衰"，亦为未尽也。唯东坡公有"菊花开时即重阳"之语，故记其在海南艺菊九畹，以十一月望[③]，与客泛酒作重九云。

·注释·

①俯近：临近。上巳：古时的传统节日。汉以前以农历三月上旬巳日为"上巳"；魏晋以后，定为三月初三，不必取巳日。

②展：延后。

③望：月圆之日，农历每月十五日前后。

·译文·

唐文宗开成元年，归融担任京兆府尹时，正好有两个公主出生，府里和有关衙门供应物品和庆贺事宜特别繁忙，而时又临近三月初三的上巳节，皇帝照例要在这一天去京都郊外的风景区曲江大宴群臣。府尹实在忙不过来，便上奏请求改宴会日期。皇帝说："去年重阳节改为九月十九，并没失去重九的本意，今年上巳就改为三月十三吧。"自古以来，上巳、重阳都有固定的日期，但也有可延期到十天的例子。由此可知，唐朝诗人郑谷所作《十日菊》诗说："自缘今日人心别，未必秋香一夜衰。"也是重阳没有过去的意思。唯有苏东坡有过"菊花开时即重阳"的诗句，是记他在海南做官时种菊花九畦，于十一月十五与客人饮酒，仍能当作"重九"来过。

卷　二

岁旦饮酒

原文

今人元日[①]饮屠苏酒，自小者起，相传已久，然固有来处[②]。后汉李膺、杜密以党人同系狱，值元日，于狱中饮酒，曰："正旦从小起。"《时镜新书》晋董勋云："正旦饮酒，先饮小者，何也？勋曰：'俗以小者得岁，故先酒贺之，老者失时，故后饮酒。'"《初学记》载《四民月令》云："正旦进酒次第，当从小起，以年小者起先。"唐刘梦得、白乐天元日举酒赋诗，刘云："与君同甲子[③]，寿酒让先杯。"白云："与君同甲子，岁酒合谁先。"白又有《岁假内命酒》一篇云："岁酒先拈辞不得，被君推作少年人。"顾况云："不觉老将春共至，更悲携手[④]几人全。还丹寂寞羞明镜，手把屠苏让[⑤]少年。"裴夷直云："自知年几偏应少，先把屠苏不让春。傥更数年逢此日，还应惆怅羡他人。"成文干云："戴星先捧祝尧觞[⑥]，镜里堪惊两鬓霜。好是灯前

偷失笑，屠傥应不得先尝。”方干云：“才酌屠苏定年齿，坐中皆笑鬓毛斑。”然则尚矣。东坡亦云：“但把穷愁博长健，不辞最后饮屠酥。”其义亦然。

注释

①元日：正月初一。

②来处：来源，典故。

③同甲子：同岁。

④携手：携手同游者，此处代指朋友。

⑤让：推让。

⑥戴星：盯着星星。觞：酒杯。

现在人于正月初一都要喝屠苏酒，由年纪小的人先喝，相传已很久了，这是有它的来源的。后汉时李膺、杜密以同属党人被囚禁在监狱中，逢元旦，在狱中喝酒，说：“过元旦要从幼小的先喝。”《时镜新书》里记载晋朝时董勋的话：“元旦时饮酒先从幼小的开始，这是为什么？董勋说：‘旧时风俗以年纪小的，还有很多年可以过，所以先饮酒，以表示对他的祝贺；老年的，已失去很多岁月，所以后饮酒。’”《初学记》转引的《四民月令》说：“元旦饮酒，当从小起，从幼小的人开始先喝。”唐朝刘禹锡、白居易在元旦饮酒吟诗，刘说：“与君同甲子，寿酒让先杯。”白说：“与君同甲子，岁酒合谁先。”白居易又有《岁假内命酒》一首诗说：“岁酒先拈辞不得，被君推作少年人。”顾况诗里说：“不觉老将春共至，更悲携手几人全。还丹寂寞羞明镜，手把屠苏让少年。”裴夷直诗里说：

“自知年几偏应少，先把屠苏不让春。傥更数年逢此日，还应惆怅羡他人。”成文干诗里说：“戴星先捧祝尧觞，镜里堪惊两鬓霜。好是灯前偷失笑，屠傥应不得先尝。”方干的诗里说：“才酌屠苏定年齿，坐中皆笑鬓毛斑。”这些诗都可以看出元旦饮屠苏酒的风俗。苏东坡诗里也说：“但把穷愁博长健，不辞最后饮屠酥。”意思也是一样的。

存殁绝句

原文

杜子美有《存殁》绝句二首云：“席谦不见近弹棋，毕曜仍传旧小诗。玉局[①]他年无限笑，白杨今日几人悲[②]。”“郑公粉绘随长夜，曹霸丹青已白头[③]。天下何曾有山水，人间不解重骅骝[④]。”每篇一存一没。盖席谦、曹霸存，毕、郑殁也。黄鲁直《荆江亭即事》十首，其一云：“闭门觅句陈无己，对客挥毫秦少游。正字[⑤]不知温饱未，西风吹泪古藤州。”乃用此体。时少游殁而无已存也。近岁新安胡仔著《渔隐丛话》[⑥]，谓鲁直以今时人形入诗句，盖取法于少陵，遂引此句，实失于详究云。

·注释·

①玉局：白玉的棋盘。

②白杨今日几人悲：迎风招展的白杨树今天又响起多少人的悲鸣声。

③郑公粉绘随长夜，曹霸丹青已白头：郑虔的绘画已随着漫长的黑夜逝去，曹霸的绘画随着时间已华发满生。

④骅骝：周穆王八骏出游时其中之一。后泛指骏马。

⑤正字：陈无己的官职名。

⑥《渔隐丛话》：诗话集，南宋胡仔编著。此书分《前集》六十卷，《后集》四十卷。所收诗话，评论对象上起春秋，下至南宋初。以人为纲，按年代先后排列。

杜甫作有《存殁》绝句二首说：“席谦不见近弹棋，毕曜仍传旧小诗。玉局他年无限笑，白杨今日几人悲。”“郑公粉绘随长夜，曹霸丹青已白头。天下何曾有山水，人间不解重骅骝。”每篇写一个在世的人和一个去世的人。席谦、曹霸仍活着，毕曜、郑虔已故。黄庭坚的《荆江亭即事》诗十首，其一首中说：“闭门觅句陈无己，对客挥毫秦少游。正字不知温饱未，西风吹泪古藤州。”也是用这种写法。当时少游已死而无己还在世。近年来，新安（今安徽绩溪）胡仔著有《苕溪渔隐丛话》，谓黄庭坚是以现代在世人的形象写诗句，是模仿杜甫的手法，才写出这样的诗句，其实胡仔未能深入考究以致弄错了。

汤武之事

原文

汤、武之事，古人言之多矣。惟汉辕固、黄生争辩最详。黄生曰："汤、武非受命，乃杀也[①]。"固曰："不然，桀、纣荒乱，天下之心皆归汤、武。汤、武因[②]天下之心而诛桀、纣，不得已而立，非受命为何?"黄生曰："冠虽敝必加于首，履虽新必贯于足。今桀、纣虽失道，君上也；汤、武虽圣，臣下也；反因过而诛之，非杀而何?"景帝曰："食肉毋食马肝[③]，未为不知味；言学者毋言汤、武受命，不为愚。"遂罢。颜师古注云："言汤、武为杀，是背经义，故以马肝为喻也。"东坡《志林》[④]云："武王非圣人也，昔者孔子盖罪汤、武。伯夷、叔齐不食周粟，而孔子予之，其罪武王也甚矣。至孟轲始乱[⑤]之，使当时有良史，南巢之事[⑥]，必以叛书，牧野之事，必以弑书。汤、武仁人也，

必将为法受恶。”可谓至论。然予窃考孔子之序《书》，明言伊尹相汤伐桀，成汤放桀于南巢，武王伐商，武王胜商杀受，各蔽以一语，而大指皦如⑦，所谓六艺折中，无待于良史复书也。

·注释·

①汤、武非受命，乃杀也：商汤和周武王并不是受命于天的君主，他们都是靠杀了旧有的君王才当上君主的。

②因：顺应。

③食肉毋食马肝：古人认为马肝有毒，所以吃马肉的时候都不吃肝。

④东坡《志林》：苏轼杂说史论集。内容广泛，无所不谈，文章形式不拘。

⑤乱：淆乱，混乱。

⑥南巢之事：商汤把夏桀流放到南巢的事情。

⑦大指皦如：意旨明白清晰。

·译文·

商汤和周武王的事情，古人议论的已经很多了。唯有汉朝的辕固和黄生二人，争辩的观点最详明。黄生说：“商汤和周武王不是受命于天当上国君的，而是靠杀了旧君才当上国君的。”辕固说：“不然，夏桀和殷纣王是荒淫残暴的国君，当时天下人心已转向商汤和周武王，商汤和周武王是先获得天下人心才去诛杀桀、纣，这是不得已的事，民心就是天心，这不是受命于天又是什么呢？”黄生说：“帽子虽然破旧，仍然得戴在头上；鞋子虽新，只能穿在脚上。如今

桀、纣虽然无道，终究仍是君王；商汤和周武王虽然是圣人，终究仍是臣子，反因君主有过就把他们杀掉，这不是弑君又是什么？”汉景帝说：“吃肉的人不吃有毒的马肝，未必就是不知道肉味；讲究学问的人不说商汤、武王是受天命当君主的，也不一定就愚昧无知。”于是才停止争论。唐朝的颜师古注解这一段话时说：“主张汤、武是杀君的，是违背了经书上本义的，所以才用马肝做比喻。”东坡《志林》里讲：“武王不能算是圣人，过去孔子也是责备商汤和武王的。伯夷、叔齐不愿吃周朝的粟米而饿死，孔子给他们以很高评价，这也等于狠狠责备了周武王。直到孟子的书里，才把这种看法混乱颠倒过来。假如当时有比较好的史官，商汤把夏桀流放到南巢（今安徽巢湖南），一定会记成商汤叛乱；周兵大战殷纣王于牧野（今河南淇县南），一定会记成周武王弑君。商汤、武王都是仁德的人，也必然会依据法规接受弑君犯上的恶名。”这一段可以说是十分中肯的议论。但是我考察了孔子给《书经》写的序言，明确地说过，伊尹做成汤的丞相起兵征伐夏桀，成汤把夏桀流放到南巢；武王征伐殷商，武王获胜而杀纣王，各给他们一句有好有坏的评语，把自己的观点说得十分明白透彻，这就是六艺里讲的折中方法，这样便不需要什么良史重新去评写历史了。

义理之说无穷

原文

经典义理之说最为无穷，以故解释传疏，自汉至今，不可概举，至有一字而数说者[①]。姑以《周易·革卦》言之。“已日乃孚，革而信之。”自王辅嗣以降[②]，大抵谓即日不孚，已日乃孚，“已”字读如“矣”音，盖其义亦止如是耳。唯朱子发[③]读为戊己之“己”。予昔与《易》僧昙莹论及此，问之曰：“或读作‘己音纪日’如何?”莹曰：“岂唯此也，虽作巳音纪日亦有义。”乃言曰：“天元十干，自甲至己，然后为庚，庚者革也，故己日乃孚，犹云从此而革也。十二辰自子至巳六阳，数极[④]则变而之阴，于是为午，故巳日乃孚，犹云从此而变也。”用是知好奇者欲穿凿附会，固各有说云。

注释

①至有一字而数说者：甚至出现一个字有好几种不同说法的现象。

②自王辅嗣以降：自从王弼以来。王弼：字辅嗣，魏山阳人，三国时期有名的玄学家。他好谈儒道，辞才超逸。主要论著有：《周易注》《周易略例》《老子注》《老子指略》。

③发：主张。

④数极：数到极点。

经典著述里讲的道理是深厚无穷的，所以各种注释和讲解的本子，自汉朝到现在，多得不胜枚举，甚至一个字而有好几种不同说法。拿《周易·革卦》来说，其中“已日乃孚，革而信之”一句话，自三国时王弼注释《周易》以来，大体上都把这句话解释成当日还不能取得诚信，到已日才能孚信于天下万民，“已”字应读为“矣”音，因这句话的意思也是这样。唯有朱熹主张读作戊己的“己”。我过去和研究《易经》的和尚昙莹讨论过这个问题，问他说：“或者读作己（音纪）日行不行？”昙莹说：“岂止只这一种说法？就是读作巳（音似）亦能解释得通。”于是他解释说：“天元分为十干，从甲至己，己以后是庚，庚就是革，所以说‘己日乃孚’，意思就是说从此而开始变革了。十二辰从子到巳共六个数。应该为阳，数到极点就要变，变就成为阴，于是下边就是午，午属阴，所以‘巳日乃孚’，可以解释为从这里开始取得诚信了。”这都是好奇的人想穿凿附会，便各有各的说法了。

卷三

太史慈

原文

三国当汉、魏之际，英雄虎争，一时豪杰志义之士，磊磊落落，皆非后人所能冀[①]，然太史慈者尤为可称。慈少仕东莱本郡，为奏曹吏，郡与州有隙，州章劾之，慈以计败其章，而郡得直[②]。孔融在北海为贼所围，慈为求救于平原，突围直出，竟得兵解融之难[③]。后刘繇为扬州刺史，慈往见之，会孙策至，或劝繇以慈为大将军。繇曰："我若用子义，许子将不当笑我邪?"但使慈侦视轻重，独与一骑，卒遇策，便前斗，正与策对[④]，得其兜鍪。及繇奔[⑤]豫章，慈为策所执，捉其手曰："宁识神亭时邪?"又称其烈义，为天下智士，释缚用之[⑥]，命抚安繇之子，经理其家[⑦]。孙权代策，使为建昌都尉，遂委以南方之事，督

治[8]海昏。至卒时，才年四十一，葬于新吴，今洪府奉新县也，邑人立庙敬事。乾道中封灵惠侯，予在西掖[9]当制，其词云："神蚤赴孔融，雅谓青州之烈士。晚从孙策，遂为吴国之信臣。立庙至今，作民司命[10]。揽一同之言状，择二美以建侯，庶几江表之间，尚忆神亭之事。"盖为是也。

·注释·

①冀：比冀，比较。

②而郡得直：这样郡守的冤屈才得以澄清。

③"孔融在北海……竟得兵解融之难"四句：孔融在北海郡当太守时被贼寇包围，太史慈为他到平原（今属山东）求救兵，单身冲出包围，终于搬来刘备的兵马，解了孔融的围困。

④正与策对：与孙策恶斗一场。

⑤奔：奔逃。

⑥释缚用之：为太史慈松绑，并任命他为大将。

⑦经理其家：安排好他家人的生活。

⑧督治：督率治理。

⑨西掖：中书或中书省。

⑩作民司命：被人们尊敬地奉养。

·译文·

三国时正当汉、魏两朝交替，英雄龙争虎斗，一时有志气的豪杰们，光明磊落，都是后人比不上的，至于太史慈这人，则尤其应当称颂。他年轻时在其故乡东莱郡（今山东半岛一带）担任奏曹吏，郡守和州官有矛盾，州官上奏章弹劾郡守，太史慈用计破坏了他的诬告，郡守的冤屈才获得澄清。孔融在北海（今山东寿光东南）郡当太守时被贼寇包围，太史慈为他到平原（今属山东）求救兵，单身冲出包围，终于搬来刘备的兵马，解了孔融的围。后来刘繇当扬州刺史时，太史慈去求见，正好孙策领兵来攻扬州，有人劝刘繇任命太史慈为大将军，抗拒孙策，刘繇觉得太史慈资历太低，便说："我如果用子义（太史慈字）为将，恐怕许子将要笑话我部下无能人。"于是仅派太史慈一人一马去前方侦察孙策军队的轻重，在神亭的地方与孙策相遇，双方便打起来，与孙策恶斗一场，夺得孙策的头盔回来。后来刘繇失败逃往豫章（今江西南昌），太史慈被孙策擒获，孙策握着他的手说："还记得咱二人在神亭时那场恶斗吗？"又称赞太史慈忠义勇烈，是当今天下有才能的人，便为太史慈松绑，任用他为将，并让太史慈去安抚刘繇的儿子，安排好刘繇家属的生活。孙权代替孙策在东吴执政后，大师太史慈为建昌（今江西奉新）都尉，遂委派他管理吴国南方的军政事务，设衙门于海昏（今江西永修）。到他去世时，年仅四十一岁，葬他于新吴，这就是现在洪府奉新县，当地的人给他盖了庙来祭祀他。宋孝宗乾道年间，皇帝又下诏封太史慈为灵惠侯，我当时在朝廷西宫门的办公处担任起草文告的官职，写了祭太史慈庙的祭词，说："太史慈早年营救孔融，被誉为青州之烈士。晚年随从孙策，成为吴国之信臣。自从建庙祭祀到现在，为人们所尊奉。总揽所言之情状，用封侯建庙二件美善的事来敬奉。为了使长江流域一带的百姓，都记得在神亭大战的壮烈。"就是这个事。

汉文帝受言

原文

汉文帝即位十三年，齐太仓令淳于意有罪当刑[①]，其女缇萦，年十四，随至长安，上书愿没入[②]为官婢，以赎父刑罪。帝怜悲其意，即下令除肉刑。丞相张苍、御史大夫冯敬议，请定律，当斩右止者反弃市[③]，笞者杖背五百至三百，亦多死，徒有轻刑之名，实多杀人。其三族之罪[④]，又不乘时建明，以负天子德意，苍、敬可谓具臣[⑤]矣。史称文帝止辇受言[⑥]。今以一女子上书，躬自省览，即除数千载所行之刑，曾不留难，然则天下事岂复有稽滞不决者哉？所谓集上书囊以为殿帷[⑦]，盖凡囊封之书，必至前也。

·注释·

①有罪当刑：犯了法当受刑罚。

②没入：进入队伍，充当。

③当斩右止者反弃市：应当砍去右脚的，反而改为杀头的死刑。

④其三族之罪：古时刑法严苛，如有人犯了重罪，则不仅本人被杀，还要株连三族。

⑤具臣：用来充数的臣子，比喻不称职。

⑥止辇受言：史书记载，汉文帝善于纳谏，每次出外视察，只要

有官员上书陈言者，哪怕是正在路上，也一定会停下车马，听受其言。

⑦集上书囊以为殿帷：将装意见书的袋子拿来作宫殿前的帷幕。

汉文帝即位的第十三年，齐地担任管理接收糟粮的太仓令淳于意，有罪得受刑罚，他的女儿缇萦，才十四岁，随着押淳于意的差役一同到了京城长安。缇萦上书汉文帝，愿自己去充当官婢，以换取免除父亲的刑罚。文帝怜悯她的孝顺，免了她父亲的罪，并下令废除肉刑。丞相张苍和御史大夫冯敬商议，请重新制定刑律，结果，本来应当砍去右脚的，反而改为杀头的死刑；该定拷打的，要在脊背上打五百或三百了，亦多有被打死的。空有减轻肉刑的名义，实际上反而多杀了人。至于株连三族的大罪，又不趁修订刑律时加以改变确定，结果实在是辜负了皇帝怜恤犯人的好意，张苍和冯敬真可谓是不称职的臣子了。史书上称汉文帝能停下车听取百官和人民的意见，如今以一个女子上书，能亲自批阅，并因此立即废除沿用了几千年的肉刑，没有一点留难，如像这样去处理天下的事，还有什么事会拖拉不决的呢？如果皇帝要用装意见书的囊袋来做宫殿前的帷幕，那么装有奏书的袋子就会源源不断地收到了。

丹青引

原文

杜子美《丹青引赠曹将军霸》云：“先帝天马玉花骢，画工如山貌不同。是日牵来赤墀[1]下，迥立阊阖生

长风[②]。诏谓将军拂绢素，意匠惨淡经营中。斯须九重真龙出，一洗万古凡马空。玉花却在御榻上，榻上廷前屹相向。至尊含笑催赐金，圉人、太仆[③]皆惆怅。”读者或不晓其旨，以为画马夺真，圉人、太仆所为不乐，是不然。圉人、太仆盖牧养官曹及驭者，而黄金之赐，乃画史得之，是以惆怅，杜公之意深矣。又《观曹将军画马图》云：“曾貌先帝照夜白[④]，龙池十日飞霹雳。内府殷红码碯盘，婕妤传诏才人索。”亦此意也。

· 注释 ·

①赤墀：皇宫中的台阶，因其以赤色丹漆涂饰，所以有此称呼。

②迥立阊阖生长风：卓然站在殿前四蹄生风。阊阖：宫门的正门。

③圉人：养马的官员。太仆：为天子执御，掌舆马畜牧的官员。

④照夜白：马的名字，因为其毛色雪白，可以在夜晚照明，故有此名。

· 译文 ·

杜甫在《丹青引赠曹将军霸》一诗中写道：“先帝天马玉花骢，画工如山貌不同。是日牵来赤墀下，迥立阊阖生长风。诏谓将军拂绢素，意匠惨淡经营中。斯须九重真龙出，一洗万古凡马空。玉花却在御榻上，榻上廷前屹相向。至尊含笑催赐金，圉人、太仆皆惆怅。”读这段诗的人或许不知其意，以为画马可以夺真，所以养马人和管马的官心中不高兴。这是不准确的。其实际意思是圉人和太仆是养马和管马的人，本应拿到御赐的金银，而皇帝却把黄金赏给画马的人，所以他们心里不高兴，杜甫这样说，其中还含有深意。另外杜甫在《观曹将军画马图》一诗中说："曾貌先帝照夜白，龙池十日飞霹雳。内府殷红码碯盘，婕妤传诏才人索。"亦是赏赐画家的意思。

无望之祸

原文

自古无望之祸[①]玉石俱焚者，释氏谓之劫数，然固自有幸不幸者。汉武帝以望气者言长安狱中有天子气，于是遣使者分条中都官诏狱系者，亡轻重[②]一切皆杀之，独郡邸狱系者[③]，赖丙吉得生。隋炀帝令嵩山道士潘诞合炼金丹不成，云无石胆石髓，若得童男女胆髓各三斛六斗，可以代之，帝怒斩诞。其后方士言李氏当为天子，劝帝尽诛海内李姓。以炀帝之无道嗜杀人，不啻[④]草莽，而二说偶[⑤]不行。唐太宗以李淳风言女武当王，已在宫中，欲取疑似者尽杀之，赖淳风谏而止。以太宗之贤尚如此，岂不云幸不幸哉！

注释

①无望之祸：即无妄之灾，突如其来的灾祸。

②亡轻重：不分罪行轻重。

③独郡邸狱系者：只有藩王亲属被关进监狱的。郡邸狱，汉朝王侯、郡守府邸中所设的监狱。属大鸿胪。

④不啻：不亚于。

⑤偶：偶尔，碰巧。

自古以来，飞来横祸会玉石俱焚，佛家称之为“劫数”，但是也有有幸或不幸的。汉武帝时，有望气的术士对汉武帝说长安监狱里有天子气，于是汉武帝便派了使臣分头下令给京都里的有关京官，提出各狱犯人，不论罪行轻重，统统处决，只有藩王亲属被关入监狱的，靠廷尉监丙吉的帮忙才得以逃生。隋炀帝让嵩山道士潘诞合炼金丹，一直炼不成，说是缺石胆石髓，如能弄到童男童女的胆、髓各三斛六斗，可以代替，炀帝大怒，把潘诞合杀了。后来方士又对炀帝说李姓当为天子，劝炀帝把全国姓李的统统杀掉。像隋炀帝那样喜欢杀人的无道昏君，与土匪差不多，以上二件事，他不过碰巧没做罢了。唐太宗听李淳风说以后姓武的女子当为天子，并且已进了皇宫，便打算把可疑的宫女都杀掉，幸亏李淳风加以进谏，才没实行。像唐太宗这样英明的皇帝尚且如此，所以说是有幸和有不幸的。

卷四

周世宗

原文

周世宗英毅[①]雄杰，以衰乱之世，区区五六年间，威武之声[②]，震慑夷夏[③]，可谓一时贤主，而享年不及四十，身没半岁[④]，国随以亡。固天方[⑤]授宋，使之驱除。然考[⑥]其行事，失于好杀，用法太严，群臣职事，小有不举[⑦]，往往置之极刑，虽素有才干声名，无所开宥[⑧]，此其所短也。薛居正[⑨]《旧史》记载翰林医官马道元进状，诉寿州界被贼杀其子，获正贼[⑩]见在宿州，本州不为勘断[⑪]。帝大怒，遣窦仪乘驲往按之。及狱成，坐族[⑫]死者二十四人。仪奉辞之日，帝旨[⑬]甚峻，故仪之用刑，伤于深刻，知州赵砺坐除名[⑭]。此事本只马氏子一人遭杀，何至于族诛二十四家，其他可以类推矣。《太祖实录·窦仪传》有此事，史臣但归咎于仪云。

①英毅：英明果决。

②威武之声：威望和雄强的名声。

③夷夏：四夷和华夏，意即整个中国。

④身没半岁：死后半年。身没，指身死。半岁，半年。

⑤天方：天意，上天。

⑥考：考察。

⑦小有不举：稍微有一点过错。

⑧开宥：开脱，宽容，原谅。

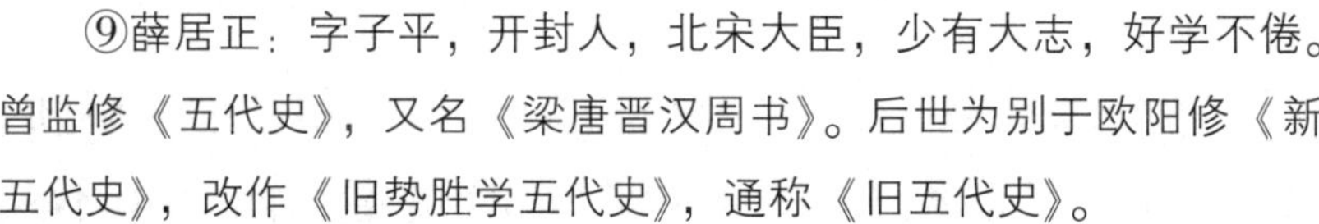

⑨薛居正：字子平，开封人，北宋大臣，少有大志，好学不倦。曾监修《五代史》，又名《梁唐晋汉周书》。后世为别于欧阳修《新五代史》，改作《旧势胜学五代史》，通称《旧五代史》。

⑩正贼：主犯。

⑪勘断：审查判断。

⑫坐：定罪。族：亲属，泛指同姓之亲。

⑬旨：旨意。

⑭坐除名：因此受牵连而丢掉官职。

译文

周世宗柴荣是个英明果敢的豪杰，处于五代十国的混乱时期，仅用短短的五六年时间，威望和名声便震慑了整个中国，真可谓是一代贤能的君主，可是他却没活到四十岁，死后不过半年，国家就随之灭亡了。这恐怕是天意属于宋，才让他为宋朝建国扫清了道路。但是考察他一生所做的事，其失策的地方在于他的好杀，动用刑法太严，他手下的官员，稍有一点过错，往往要处以重刑杀掉。他虽具富有才干的声望和名声，而不知道宽容，这是他的短处。薛居正主编的《旧五代史》记载有翰林院医官马道元曾进状子给世宗，诉说自己的儿子在寿州（今安徽寿州）境内被贼杀死，现主犯已存宿州（今安徽宿州）被捕，当地州官不认真断理此案。世宗大怒，派大臣窦仪乘驿站快马去处理此案。审理结果是，牵连处死了二十四个人及其家属。这是因为窦仪奉命的时候，世宗的旨意十分严厉，所以窦仪用刑便过于严苛，知州赵砺亦因此被撤职。这件事本来只是马氏的一个儿子遭杀，怎能够连诛二十四家的族人呢？其他事也可类推了。《太祖实录·窦仪传》都记载了这件事，但史官却把这件事的过错归罪到窦仪身上。

郑权

原文

唐穆宗时，以工部尚书郑权为岭南节度使，卿大夫相率为诗送之[①]。韩文公作序，言："权功德可称道。家属百人，无数亩之宅，僦[②]屋以居，可谓贵而能贫，为仁者不富之效[③]也。"《旧唐史·权传》云："权在京师，以家人数多，奉入不足，求为镇[④]，有中人之助，南海多珍货，权颇积聚以遗之，大为朝士所嗤。"又《薛廷老传》云："郑权因郑注得广州节度，权至镇，尽以公家珍宝赴京师，以酬恩地[⑤]。廷老以右拾遗上疏，请按[⑥]权罪，中人由是切齿[⑦]。"然则其为人，乃贪邪之士尔！韩公以为仁者何邪？

·注释·

①为诗送之：写诗为他送行。

②僦：租赁。

③效：仿效。

④求为镇：请求到地方镇上做地方官。

⑤恩地：唐以来对师门的称呼，此处指代郑注，因他帮郑权谋官，对郑权有恩。

⑥按：考察，探究。

⑦切齿：痛恨，咬牙切齿的样子。

唐朝穆宗时，把工部尚书郑权外调到岭南任节度使，朝内百官先后写诗为他送行。韩愈作了一篇序说："权的功绩和道德可以称得上做人的楷模，家属有一百人，却没有一所几亩地大的住宅，只好租赁别人的房子居住，真可以说是身居显贵而又能过贫苦生活，这是那些为富不仁的人应该仿效的。"《旧唐书·权传》里说："郑权在京都时，因家里人口太多，薪俸不够家庭开支，求到地方上做地方长官，得到掌权太监们的帮助。南海地方有很多珍贵的出产，郑权到任后积累了不少送给太监们，这件事受到朝内官员们的耻笑。"又有《薛廷老传》里说："郑权因有郑注的帮助才得到广州节度使的职务，权到任后，把官库里藏的珍宝统统运到京都，用以酬谢郑注。薛廷老当时担任右拾遗的官，因此而上奏疏给皇帝，请把郑权治罪，为此宦官们非常痛恨廷老。"根据这些记载，郑权是个贪婪的赃官，韩愈却又说他仁德，又是为什么呢？

资治通鉴

原文

司马公修《资治通鉴》，辟范梦得为官属[①]，尝以手帖论缵述之要[②]，大氐欲如《左传》叙事之体。又云："凡年号皆以后来者[③]为定。如武德元年，则从正月，便为唐高祖，更不称隋义宁二年。梁开平元年正月，便不称唐天祐四年。"故此书用以为法，然究其所穷，颇有窒[④]而不通之处。公意正以《春秋》定公为例，于未即位，即书正月为其元年。然昭公以去年十二月薨，则次年之事，不得复系于昭。故定虽未立，自当追书[⑤]。兼经文至简，不过一二十字，一览可以了解。若《通鉴》则不侔[⑥]，隋炀帝大业十三年，便以为恭皇帝上，直至下卷之末，恭帝立，始改义宁，后一卷，则为唐高祖。盖凡涉猎三卷，而炀帝固存，方书其在江都时事。明皇后卷之首，标为肃宗至德元载，至一卷之半，方书太子即位。代宗下卷云："上方励精求治，下次[⑦]用人。"乃是德宗也。庄宗同光四年，便系于天成，以为明宗，而卷内书命李嗣源讨邺，至次卷首，庄宗方殂[⑧]。潞王清泰三年，便标为晋高祖，而卷内书石敬瑭反，至卷末始为晋天福。凡此之类，殊费分说[⑨]。此外，如晋、宋诸胡僭[⑩]国，所封建王公，及除[⑪]拜卿相，纤

悉必书[12]，有至二百字者。又如西秦丞相南川宣公出连乞都卒，魏都坐大官章安侯封懿、天部大人白马文正公崔宏、宜都文成王穆观、镇远将军平舒侯燕凤、平昌宣王和其奴卒，皆无关于社稷治乱。而周勃薨，乃不书。及书汉章帝行幸[13]长安，进幸槐里、岐山，又幸长平，御池阳宫，东至高陵，十二月丁亥还宫；又乙未幸东阿，北登太行山，至天井关，夏四月乙卯还宫。又书魏主七月戊子如[14]鱼池，登青冈原，甲午还宫；八月己亥如弥泽，甲寅登牛头山，甲子还宫。如此行役[15]，无岁无之[16]，皆可省也。

注释

①辟：征召、聘请。官属：官员。

②缵述之要：编辑的要点。

③后来者：延续下去的那个。

④窒：窒息，阻塞。

⑤追书：追记。

⑥不侔：不能同等看待。侔，相等，齐。

⑦下次：不依寻常次序。意即超擢，破格。

⑧殂：死去。

⑨殊费分说：解释起来非常费力。殊：很。分说：解释，注解。

⑩僭：僭越，超越本分，多指地位低下者冒用上主的名义或礼仪、器物。

⑪除：任命官职。

⑫纤悉必书：连细枝末节都详尽记述。

⑬幸：帝王到达某个地方称幸或者临幸。

⑭如：到达。

⑮行役：行旅，出行。

⑯无岁无之：没有哪一岁没有，意即每年都有。

司马光奉旨编《资治通鉴》，聘请范祖禹参加编辑，常常亲笔写一些手谕给他，讲述编辑要点，大体要求同《左传》一样编年叙事的体例。又说：“凡同一年内的年号，都要以后来延续下去的那个为准。如唐高祖武德元年，同时又是隋恭帝义宁二年，则从正月起便是唐高祖，不称隋义宁二年。五代梁开平元年正月，就不称唐天祐四年。”所以，这部书凡遇到同一年内有两个年号的都采用这种办法，但要仔细研究一下，就觉得有不通的地方。司马光的本意是以《春秋》鲁定公为例，在他没有即位时，就记正月是他的元年。但是，因为昭公死于去年十二月，第二年的事，当然不能再放到昭公名下。所以这时定公虽然还没有当国君，自然得把前几个月追记在他的名下。况且，《春秋》经文十分简单，不过一二十字，一览即可知。但《通鉴》就不能同等看待。比如，隋炀帝大业十三年，便标题为隋恭皇帝上卷，但直至下卷末尾，恭帝即位，才改元义宁；紧接着便是唐高祖武德元年。这里前后共涉及三卷，而这时候隋炀帝还在世，内文说的是他在江都（今江苏扬州）的事。唐明皇后卷的开头，标明为唐肃宗至德元年，到一卷的一半，才写到太子即位。唐朝宗下卷又说：“皇上正在振奋精神努力治国，不断破格使用人才。”说的却是唐德宗的事。唐庄宗同光四年，便放到明宗纪年，而卷内却记载皇帝命李嗣源（明宗本名）去征讨邺郡（今河南安阳一带），到下一卷初，庄宗才驾崩。潞王清泰三年，便标题为晋高祖，而卷内记载有石敬瑭（晋高祖本名）叛乱，直到卷末，才有晋天福的年号。像这些东西，解释起来十分费力。此外，还有晋、宋等不属正统、割据一方的少数民族国家，他们封的王公位，以及任命的大臣、宰相，记得十分详尽，有的记到二百字之多。又如西秦丞相南川宣公出连乞都病卒，魏国的章安侯封懿卒，还记有文正公崔宏、文成王穆观、平舒侯燕凤、平昌宣王和他的奴仆等人病故，都是无关国家政权和社会安定的人。而有关汉朝历史变化的周勃之死，却没有记载。还有记载汉章帝出游长安（今陕西西安），并游槐里、岐山，又到长平，住进池阳宫，往东到高陵（以上各地均在今陕西），十二月丁亥还宫；又乙未游幸东阿，北登太行山，到天井关，夏天四月乙卯回到宫里。又记有魏国国君七月戊子到鱼池，游览青冈原，甲午回宫；八月己亥又到弥泽，甲寅登牛头山游览，甲子回宫等。像这些游览情况，每年都有，完全可以省略不记。

卷　五

汉唐二武

原文

东坡云："古之君子，必忧治世而危[①]明主。明主有绝人[②]之资，而治世无可畏之防。"美哉斯言！汉之武帝，唐之武后[③]，不可谓不明，而巫蛊[④]之祸，罗织之狱[⑤]，天下涂炭[⑥]，后妃公卿，交臂就戮[⑦]，后世闻二武之名，则憎恶之。蔡确作诗，用郝甑山上元间事，宣仁谓以吾比武后；苏辙用武帝奢侈穷兵虚耗海内为谏疏[⑧]，哲宗谓至引汉武上方先朝。皆以之得罪。人君之立政，可不监[⑨]兹！

注释

①危：担心。

②绝人：过人，比一般人强。

③武后：武则天。

④巫蛊：用巫术毒害人。蛊，传说中的一种人工培养的毒虫，专门用来害人。

⑤罗织之狱：网罗编造罪名让人下狱。罗织，虚构种种罪名，对无辜者加以诬陷。

⑥涂炭：烂泥和炭火，比喻极端困苦的境遇。

⑦交臂就戮：因为一点小事就遭到杀戮。

⑧谏疏：谏，规劝君主使其改正错误。疏，分条说明的文字，一般指臣子向皇帝上奏。

⑨监：通“鉴”，借鉴，参考。

苏东坡说：“古代道德高尚的人，必定为治理天下担忧，为贤明的君主担心。贤明的君主虽有过人的资质，但治理天下就要有所防备。”这句话说得真好啊！汉朝的汉武帝，唐朝的武则天，不能说不贤明，但是国家仍然有用巫术毒害人的灾难，有网罗编造罪名的现象，人民生活极端困苦，后宫妃子与王公大臣常因一点小事就遭到杀害，后世的人听到汉武帝和武则天的名字，就非常憎恨厌恶他们。蔡确写了一首诗，说的是郝甑山正月十五元宵节的事，就认为蔡确把他比作武则天；苏辙用汉武帝奢侈豪华追求享受、用尽全部兵力发动战争、消耗府库使国家衰弱这些事实作为规劝皇帝使之改正错误的奏议，哲宗赵煦就认为苏辙引用汉武帝把他与前朝相比。他们两人都因此而被定了罪。君主治理天下，应以此为鉴！

唐虞象刑

原文

《虞书》："象刑惟明[①]。"象者，法也。汉文帝诏，始云："有虞氏之时，画衣冠、异章服以为戮[②]，而民弗犯。"武帝[③]诏亦云："唐虞画像，而民不犯。"《白虎通》云："画像者，其衣服像五刑也。犯墨者蒙巾[④]，犯劓者赭著其衣[⑤]，犯髌者以墨蒙其髌[⑥]，犯宫者扉。扉，草屦[⑦]也。大辟者，布衣无领[⑧]。"其说虽未必然[⑨]，杨雄《法言》："唐、虞象刑惟明。"说者引前诏以证，然则唐、虞之所以齐民[⑩]，礼义荣辱而已，不专于刑也。秦之末年，赭衣半道[⑪]，而奸不息[⑫]。国朝之制，减死一等及胥吏兵卒配徒者，涅[⑬]其面而刺之，本以示辱，且使人望而识之耳。久而益多，每郡牢城营，其额常溢[⑭]，殆至[⑮]十余万，凶盗处之恬然[⑯]。盖习熟而无所耻也[⑰]。罗隐[⑱]《谗书》云："九人冠而一人髽，则髽者慕而冠者胜，九人髽而一人冠，则冠者慕而髽者胜。"正谓是欤?《老子》曰："民常不畏死，奈何以死惧之。若使民常畏死，则为恶者吾得执而杀之，孰[⑲]敢?"可谓至言。荀卿谓象刑为治古不然[⑳]。亦正论[㉑]也。

注释

①明：明告天下，公之于众。

②戮：刑罚。

③武帝：指汉武帝。

④犯墨者蒙巾：犯了罪应该在脸上刺墨字的人，用布蒙住他的脸以示刑罚。

⑤犯劓者赭著其衣：犯了罪应该割去鼻子的人，让他穿赭色的衣服。

⑥犯髌者以墨蒙其髌：犯了罪应当挖去膝盖骨的人，将墨汁涂在他的膝盖骨上作为刑罚。

⑦草屦：草鞋。

⑧大辟者，布衣无领：犯了死罪的人，让他穿上没有领子的布衣以代替刑罚。大辟，五刑之一，死刑。

⑨未必然：未必是这样，不一定正确。

⑩齐民：人民治理得好。

⑪赭衣半道：囚犯几乎塞满了道路。赭衣，穿赭衣的囚犯。

⑫而奸不息：但是违反法令的事情却没有停息。

⑬涅：用黑色染东西，用墨涂东西。

⑭其额常溢：实际的囚犯人数常常超过规定关押罪犯的名额。

⑮殆至：恐怕到了。

⑯凶盗处之恬然：社会上的凶徒盗贼依然处之泰然，毫不在乎。

⑰盖习熟而无所耻也：大概是因为习以为常，所以压根就不觉得有什么羞耻的。

⑱罗隐：字昭谏，浙江新登人，早年应试不第，曾作《谗书》，

讥刺不良社会现象。黄巢起义后，归乡避祸。晚年跟随吴越王钱镠，曾任钱塘令、谏议大夫等职。

⑲孰：如何，怎么。

⑳治古：治理古代的国家。不然：不正确。

㉑正论：正确的言论。

《尚书·虞书》记载：“仿照天道以制刑法，公示于众。”象，就是效法的意思。汉文帝的诏书开始说：“有虞氏的时候，没有肉刑，只是画一些衣服、帽子和花纹特异的服饰象征五刑，以示耻辱，但人民却不犯法。”汉武帝的诏书也说：“唐尧、虞舜时代以画衣服、帽子和花纹特异的服饰来象征五刑，然而人民不犯法。”《白虎通》一书记载：“以画衣帽和花纹特异的服饰象征刑法，这些衣服象征五种刑法。处以在面部刺墨字这种刑罚的人，用布蒙盖他的面部；处以割去鼻子这种刑罪的人，让他穿赭色的衣服；处以挖去膝盖骨这种刑罚的人，用黑墨涂其膝盖骨；处以阉割生殖器这种刑罚的人，穿屝。屝，就是草鞋。处以死刑这种刑罚的人，穿的麻布上衣没有领子。”这种说法也不一定对，杨雄《法言》一书认为唐尧、虞舜时期采用象征性的刑法，这个说法引用前朝皇帝的诏书作为证据。然而唐尧、虞舜之所以与民相同，是因为懂得礼义、光荣、耻辱，而不是刻意实行刑罚啊。秦朝末年，刑罚严酷，犯人几乎堵满了道路，然而违犯法律的事却没有停止过。宋朝的法制规定，犯死罪被免死的和充军发配的人，都要染黑他们的脸面并刺上字，目的是为了公示于众和羞辱他们，并且让人看到后知道他们犯了罪。时间一长，这些人就多了，各郡囚禁处以流放罪犯的地方，常常超过所规定的囚禁罪犯的名额，恐怕达到了十多万人，但社会上凶犯盗贼却满不在乎。这大概是因为习以为常而不觉得耻辱了吧。罗隐《谗书》上说：“如果有九个人戴帽子而有一个人用麻束发，那么用麻束发的人非常羡慕戴帽子的人，戴帽子人也很自得；如果有九个人用麻束发而只有一个人戴帽子，那么戴帽子的人就非常羡慕用麻束发的人，用麻束发的人就很得意。”这说明了什么呢？《老子》一书上说：“老百姓常常是不怕死的，为何以死刑来使老百姓害怕呢？如果让老百姓经常害怕死，那么我捉到作恶多端的人就杀了他，这样一来，谁还敢犯罪呢？”这可以说是至理名言。荀卿认为上古唐虞时代用象征性的刑罚治理国家不对，也是一种正确的论述。

卷　六

文字润笔

原文

作文受谢[①]，自晋、宋以来有之，至唐始盛。《李邕传》：“邕尤长碑颂[②]，中朝衣冠及天下寺观[③]，多赍持[④]金帛，往求其文。前后所制，凡数百首，受纳馈遗，亦至巨万。时议以为自古鬻文获财，未有如邕者。”故杜诗云：“干谒[⑤]满其门，碑版照四裔。丰屋珊瑚钩，骐驎织成罽。紫骝随剑几，义取无虚岁。”又有《送斛斯六官诗》云：“故人南郡去，去索作碑钱。本卖文为活，翻令室倒县。”盖笑之也。韩愈撰《平淮西碑》，宪宗以石本赐韩宏，宏寄绢五百匹；作王用碑，用男[⑥]寄鞍马并白玉带。刘叉持愈金数斤去，曰：“此谀墓中人得耳，不若与刘君为寿。”愈不能止。刘禹锡祭愈文云：“公鼎侯碑[⑦]，志隧表阡[⑧]。一字之价，辇金如山[⑨]。”皇甫镈为裴度作《福先寺碑》，度赠以车马缯[⑩]彩甚厚，湜大怒曰：“碑三千字，字三缣[⑪]，何遇我薄邪[⑫]?”度笑，酬以绢九千匹。穆宗诏萧俛撰成德王士真碑，俛辞曰：“王承宗事无可书。又撰进[⑬]之后，例得贶遗[14]，若黾[15]勉受之，则非平生之志。”帝从其请。文宗时，长安中争为碑志，若市买然[16]。大官卒，其门如市，至有喧竞争致[17]，不由丧家。裴均之子，持万缣诣[18]韦贯之求铭。贯之曰：“吾宁饿死，岂忍为此哉?”白居易《修香山寺记》曰：“予与元微之定交于生死之间。微之将薨，以墓志文见托，既而[19]元氏之老，状其臧获、舆马、绫帛洎[20]银鞍、玉带之物，价当六七十万，为谢文之贽[21]。予念平生分，贽不当纳，往返再三，讫[22]不得已，回施兹寺。凡此利益功德，应归微之。”柳玭善书，自御史大夫贬泸州刺史，东川节度使顾彦晖请书德政碑。玭曰：“若以润笔[23]为赠，即不敢从命。”

本朝此风犹存，唯苏坡公于天下未尝铭墓，独铭五人，皆盛德故，谓富韩公、司马温公、赵清献公、范蜀公、张文定公[24]也。此外赵康靖公、滕元发二铭，乃代文定所为者。在翰林日[25]，诏[26]撰同知枢密院赵瞻神道碑，亦辞不作。曾子开与彭器资为执友[27]，彭之亡，曾公作铭，彭之子以金带缣帛[28]为谢。却之至再[29]，曰：“此文本以尽朋友之义，若以货见投，非足下所以事父执之道也。”彭子皇惧而止。此帖今藏其家。

·注释·

①作文受谢：替人写文章而接受别人的酬劳。作文，为别人作文，替别人写文章。谢，答谢，谢礼。

②长：擅长。碑颂：碑铭颂辞。

③中朝衣冠及天下寺观：朝中的官员大臣和天下各个佛寺道观的僧人与道士。中朝，朝中，朝廷。衣冠，这里代指朝中官员。

④赍持：捧着，手持着。

⑤干谒：有目的地求见。

⑥用男：王用的儿子。

⑦公鼎侯碑：韩公你颇有盛名，位列封侯，事迹应该在石碑上铭刻。

⑧志隧表阡：刻在墓志铭上。

⑨辇金如山：用车马载运金钱，堆积成山。

⑩缯：泛指丝绸。

⑪字三缣：每个字值三匹细绢。

⑫何遇我薄邪：为何给我这么少的东西？遇，对待。邪，语气助词，表疑问。

⑬撰进：撰写好后进献给朝廷。

⑭贶遗：馈赠，这里指朝廷的赏赐。

⑮黾：勉力，努力。

⑯若市买然：就像市场上做买卖一样。

⑰喧竞争致：高声喧闹，互相争执（要为大官写碑文）。

⑱持万缣：携带一万匹细绢。诣：造访。

⑲既而：不久之后。

⑳臧获：即奴婢。舆马：车马。洎：到，甚至。

㉑贽：酬劳。

㉒讫：最后。

㉓润笔：请人作诗文书画的报酬。

㉔张文定公：即张方平。

㉕在翰林日：苏轼在翰林院做学士时。

㉖诏：皇帝下诏。

㉗执友：同“挚友”。

㉘缣帛：细绢绸缎。

㉙却之至再：一再推辞。

替人写文章而接受酬谢，从晋、宋时期就有了，到唐朝开始盛行。《李邕传》记载："李邕特别擅长写碑铭颂辞，朝中大臣官员和天下各佛寺道观的僧人道士，都携带金银绢帛去请他写颂文。李邕先后为别人写了几百首碑铭颂辞，所接受的馈赠，也达好几万。当时的舆论认为，自古以来卖文章发财的，没有人比得上李邕。"所以杜甫有诗说："干谒满其门，碑版照四裔。丰屋珊瑚钩，骐驎织成罽。紫骝随剑儿，义取无虚岁。"又有《送斛斯六官诗》云："故人南郡去，去索作碑钱。本卖文为活，翻令室倒县。"大概是讥笑他的。韩愈撰写了《平淮西碑》，唐宪宗把石本赐给了韩宏，韩宏便寄了五百匹绢给韩愈，以示谢意；韩愈给王用写碑文颂辞，王用的儿子给韩愈送去了鞍马和白玉带。刘叉拿走了韩愈的几斤金子，并说："这是吹谀坟墓中的人所得到的，不如送给我刘某人做寿礼。"韩愈没法阻止他。刘禹锡给韩愈写的祭文中说："你韩公有盛名，官位封侯，事迹应记在石碑上，现在铭记在墓碑上，一个字的价格，就载运金钱堆成山。"皇甫镈给裴度写了《福先寺碑》文，裴度赠送给皇甫镈许多车马和绸绢，皇甫镈很气愤地说："碑文有三千字，一个字值三匹细绢，为什么给我这么少的东西？"裴度赶快赔着笑脸又送了九千匹绸绢作为酬谢。唐穆宗下诏书命萧俛为成德的王士真撰写碑文，萧俛推辞说："王士真的儿子王承宗没有什么事迹可写的。再说写好进献给朝廷之后，按照惯例应得到赐物，如果勉强接受了它，那就不是我平生的志向了。"唐德宗答应了萧俛的请示。唐文宗时，长安（今陕西西安）城中争着为别人写碑文，就好像市场上做买卖一样。如果有大官死了，他家门前就如同市场一样，要求为死者撰写碑文的人争来争去，高声喧闹，这连死者的家人也做不了主。裴钧的儿子，携带一万匹细绢到韦贯之家中索求碑文，贯之说："我宁愿饿死，也不忍心这样做。"白居易在《修香山寺记》中说："我和元微之是生死之交的朋友。微之临死时托我给他写碑文，事过不久，元家的老人说要将他家的奴婢、车马、绫绢、银鞍、玉带等价值相当于六七十万两白银的东西送给我作为我写碑文的报酬。我想起平日和微之的交情，认为不应该接受这些礼物，元氏家前后送来多次，最后不得已而收下，施舍给香山寺。这些利益功德，应当归于元微之。"柳玭的书法很好，他从御史大夫贬为泸州刺史，东川（今四川遂宁）节度使顾彦晖请他给自己书写德政碑碑文。柳玭对他说："如果赠送给我财物作为酬谢，我就不能答应你的请求。"

宋朝仍然存在这种风俗，只有苏轼很少给别人写碑文，只给五个人写过，而且还是因为这五人德高望重。这五个人是富弼、司马光、范镇、张方平等人。此外赵康靖、滕元发二人的碑文，还是代张方平写的。苏轼任翰林学士时，皇帝诏令他给同知枢密院赵瞻写碑文，苏轼也推辞不写。曾子开与彭器资是挚友，彭器资死后，曾子开给他写了碑文，彭器资的儿子送给他金带绢绸作为酬谢。曾子开再三推辞，说："这篇碑文乃是尽朋友之情义而写的，如果你送给我钱物，那么这就不是你对待你父亲挚友的方式了。"彭器资的儿子听了很不好意思，赶紧收回了东西。这篇碑文现在还藏在他家中。

戊为武

原文

十干"戊"字只与"茂"同音，俗辈呼为"务"，非也。吴中术者，又称为"武"。偶阅《旧五代史》，

梁[1]开平元年，司天监上言日辰[2]，内“戊”字请改为“武”，乃知亦有所自也。今北人语多曰“武”，朱温父名诚，以“戊”类[3]“成”字，故司天谄[4]之耳。

· 注释 ·

①梁：后梁。

②上言日辰：向皇帝上书解说历法。

③类：肖，像。

④谄：谄媚，奉承。

在十干中，“戊”字只和“茂”字同音，一般的人把它读成“务”这个音，这不对。吴中术士又读成“武”这个音。我有次偶然阅读《旧五代史》，看到上面说，后梁太祖开平元年间，司天监上书皇帝陈说历法，请求把十干中的“戊”字改用“武”，我才知道“戊”读作“武”是有其原因的。现在北方人大多读“武”这个音，后梁皇帝朱温的父亲名字叫朱诚，“戊”字像“成”字，所以司天监才上书要求把“戊”字改用“武”字，以阿谀奉承皇帝。

卷　七

女子夜绩

原文

《汉·食货志》云："冬，民既入[1]，妇人相从夜绩[2]，女工一月得四十五日[3]。"谓一月之中，又得半夜，为四十五日也。必[4]相从者，所以省费燎火[5]，同巧拙而合习俗也[6]。

《战国策》甘茂亡秦[7]出关，遇苏代，曰："江上之贫女，与富人女会绩[8]而无烛，处女相与语，欲去之。女曰，妾以无烛故，常先至扫室布席[9]，何爱[10]余明之照四壁者？幸以赐妾。"以是知三代之时，民风和厚[11]勤朴如此，非独女子也，男子亦然。

《豳风》[12]"昼尔于茅[13]，宵尔索绹"，言昼日往取茅归，夜作绹索，以待时用也，夜者日之余，其为益多矣。

·注释·

①民既入：民众都待在家里。

②相从夜绩：聚集在一起，晚上一同纺麻织布。绩，把麻搓捻成线或绳。

③女工一月得四十五日：女子一个月可以做四十五天的活计。

④必：一定。

⑤所以：之所以是因为。省费燎火：节省灯火费用。

⑥同巧拙而合习俗也：相互取长补短，时间长了，便成为一种习俗。

⑦亡秦：逃离秦国。

⑧会绩：一同纺麻。

⑨扫室布席：打扫屋子，铺设席垫。

⑩爱：吝惜。

⑪和厚：和睦淳厚。

⑫《豳风》：诗经篇章，有一个系列，多反映人民的劳作场面。

⑬茅：上山砍茅草。

《汉书·食货志》上说："到了冬天农闲时，老百姓都待在家中，妇女们聚集在一起，晚上纺麻织布，这样做一个月可做四十五天的活。"就是说，一个月中，每天又多出半夜，这样一个月就相当于四十五天。妇女们之所以要聚集在一起，是为了节省灯火，相互取长补短，积久成俗。

《战国策》记载，甘茂逃离秦国，出了关中地区，遇见了苏代，就对苏代说："江上的一个贫家女子和富家女子一起织布，自己却没有灯烛，一起织布的女子们一起商量，想赶走她。贫家女说：'我因为没有灯，所以常常先到，打扫房屋，铺设席垫，你们何必吝啬照在四周墙壁上的余光呢？希望把多余的光亮赐给我。'"从这可以知道夏、商、周三代时期，民风是如此的淳厚、朴素、勤劳，不但妇女如此，男子也是这样。

《诗经·豳风》中说"昼尔于茅，宵尔索绹"，意思是指，白天男子上山采集茅草，晚上把茅草搓成绳子，以备冬日晚上用。夜晚作为白天的延续，它的好处很多啊。

建除十二辰

原文

建除十二辰，《史》《汉》历书皆不载，《日者列传》但有"建除家以为不吉"一句。惟《淮南鸿烈解·天文训》篇云："寅为建，卯为除，辰为满，巳为平，主生[①]；午为定，未为执，主陷；申为破，主衡；酉为危，主杓；戌为成，主少德；亥为收，主大德；子为开，主太岁；丑为闭，主太阴。"今《会元官历》，每月遇建、平、破、收日，皆不用，以建为月阳，破为月对，平、收随阴阳月递互为魁罡[②]也。《酉阳杂俎·梦篇》云："《周礼》以日月星辰各占六梦，谓日有甲乙，月有建破。"今注无此语。《正义》曰："案《堪舆》，黄帝问天老事[③]云：'四月阳建于巳，破于亥，阴

建于未，破于癸，是为阳破阴，阴破阳。’”今不知何书所载，但又以十干为破，未之前闻也。

注释

①主生：掌管生死。

②魁罡：指斗魁与天罡两颗星。

③问天老事：向天帝询问事情。

译文

与十二地支：子、丑、寅、卯、辰、巳、午、未、申、酉、戌、亥相配的建、除、满、平、定、执、破、危、成、收、开、闭十二辰，《史记》《汉书》中都没有记载，《史记·日者列传》中仅有"专门研究建除十二辰的人认为不吉利"这样一句话。只有《淮南鸿烈解·天文训》篇中说："寅为建，卯为除，辰为满，巳为平，主管生；午为定，未为执，主管陷；申为破，主管衡；酉为危，主管杓；戌为成，主管少德；亥为收，主管大德；子为开，主管太岁；丑为闭，主管太阴。"现在宋朝的《会元官历》中，每月遇建、平、破、收这几天，都不用它们来与地支相配，用建为月阳，破为月对，平、收随阴阳月次递互为魁罡。《酉阳杂俎·梦篇》上说："《周礼》用日、月、星、辰各算六梦的吉凶，说日有甲乙，月有建破。"现在的注释没有此话。《正义》上说："按《堪舆》记载，黄帝向天老问事时说：'四月份阳建于巳，破于亥，阴建于未，破于癸，是指阳破阴，阴破阳。'"现在不知道什么书上有记载，但是，另外又用十干为破，以前没有听说过。

俗语算数

原文

三三如[1]九，三四十二，二八十六，四四十六，三九二十七，四九三十六，六六三十六，五八四十，五九四十五，六九五十四，七九六十三，八九七十二，九九八十一，皆俗语算数，然《淮南子》中有之。三七二十一，苏秦说齐王之辞[2]也。《汉书·律历志》刘歆典领钟律，奏[3]其辞，亦云八八六十四。杜预[4]注《左传》，天子用八，云八八六十四人，又六六三十六人，四四十六人。如淳、孟康、晋灼注《汉志》，亦有二八十六，三四十二，六八四十八，八八六十四等语。

注释

①如：等于。

②说：游说。辞：言辞，话语。

③奏：上奏，陈说。

④杜预：字元凯，西晋杜陵人，著名的政治家和学者。他出身官宦世家，但由于受曹操等人牵连，司马懿等人掌权时，一直未能出仕。司马昭上台后，极力拉拢杜预。杜预主持修订律法，给后世法律以很大影响。杜预政绩卓越，在文学上也有很高造诣，曾为《左传》作注。

三三得九，三四一十二，二八一十六，四四一十六，三九二十七，四九三十六，六六三十六，五八四十，五九四十五，六九五十四，七九六十三，八九七十二，九九八十一，这些都是人们平时计算时用的口诀，但《淮南子》一书中也有记载。三七二十一，是纵横家苏秦游说齐王时说过的话。而在《汉书·律历志》记载刘歆的典领钟律，向皇帝报告的时候，也说过八八六十四。著名学者、西晋大臣杜预在给《左传》作注解时也说，天子用八，是说八八六十四人，又云六六三十六人，四四一十六人。如淳、孟康、晋灼注释的《汉书·艺文志》，也有二八一十六，三四一十二，六八四十八，八八六十四等语。

卷　八

汉表所记事

原文

《汉书·功臣表》所记列侯功状，有纪传所轶[1]者。韩信击魏，以[2]木罂缶度军，表云：祝阿侯高邑以将军属淮阴，击魏，罂度军。《史记》作“瓴”。盖此计由邑所建[3]也。信谋[4]发兵袭吕后，其舍人得罪信，信因欲杀之。舍人弟上书变，告信欲反。晋灼注曰：“《楚汉春秋》云，谢公也。”表有滇阳侯乐说，《史记》作“栾说”，以淮阴舍人告反，侯，盖非[5]谢公也。须昌侯赵衍从汉王起汉中，雍[6]军塞渭上，上计[7]欲还，衍言从它道[8]，道通。中牟侯单右车，始高祖微时[9]，有急[10]，给高祖马，故得侯。邔侯黄极忠以群盗长为临江将，已而为汉击临江王。祁侯缯贺从击项籍，汉王败走，贺击楚追骑，以故不得进，汉王顾[11]谓贺祁王。《史记》作侯。颜师古曰：“谓之祁王，盖嘉[12]其功，故宠褒之，许[13]以为王也。”它[14]复有与《传》小异者。

《史记·张良传》：项梁立韩王成，以良为韩申徒。徐广云："申徒即司徒，语音讹[15]转也。"而《汉表》，良以韩申都下韩。师古云："韩申都即韩王信也，《楚汉春秋》作'信都'，古'信''申'同字。"案，良与韩王信了不相干[16]，颜注误矣。自"司徒"讹为"申徒"，自"申徒"为"申都"，自"申都"为"信都"，辗转[17]相传，古书岂复可以字义求[18]也？韩信归汉，为治粟都尉，表以为[19]票客。师古曰："与纪传参错[20]不同，或者以其票疾而宾客礼之，故云票客也。"《史记》作"典客"，《索隐》以为"粟客"。

此外又有官名非史所载者。如：孔聚以执盾从；周灶以长鈹都尉；郭蒙以户卫；宣虎以重将[21]，重将者，主将领辎重[22]也；彨跖以门尉；棘丘侯襄以执盾队史；郭亭以塞路，塞路者，主遮塞要路以备敌寇[23]也；丁礼以中涓骑；爰类以慎将，谓以谨慎为将也；许盎以骈邻说卫，骈邻者，二马曰骈，谓并两骑为军翼也，说读曰税，税卫者，军行初舍止之时主为卫也；许瘛以赵右林将，林将者，将士林，犹言羽林之将也；清侯以弩将[24]；留肹以客吏；冯解散以代大与，大与，主爵禄[25]之官也，《史记》作"太尉"；靳强以郎中骑千人之类。聊纪于此[26]，以示读史者云。

·注释·

①纪传：记述的材料。轶：散失。

②以：认为。

③建：进献，建议。

④谋：密谋。

⑤盖非：应该不是。

⑥蕹：通“拥”，拥挤。

⑦计：打算。

⑧从它道：从别的道路前进。

⑨微时：早年地位低贱的时候。

⑩有急：遇见紧急之事。

⑪顾：于是。

⑫嘉：嘉奖。

⑬许：许诺。

⑭它：其他。

⑮讹：错误。

⑯案：考察，研究。这里指作者认为。了不相干：毫不相干。

⑰辗转：经过许多环节。

⑱求：考求。

⑲为：担任。

⑳参错：差异，错漏。

㉑重将：主将。

㉒领：掌管。辎重：运输的物资设备。

㉓要路：重要的道路。寇：入侵，侵犯。

㉔弩将：掌管弓箭的官员。

㉕爵禄：官员的爵位俸禄。

㉖聊纪于此：暂且记录在这里。

在《汉书·功臣表》中所记载的关于侯官的功绩，有的材料纪传给遗漏了。韩信攻打魏国的时候，用木头和小口大肚、大口小肚的瓦器让军队过河，表上这样说：祝阿侯高邑认为将军属于淮阴，攻打魏的时候，用瓦器让军队过河。《史记》上“罂”字作缻，大概这条计策是由高邑所建议的。韩信打算出兵攻打吕后，有一位舍人，得罪过韩信，韩信把他囚禁起来，打算杀掉他。但这个舍人的弟弟给皇后打报告，说韩信想谋反。晋灼注释说：“《楚汉春秋》上指出，是谢公。”表上有关于滇阳侯乐说，《史记》上作“栾说”，因为淮阴舍人告发这件事，这里说的侯，并不是指的谢公。须昌侯赵衍，随从汉王起事于汉中，军队拥塞在渭水之上，皇帝想退兵回去，赵衍说从别的道路前进，道路一定能通过。中牟侯单右车，开始的时候，高足低位低微，遇到一件紧急事，把自己的马给高祖刘邦骑，因为这个原因而得了侯爵。邔侯黄极忠乃是盗贼的头目，后来成为临江的大将，不久，又替汉朝进攻临江王。祁侯缯贺跟着刘邦一块打项羽，汉王刘邦败走，缯贺用骑兵打楚王项羽，阻止项羽的军队前进。于是汉王刘邦提拔缯为祁王。《史记》上写为“侯”。颜师古说：“是指祁王，都是为他庆功嘉奖的意思，所以宠爱他，说他好，答应将来封他做个王一级的官职。”其他又有与传中所记少有不同。《史记·张良传》中说项梁起兵的时候，立韩王成，用张良为韩申徒。徐广说：“申徒就是司徒，是语音讹传造成的。”而《汉书·功臣表》上说张良为韩申都下韩。颜师古说：“韩申都就是韩王信，《楚汉春秋》上作‘信都’，古时候‘信’字和‘申’字相同。”我认为：张良同韩信是不相干的，是颜师古注释错了。自“司徒”讹传为“申徒”，自“申徒”传为“申都”，自“申都”传为“信都”，这样多次辗转相传，古书难道是可用字义相考求的吗？韩信后来归到汉朝，任治粟都尉，《汉书·功臣表》认为是票客。颜师古认为：“这和纪传说的有出入，或者是因为他骁勇善战，行动敏捷，而被当作宾客对待，故说他为票客吧。”《史记》上作“典客”，《索隐》上认为是“粟客”。

除此之外，有的官名并不是史书所记载的。如：孔聚是执盾官；周灶是长鈚都尉官；郭蒙是户卫官；宣虎是重要将领，重要将领就是主将，管理重要的东西；耏跖是个门尉官；棘丘侯襄是个执盾的史官；郭亭是个堵路官，所谓堵路主要是堵塞道路防止敌人入侵；丁礼是个中涓骑官；爰类以慎将，是说要谨慎小心做官；许盎是个骈邻说卫官，骈邻的意思是说二马为骈，指并贺两骑为军，说读作税，税卫者，是说兵行初舍止之为的时候主为卫；许瘛为赵右林将官，林将指的就是将士林，犹如羽林的将领官；清侯是管弓箭官；留肹是个客吏；冯解散是个代大与官，大与就是管爵位俸禄的官，《史记》上作“太尉”；靳强以郎中骑千人之类。聊记录在这里，以供读史书的人做参考。

萧何给[①]韩信

原文

黥布为其臣贲赫告反[②]，高祖以语[③]萧相国，相国曰：“布不宜有此[④]，恐仇怨妄诬[⑤]之，请系赫[⑥]，使人微验[⑦]淮南。”布遂反。

韩信为人告反，吕后欲召[⑧]，恐其不就[⑨]，乃与萧相国谋，诈令人称陈豨已破[⑩]，绐信曰："虽病，强[⑪]入贺。"信入，即被诛[⑫]。

信之为大将军，实萧何所荐，今其死也，又出其谋[⑬]，故俚语有"成也萧何，败也萧何"之语。何尚能[⑭]救黥布，而翻忍于信如此？岂非以[⑮]高祖出征，吕后居内[⑯]，而急变[⑰]从中起，已为留守，故不得不亟[⑱]诛之，非如布之事尚在疑似之域[⑲]也。

注释

①绐：同"诒"，欺骗，欺诈。

②黥布：原名英布，因犯重罪被判黥刑，故而改名。早年跟随项梁，被项羽立为九江王。项羽兵败，黥布投奔刘邦。刘邦得天下后，黥布被封淮南王，掌管都六、九江、庐江、衡山、豫章郡。高祖刘邦和吕后先后诛杀韩信、彭越等有功之臣，黥布心下惊骇，也密谋反叛。事情败露，黥布被杀。告反：控告谋反。

③以语：将此事告诉。以，以之。语，告诉。

④不宜：不应当。有此：做这种事情。

⑤妄诬：轻妄诬告。

⑥请系赫：请皇上先将贲赫关押起来。系，关押。

⑦微：暗中。验：查验，探访。

⑧召：召他回京师。

⑨就：就范。

⑩诈令人称陈豨已破：派人假装散布陈豨叛乱已经被平定的消息。

⑪强：勉强。

⑫诛：诛杀。

⑬又出其谋：又出自于萧何的计谋。

⑭尚能：尚且能够。

⑮岂非：如果不是。以：因为。

⑯居内：执掌朝中大权。

⑰急变：紧急的变故。

⑱亟：立即。

⑲非如：不像是。疑似：怀疑可能是，也可能不是。域：境地。

黥布被他的部下贲赫控告要谋反，汉高祖刘邦把这件事告诉了相国萧何，萧何说："按说黥布不应当做这种事，恐怕是仇家造谣陷害他，请皇上先把贲赫关押起来，然后派人暗中到淮南查访验证。"黥布于是起兵反叛。

韩信被人控告说他要谋反，吕后想把他召回京师，又恐怕韩信不就范，就和萧何商量计策，派人诈称陈豨的叛乱已被平定，并欺骗韩信说："陈豨的叛乱已被平定，你虽然有病，也要勉强进朝祝贺。"韩信来到京师，就被吕后杀死了。

韩信能够做大将军，实际是萧何在刘邦面前推荐的缘故，现在韩信被杀，又是萧何出的计谋，所以俗语中有"成也萧何，败也萧何"的说法。萧何能救黥布，为什么这样对待韩信呢？难道是因为汉高祖刘邦带兵出征，吕后在朝中把持大权，紧急变故突然发生，萧何认为自己身为留守大臣，所以不得不立即杀掉韩信，不像黥布的事情还处于不太确定的境地，可以从长计议。

孙权称至尊

原文

陈寿《三国志》，固多出于一时杂史，然独《吴书》称孙权为至尊，方在汉建安为将军时，已如此，至于诸葛亮、周瑜，见之于文字间亦皆然。

周瑜病困，与权书曰："曹公在北，刘备寄寓，此至尊垂虑之日[①]也。"鲁肃破曹公[②]还，权迎之[③]，肃曰："愿至尊威德加乎四海。"吕蒙遣邓玄之说郝普曰："关羽在南郡[④]，至尊身自临之[⑤]。"又曰："至尊遣兵，相继于道[⑥]。"蒙谋取关羽，密陈计策[⑦]，曰："羽所以未便东向者[⑧]，以至尊圣明，蒙等尚存也。"陆逊谓蒙曰："下[⑨]见至尊，宜好为计。"甘宁欲图荆州，曰："刘表虑既不远，儿子又劣，至尊当早规[⑩]之。"权为张辽掩袭[⑪]，贺齐曰："至尊人主，常当持重。"权欲以诸葛恪典掌[⑫]军粮，诸葛亮书与陆逊曰："家兄年老，而恪性疏[⑬]，粮谷军之要最[⑭]，足下[⑮]特为启至尊转之。"逊以白权。

凡此之类，皆非所宜称[⑯]，若以为陈寿作史虚辞，则魏、蜀不然也。

·注释·

①垂虑之日：日日思考的事情。

②鲁肃破曹公：鲁肃和周瑜联合诸葛亮在赤壁大败曹操。

③权迎之：孙权出去迎接鲁肃。

④南郡：今湖北荆州市江陵一带。

⑤身自临之：离得很近，就像面对着一样。

⑥相继于道：已经出发，相继在路上了。

⑦密陈计策：暗地里筹划布置计策。

⑧羽所以未便东向者：关羽之所以没有非常便利地向东扩展势力。便，便利，顺利。东向，向东扩展势力。

⑨下：我，谦辞。

⑩规：规划，谋划。

⑪掩袭：偷袭。

⑫诸葛恪：诸葛亮之兄诸葛瑾的长子，才思敏捷、善于应对。孙亮继位后，诸葛恪掌握了吴国大权，骄奢轻敌，被孙峻联合孙亮设计杀害，夷灭三族。典掌：掌管。

⑬性疏：性格疏懒、散漫。

⑭要最：最重要的东西。

⑮足下：对同辈、朋友或者上级的敬称。

⑯所宜称：适当的称呼。

·译文·

陈寿编撰的《三国志》，资料多是来源于当地的杂史，但是唯独在《三国志·吴书》中称孙权为“至尊”，当初孙权在汉朝建安年

间做将军时，就是这样了，至于诸葛亮、周瑜二人，见于文字记载也和孙权一样。

周瑜病重时，给孙权写信说："曹操占据北方，刘备借口寄身驻扎荆州，这二人是至尊您日夜思考的事啊。"鲁肃奉命和诸葛亮合兵在赤壁大破曹操，胜利而归，孙权去迎接他，鲁肃说："祝愿至尊您的威望恩德泽被天下。"吕蒙派邓玄之游说郝普时说："关羽统领南郡（今湖北江陵），至尊所在的地方离他很近，就像面对着他，很不安全。"又说："至尊调派了军队，已相继出发，现在已在路上了。"吕蒙想用计谋攻打关羽，秘密地布置计谋策略，他说："关羽之所以没有很顺利地向东扩展势力，是因至尊圣明，我等一干人还在的原因。"陆逊对吕蒙说："我见到至尊，应当很好地为他出谋划策。"甘宁想夺取荆州，他说："既然刘表考虑事情不甚长远，他的儿子又弱小不成才，至尊您应当早日谋划。"孙权被曹操的大将张辽偷袭，贺齐说："至尊您身为主公，应当时常稳重固守。"孙权想让诸葛恪主管掌握军中粮草大权，诸葛亮写信给陆逊说："我的哥哥诸葛瑾年纪大了，而且他的儿子诸葛恪性情疏散，粮草是军中至关重要的物资，他不宜掌管，特地请您转告至尊，另换他人。"陆逊把这话转告了孙权。

所有这些，都不是适宜的称呼，如果认为陈寿写《三国志》这部史书时，用的是不真实的言辞，那么魏国、蜀国就不是那回事了。

卷　九

生之徒十有三

原文

《老子》“出生入死”章云：“出生入死，生[①]之徒十有三，死之徒十有三，人之生，动之死地[②]十有三，夫何故？以其生生之厚[③]。”王弼注曰：“十有三，犹云十分有三分取其生道，全生之极，十分有三耳；取死之道，全死之极，十分亦有三耳。而民生生之厚，更[④]之无生之地焉。”其说甚浅，且不解释后一节。唯苏子由[⑤]以谓：“生死之道，以十言之，三者各居其三矣，岂非生死之道九，而不生不死之道一而已乎？《老子》言其九不言其一，使人自得之[⑥]，以寄无思无为之妙。”其论可谓尽矣。

①生：生长。

②动之死地：因为活动而招致死地。

③生生之厚：追求生活过分。

④更：更改。

⑤苏子由：苏辙，字子由，苏轼胞弟，也是文学大家，且对哲学研究十分深入。

⑥使人自得之：让人自己去琢磨探求。

《老子》“出生入死”这章说：“始出于世而生，终入于地而死。走向生长的十分有三，走向死亡的十分有三，人的生长，由于活动而置于死地，也十分有三。这是为什么？因为他们追求生活过分强烈呀。”王弼作注说：“十有三，就是说走向生长道路的只有十分之三；保住生命达到终点的，也只有十分之三；走向死亡之道的，加速走向死亡的，也只有十分之三。而那些富贵的人们以优裕的生活条件追求长生，一旦改变了，他们就没有了生存的地方。”王弼的解释很浅显，而且没有解释后面一节。只有苏辙（字子由）的解释比较详尽。他说：“生死的道理，如果说有十种，三种情况各占三份，这难道不是说生死之道有九，而不生不死之道只不过有一种吗？《老子》只说九不说一，是想让人们自己去琢磨，以寄托无思无为的妙处。”这种解释实在是太精当了。

有扈氏

原文

《夏书·甘誓》，启与有扈大战于甘，以其“威侮五行①，怠弃三正②，天用剿绝其命”为辞，孔安国传云：“有扈与夏同姓，恃亲而不恭③。”其罪如此耳。而《淮南子·齐俗训》曰：“有扈氏为义而亡，知义而不知宜④也。”高诱注云：“有扈，夏启之庶兄也，以尧、舜举贤，禹独与子，故伐启。启亡之。”此事不见于他书，不知诱何以知之。传记散轶，其必有以为据⑤矣。庄子以为“禹攻有扈，国为虚厉”，非也。

注释

①威侮五行：侮辱五常。五行，即五常，指仁、义、礼、智、信。

②怠弃三正：抛弃三纲。三正，即三纲，君为臣纲、父为子纲、夫为妻纲。

③恃亲而不恭：有扈凭借是夏启的亲戚，所以对启没有恭敬的神色。

④宜：合适。

⑤据：根据。

《夏书·甘誓》中记载，启和有扈在甘地打仗，启讨伐有扈的理由是："侮辱了五常，抛弃了三纲，因此上天要置之于死地。"孔安国解释说："有扈和夏同姓，他恃亲而对夏起步恭敬。"其罪恶就是这些。但《淮南子·齐俗训》中说："有扈氏是为仁义而死亡的，他只知道仁义而不知道怎样才合适。"高诱作注说："有扈是夏启的兄长，是庶出，以尧、舜能举荐贤人，而禹单单把统治者之位让给启为借口讨伐启，被启灭了。"这件事在别的书里见不到，不知道高诱是怎么知道的。虽然传记都散失了，但他做出如此判断一定是有根据的。庄子认为"禹攻打有扈，国家因而异常空虚"，看来这不是事实。

汉景帝

原文

汉景帝为人，甚有可议。晁错为内史，门东出，不便，更穿[①]一门南出，南出者，太上皇庙堧垣也。丞相申屠嘉闻错穿宗庙垣，为奏请诛错。错恐，夜入宫上谒，自归。上至朝，嘉请诛错。上曰："错所穿非真庙垣，乃外堧垣，且又我使为之，错无罪。"临江王荣以皇太子废为王，坐侵太宗庙壖地为宫[②]，诣中尉府对簿责讯，王遂自杀。两者均为侵宗庙，荣以废黜失宠，至

于杀之，错方贵幸[3]，故略不问罪，其不公不慈[4]如此！及用爰盎一言，错即夷族，其寡恩忍杀[5]复如此。

·注释·

①更：另外。穿：洞穿，开凿。

②坐：因为。侵：侵占。为宫：建造宫殿。

③方贵幸：刚刚显贵受宠。

④不公不慈：不公平不仁慈。

⑤寡恩忍杀：薄情寡义，残忍。

·译文·

汉景帝的为人，大有争议。晁错当内史时，门从东边走，不方便，就另开一门从南边出入，从南门出来，是汉代太上皇的宗庙坟垣。丞相申屠嘉听说这件事后，启奏景帝请求处罚晁错。晁错害怕，当夜入宫谒见皇帝，然后独自回来。皇上临朝，申屠嘉又请求处罚晁错。景帝说："晁错出南门走过的地方并非真的宗庙坟垣，而是外墙，而且又是朕同意他干的，晁错无罪。"临江王刘荣是被废除了的皇太子，他在太宗庙地上造宫殿，景帝便到中尉府指责其行为，临江王忧惧自杀了。这两件事都是侵犯宗庙，刘荣因为被废黜失宠而导致杀身之祸，晁错刚刚显贵受宠，于是就不问罪，这是多么不公平不仁慈啊！到了因为爰盎一句话，把晁错家灭九族，这又是多么寡恩残忍啊！

卷十

曹参不荐士

原文

曹参代萧何为汉相国，日夜饮酒不事事，自云："高皇帝与何定天下，法令既明，遵而勿失，不亦可乎！"是则然矣，然以其时考之，承暴秦之后，高帝创业尚浅，日不暇给，岂无一事可关心者哉？其初相齐，闻胶西盖公善治黄、老言，使人厚币请之。盖公为言治道贵清净而民自定。参于是避正堂以舍之[①]，其治要用黄、老术。故相齐九年，齐国安集。然入相汉时，未尝引盖公为助也。齐处士东郭先生、梁石君隐居深山[②]，蒯彻[③]为参客，或谓彻曰："先生之于曹相国，拾遗举过，显贤进能[④]，二人者，世俗所不及，何不进之于相国乎？"彻以告参，参皆以为上宾。彻善齐人安其生[⑤]，尝干项羽，羽不能用其策。羽欲封此两人，两人卒不受。凡此数贤，参皆不之用，若非史册失其传，则参不荐士之过多矣。

①避正堂以舍之：让出正屋给盖公居住。

②东郭先生、梁石君：两人都是齐国人。齐王田荣反项羽，挟持齐国士人，不从者皆杀之。东郭先生与梁石君也在其中，等到田荣兵败，二人以跟从田荣为耻，故隐居深山。后蒯通向曹参推荐，曹参将两人奉为座上宾。

③蒯彻：即蒯通，本名彻，后为避汉武帝忌讳，更名为通。西汉范阳人，善机谋权变。韩信采纳其计策平定齐帝，曹参也对其十分器重。后劝韩信反，韩信被杀，蒯通在高祖面前极力为韩信申辩。高祖敬佩，其无罪。

④拾遗举过，显贤进能：指出他（曹参）思虑欠周之处，纠正他犯下的过失并选举贤才，推荐能人。拾遗，纠正过失。

⑤安其生：即安期生，据传为秦汉间齐人，与蒯通交好，曾经以策干项羽，未见用。后来的方士、道家者称之为千岁翁。

曹参继萧何之后担任汉惠帝的丞相，上任后日夜饮酒，无所事事，而且还为自己辩解："高祖刘邦与萧何丞相平定了天下，已经制定出严明周密的法令，我完全遵照执行，不出差错，难道不行吗？"这话当然没错，但是考察他所处的时代，当时正值残暴的秦朝灭亡后不久，高祖皇帝创下基业的时间还不长，百废待兴，令人日不暇给，难道会没有一件事情值得丞相大人关心吗？曹参当初在任齐国相时，听说胶西（今山东高密西南）的盖公精通黄老之术，便派人以厚礼邀请。盖公对他说，治国之道，最重要的是要清静无为，不

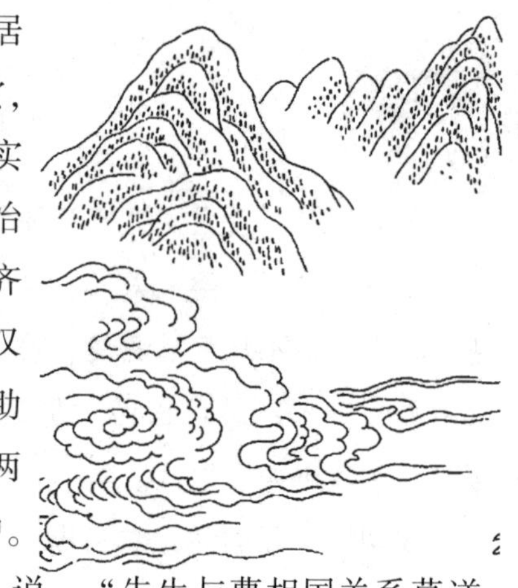

多生事端，这样老百姓自然会安居乐业，没有异心。曹参深表赞赏，当即腾出正房供盖公居住，并且实实在在地以黄老学说为指导思想治理国家。所以他任齐国相九年，齐国平安无事。不过，曹参就任西汉王朝的丞相时，并没有以盖公为助手。齐国的东郭先生和梁石君是两位世外高人，隐居在深山老林之中。有人对曹参的宾客蒯彻（即蒯通）说：“先生与曹相国关系莫逆，能够为他指出思虑欠周之处及所犯的过失，并能荐举才德优异之人，这两位隐士都是普通世人所无法比拟的人物，您为什么不把他们推荐给曹相国呢？”蒯彻向曹参推荐后，曹参把他们都待为上宾。蒯彻与齐国的安其生关系很好，他们曾经向楚霸王项羽献计献策，但项羽不予采纳。项羽想给他们两个封官授爵，二人始终不接受。连这几位大贤，曹参都不能重用，如果史书记载无误的话，曹参不能荐举士人的过错可就太严重了。

民不畏死

原文

老子曰：“民常不畏死，奈何以死惧之？若使人常畏死，则为奇者吾得执[①]而杀之，孰敢？”读者至此，多以为老氏好杀。夫老氏岂好杀者哉！旨意盖以戒时君、世主视民为止愚、至贱，轻尽其命，若刈草菅，使

之知民情状，人人能与我为敌国，懔乎常有朽索驭六马之惧[2]。故继之曰："常有司[3]杀者杀。夫代司杀者杀，是代大匠斲[4]。夫代大匠斲，希[5]有不伤其手矣。"下篇又曰："人之轻死，以其生生之厚，是以轻死。"且人情莫不欲寿，虽衰贫至骨[6]，濒于饿隶，其与受僇而死有间矣，乌有不畏者哉？自古以来，时运俶扰，至于空天下而为盗贼，及夷考[7]其故，乱之始生，民未尝有不靖之心也。秦、汉、隋、唐之末，土崩鱼烂，比屋可诛。然凶暴如王仙芝、黄巢，不过饶觊[8]一官而已，使君相御之得其道，岂复有滔天之患哉！龚遂之清渤海，冯异之定关中，高仁厚之平蜀盗，王先成之说王宗侃，民情可见。世之君子，能深味老氏之训，思过半矣。

①得执：可以抓起来。

②懔乎：凛然警惕的样子。常有朽索驭六马之惧：常常有像用腐朽的绳索去套六匹马拉的破车这样的忧虑和恐惧。

③司：掌管。

④斲：砍伐。

⑤希：少。

⑥衰贫至骨：穷困潦倒到极点。

⑦考：探究。

⑧饶觊：觊觎。

·译文·

老子说："老百姓经常不怕死，用死来吓唬他们有什么用呢？如果真能使人们都怕死，那么对于极少数胆敢作奸犯科、不顾身家性命的人，我就可以把他们抓起来统统处死，这样谁还敢违法取死呢？"读到这里，多数人都会认为老子是个好杀之人。实际上，老子哪里是什么好杀之人呢！他的本意只不过是想告诫那些高高在上的统治者，千万不要把老百姓视为最愚蠢、最卑贱之人，随心所欲地处死他们就如同铲除小草一样。老子希望君主们能全面了解老百姓的真实情况，明白每一个人都可能像敌对国家一样对自己构成严重的威胁，因而时刻提心吊胆，高度警惕，犹如用腐朽的绳索套着六匹马拉的一辆破车。所以他接着说道："经常有专管杀人的人去杀。代替专管杀人的人去杀，就如同代替木匠砍木头。代替木匠砍木头，很少有不砍伤自己手指的。"老子在下一篇中又说道："老百姓之所以轻率地不惜以生命去冒险，是因为统治者拼命地想使自己生活得更加舒适，以致逼得百姓不惜生命去冒险。"况且希望长寿是人之常情，即使是穷困潦倒到了极点的人，其处境已与饥寒交迫的奴隶相似，但是和受戮尔斯仍然是大不相同的，难道会有人不怕吗？自古以来，时运多变，甚至于普天之下的人都揭竿而起，铤而走险，可是仔细地探究事变发生的原因后就会发现，事变初起时，老百姓并没有不安分之心。秦、汉、隋、唐末期，形势犹如土崩瓦解、鱼腐肉烂，几乎家家有罪，人人可杀。可是像王仙芝、黄巢这样的罪魁祸首，所觊觎的只不过是一官半职而已。如果国君和宰相陛下有方，难道会造成无法收拾的局面吗？从西汉龚遂之肃清渤海郡（今河北南皮北），东汉冯异之平定关中，高仁厚之镇压蜀盗，王先成之劝说王宗侃等事，可以清楚地看出民情，只要能够活下去，他们并不愿意犯上作乱。世上的君子，如果能够仔细地玩味老子的这番话，就可以少犯很多错误。

天下有奇士

原文

天下未尝无魁奇智略之士，当乱离之际[①]，虽一旅之聚，数城之地，必有策策知名者出其间，史传所书，尚可考也。郑烛之武[②]、弦高[③]从容立计，以存其国。后世至不可胜纪，在唐尤多，姑摭[④]其小小者数人载于此。

武德[⑤]初，北海贼帅綦公顺攻郡城，为郡兵所败，后得刘兰成以为谋主，才用数十百[⑥]人，出奇再奋，北海即降。海州臧君相率众五万[⑦]来争，兰成以敢死士二十人夜袭之，扫空其众。

徐圆朗据海岱，或说之曰："有刘世彻者，才略不世出，名高东夏[⑧]，若迎而奉之，天下指挥可定。"圆朗使迎之。世彻至，已有众数千，圆朗使徇谯、杞，东人素闻其名，所向皆下[⑨]。

裘甫乱浙东[⑩]，朝廷遣王式往讨，其党刘暀劝甫引兵取越，凭城郭，据府库，循[⑪]浙江筑垒以拒之，得间[⑫]则长驱进取浙西，过大江[⑬]，掠[⑭]扬州，还修石头城而守之，宣、歙、江西必有响应者，别[⑮]以万人循海而

南，袭取福建，则国家贡赋之地，尽入于我[16]矣。甫不能用。

高骈之将毕师铎攻骈，乞师[17]于宣州秦彦，彦兵至，遂下扬州。师铎遣使趣彦过江，将奉以为主。或说之曰："仆射顺众心为一方去害，宜复奉高公而佐之，总其兵权，谁敢不服？且秦司空为节度使，庐州、寿州其肯为之下乎？切恐功名成败未可知也。不若亟止秦司空勿使过江，彼若粗识安危[18]，必未敢轻进，就使[19]他日责我以负约，犹不失为高氏忠臣也。"师铎不以为然，明日，以告郑汉章，汉章曰："此智士也。"求之，弗获。

王建镇成都，攻杨晟于彭州，就不下，民皆窜匿山谷[20]，诸寨日出抄掠[21]之。王先成往说其将王宗侃曰："民入山谷，以俟招安，今乃从而掠之，与盗贼无异。且出淘虏[22]，薄暮乃返，曾无[23]守备之意，万一城中有智者为之划策，使乘虚奔突[24]，先伏精兵于门内，望淘虏者稍远，出弓弩手炮各百人，攻寨之一面，又于三面各出耀兵，诸寨咸[25]自备御，无暇相救，如此能无败乎?"宗侃矍然[26]。先成为条例七事为状，以白王建，建即施行之。榜至三日，山中之民，竟出如归市，浸[27]还故业。

观此五者，则其他姓名不传，与草木俱腐者，盖不可胜计矣。

·注释·

①乱离之际：社会动荡不安的时候。

②郑烛之武：郑国的烛之武。鲁僖公三十年，秦、晋两国攻郑，郑国派烛之武出使秦国，游说秦王退兵。烛之武为秦王分析形势，晓之以利，秦国退兵。晋国见此情况，也鸣金收兵。

③弦高：本是郑国商人，以贩牛为业。经商途中遇到秦军出发去袭郑，他一方面火速派人回国报告，一方面伪装成郑国特使，以十二头牛作为礼物，犒劳秦军。秦军以为郑国已经知道偷袭之事，只好班师返回。

④姑摭：姑且选取。

⑤武德：唐高祖武德年。

⑥数十百：数千。

⑦率众五万：率领五万兵马。

⑧东夏：中原东部地区。

⑨所向皆下：所到之处，都望风披靡。

⑩乱浙东：在浙东地区起事。

⑪循：沿着。

⑫得间：如果有机会。

⑬过大江：渡过长江。

⑭掠：占领。

⑮别：另外。

⑯尽入于我：全部归入我的版图。

⑰乞师：向人借兵。

⑱彼若粗识安危：他若是稍微懂得进退安危的时势。粗识，稍微懂得。

⑲就使：即便是。

⑳窜匿山谷：逃到山谷中躲起来。

㉑抄掠：四处掳掠。

㉒旦：早晨。淘：搜捕。

㉓曾无：完全没有。

㉔奔突：攻击，出击。

㉕咸：都。

㉖矍然：惊悚。

㉗浸：逐渐地。

·译文·

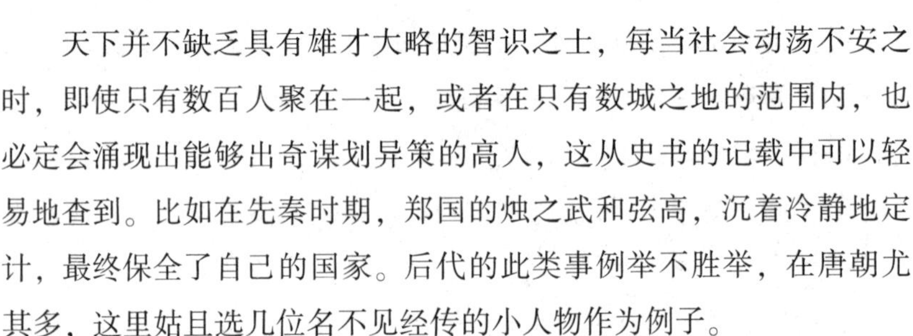

天下并不缺乏具有雄才大略的智识之士，每当社会动荡不安之时，即使只有数百人聚在一起，或者在只有数城之地的范围内，也必定会涌现出能够出奇谋划异策的高人，这从史书的记载中可以轻易地查到。比如在先秦时期，郑国的烛之武和弦高，沉着冷静地定计，最终保全了自己的国家。后代的此类事例举不胜举，在唐朝尤其多，这里姑且选几位名不见经传的小人物作为例子。

唐高祖武德初年，北海（今山东益都）郡义军首领綦公顺到处攻城略地，在攻打郡城时却被郡兵所败，后来得到刘兰成作为谋士，仅用了数千人，出奇兵抖擞精神再战，北海郡便宣布投降。海州（今江苏连云港西南）的臧君相率领五万人马来争夺北海，刘兰成派遣二十名敢死队员趁夜色发动突然袭击，一举击溃了敌兵。

徐圆朗占据今山东、江苏一带，有人劝告他："有个叫刘世彻的人，才智超群，举世罕见，在东部地区声名卓著，如果能把他请出来并且奉之为主，那么天下可以唾手而得。"徐圆朗接受了建议，马上派人去迎请刘世彻。当刘世彻到来时，帐下已有数千名愿意听从号令的人。徐圆朗派他去攻取谯（今安徽亳州）、杞（今河南杞县）一带，由于东方的人早就听说过他的大名，因而刘世彻所到之处，无不望风披靡。

裘甫在浙东地区起事，朝廷派遣王式前去讨伐。裘甫的副手刘眰劝他率兵攻取越州（今浙江绍兴一带），凭借那里高大的城墙，利用那里充实的仓库，并且沿浙江构筑防御工事以抵抗官军，如果有机会就长驱进取浙西，且渡过长江，占领扬州，然后回头整修、加固石头城（今江苏南京）的防御设施，准备在这里坚守，宣（今安徽宣城）、歙（今安徽歙县）一带及江西一带必有人起来响应，我们再分出一万人马沿海南下，袭取福州和建州（今属福建）一带。这样，国家财赋的主要供应地，就全部归入咱们的版图了。然而，裘甫拒不接受刘眰的计策。

淮南节度使高骈的部将毕师铎进攻高骈，因为兵力不足，便向宣州的秦彦借兵，从而攻克了高骈所坐镇的扬州。毕师铎派人催促秦彦及早过江，准备推他为主。有人劝告师铎，说："假若您想顺应民心为一方减少灾难，就应当重新奉高骈为主。在外人看来，您仍然在辅佐高骈，而实际上，您掌握着他的全部兵权，谁敢不服？况且秦彦任节度使，庐州（今安徽合肥）、寿州的人难道能服气吗？我实在担心功名成败难以预料。方今之计，不如立即派人制止秦彦渡江，他如果稍有头脑，懂得进退安危之势，就必定不敢贸然前来，即使他将来指责咱们不守信用，您仍然不失为高骈的忠臣。"毕师铎很不以为然，次日，他将此事告诉了郑汉章，郑汉章说："这是位有识之士。"他们再派人去寻那人，可惜已经无影无踪了。

王建镇守成都，大举进攻盘踞在彭州（今四川彭州）的杨晟，可是久攻不下，老百姓多逃入山谷之中藏身。于是，王建手下的各寨士兵每天都四出掳掠他们。王先成见此情形，便前去劝说王建的部将王宗侃，道："老百姓逃入山谷，就是为了等候国家招安，现在你们追踪掳掠他们，这种行径与强盗没有什么不同。你们一大早出去搜捕抢掠，直到天快黑时才返回营寨，根本没有防敌之意，万一城内有智识之士为他们出谋划策，让他们乘虚反击，先把精兵埋伏在城门内，当望见外出搜捕抢掠的军队渐渐走远，然后出动弓弩手和炮手各百人，攻打军营的一面，并在其余三面都设有疑兵，使得各寨的士兵都全力忙于自保，无暇救援其他军寨，这样你们能不吃败仗吗?"王宗侃闻听大惊，幡然醒悟。王先成为此列举了七条写成状子，以便提交给王建，向他提出建议。王建当即采纳，并付诸行动。公告贴出去才三天，藏在山中的百姓争先恐后地出来，就如同回归市场一样，都逐渐地恢复了原来的职业。

读了这五条记载，我不禁想到，其他姓名不传、与草木同化为土灰的人，必定数不胜数。

卷十一

兵部名存

原文

唐因隋制，尚书置六曹。吏部、兵部分掌铨选，文属吏部，武属兵部。自三品以上官册授，五品以上制授，六品以下敕授，皆委尚书省奏拟。两部各列三铨：曰尚书铨，尚书主之。曰东铨；曰西铨，侍郎二人主之。吏居左，兵居右，是为前行[①]。故兵部班级在户、刑、礼之上。睿宗初政[②]，以宋璟为吏部尚书，李乂、卢从愿为侍郎；姚元之为兵部尚书，陆象先、卢怀慎为侍郎。六人皆名臣，二选称治[③]。其后用人不能悉得贤，然兵部为甚。其变而为三班流外铨，不知自何时。元丰[④]官制行，一切更改，凡选事[⑤]，无论文武，悉以付吏部。苏东坡当元祐中拜兵书，谢表云：“恭维先帝复六卿之名，本欲后人识三代之旧，古今殊制[⑥]，闲剧异宜，武选隶于天官，兵政总于枢辅，故司马之职，独省文书。”盖纪其实也。今本曹所掌，惟诸州厢军名籍，

及每大礼，则书写蕃官加恩告。虽[7]有所辖司局，如金吾街仗司、骐骥车辂象院、法物库、仪鸾司，不过每季郎官一往[8]耳。名存实亡，一至于是[9]！

·注释·

①是为前行：这就是朝廷官制的前身。

②初政：刚开始执掌政权的时候。

③称治：治理得非常好，得到人民的普遍赞扬。

④元丰：宋神宗元丰年。

⑤凡选事：凡涉及选举的事情。

⑥古今殊制：古今制度有很大不同。

⑦虽：即使。

⑧一往：前往一次。

⑨一至于是：竟然到了这种程度。

·译文·

唐朝沿袭隋朝的制度，在尚书省设置六曹。吏部和兵部分掌铨选，文职属吏部，武职属兵部。三品以上的官员实行册封，五品以上的制封，六品以下的敕封，文武官员都由尚书省奏批。两部各设三铨，即：尚书铨，东铨，西铨。尚书铨由尚书主管，东、西铨各由一名侍郎负责。吏部居左，兵部居右，这就是朝廷官制的前身。所以，兵部的班次在户部、刑部、礼部之上。睿宗刚开始执政时，任命宋璟为吏部尚书，李乂、卢从愿为吏部侍郎；任命姚元之（即姚崇）为兵部尚书，陆象先、卢怀慎为兵部侍郎。这六个人都是一代名臣，因而文、武二选的事务都被处理得妥妥帖帖，有条有理，得到了广大士民的普遍赞扬。此后所用的人并不全是德才兼备的人，尤其是兵部。不知从什么时候开始，这种制度变成了三班流外铨。宋神宗元丰年间全面改革官制，一切更改，有关选举之事，无论文武，全由吏部负责。苏东坡在哲宗元祐年间被委任为兵部尚书，他上给皇帝谢恩表说："先帝恢复六卿之名，本来是想让后人了解夏、商、周三代的旧制，明白古今制度不同，宽猛因时而异，现在将武选划归天官（即吏部）负责，兵政由枢密院总领，因而司马（指兵部尚书）之职，仅仅是省览文书而已。"苏轼所说的大约确是当时的实际情况。今天兵部所主管的事务，只是各州厢军的花名册，以及每当有重大庆典时，负责拟写蕃官的加恩告。即使是兵部所辖的司局，如金吾街仗司、骐骥车辂象院、法物库、仪鸾司等，也只不过是由郎官每季前去转一圈而已。名存实亡，竟至如此程度！

武官名不正

原文

文官郎、大夫，武官将军、校尉，自秦、汉以来有之。至于阶秩品著[1]，则由晋、魏至唐始定。唐文散阶二十九，自开府、特进之下，为大夫者十一，为郎者十六。武散阶四十五，为将军者十二，为校尉者十六。此外怀化、归德大将军，讫于[2]司戈、执戟，皆以待[3]蕃戎之君长臣仆。本朝因之。元丰正[4]官制，废文散阶，而易旧省部寺监名，称为郎、大夫，曰寄禄官。政和

中，改选人七阶亦为郎，欲以将军、校尉易横行以下诸使至三班借职，而西班用事者嫌其涂辙太殊[5]，亦请改为郎、大夫，于是以卒伍厮圉[6]玷污此名，又以节度使至刺史专为武臣正任。且郎、大夫，汉以处[7]名流，观察使在唐为方伯，刺史在汉为监司，在唐为郡守，岂介胄恩幸[8]所得处哉？此其名尤不正者也。

①阶秩品著：官员的等级、俸禄和服饰。阶秩，指官吏的职位和品级。品，等级，种类。著，通“着”，衣着服饰。

②讫于：截至，到。

③待：专门授给。同“虚位以待”。

④正：改革，革新。

⑤用事者：当权者。殊：差别。

⑥卒伍厮圉：士卒、杂役等低贱之人。圉，养马的地方。

⑦处：安置。

⑧介胄：甲胄之士，指武士。恩幸：被皇帝宠幸的小人。

·译文·

文官郎、大夫，武官将军、校尉，从秦汉以后一直都有。至于官吏的品级、俸禄和衣饰，则从晋、魏到唐朝才逐渐确定下来。在唐朝，文散阶有二十九级，自开府、特进以下，大夫有十一级，郎有十六级。武散阶有四十五级，其中将军十二级，校尉十六级。此外，从怀化、归德大将军至司戈、执戟，都是专门授给少数民族的酋长以及臣仆的。我们大宋朝继续沿用这种制度。元丰年间改革官制时，废除了文散阶，而改为过去的省、部、寺、监名，称郎、大夫等，这就是所谓的寄禄官，仅表示官吏的品级，而无实掌。宋徽宗政和年间，将选人七阶也改为郎，计划用将军、校尉等名称取代横行以下诸使至三班借职，可是西班的当权者嫌两种仕途悬殊太大，也请求将本系统的官名改为郎、大夫，于是以军人、杂役等玷污这些官名，又以节度使至刺史专门作为武臣的正任。况且，郎、大夫之职在汉代是用来安置名流的，观察使在唐朝是一方最高长官，刺史在汉代是监察官，在唐朝是郡守，哪里是武夫和受宠的小人所能充任的？这是武官中名实尤其不符的。

名将晚谬

原文

自古威名之将，立盖世之勋[1]，而晚谬不克终者[2]，多失于恃功矜能[3]而轻敌也。关羽手杀袁绍二将颜良、文丑于万众之中。及攻曹仁于樊，于禁等七军皆没，羽威震华夏，曹操议徙许都以避其锐，其功名盛矣。而不悟吕蒙、陆逊之诈，竟堕孙权计中，父子成禽，以败大事。西魏王思政镇守玉壁，高欢连营四十里攻围之，饥冻而退。及思政徙荆州，举韦孝宽代己，欢举山东之众来攻，凡五十日，复以败归，皆思政功也。其后欲以长社为行台治所，致书于崔猷，猷曰：“襄城控带京洛，当今要地，如其动静，易相应接。颍川邻寇境，又无山

川之固，莫若顿兵[4]襄城，而遣良将守颍川，则表里胶固，人心易安，纵有不虞[5]，岂足为患。”宇文泰令依猷策，思政固请，且约，贼水攻期年[6]，陆攻三年之内，朝廷不烦赴救。已而陷于高澄，身为俘虏。慕容绍宗挫败侯景，一时将帅皆莫及，而攻围颍川，不知进退，赴水而死。吴明彻当陈国衰削之余，北伐高齐，将略人才[7]，公卿以为举首[8]，师之所至，前无坚城，数月之间，尽复[9]江北之地。然其后攻周彭城，为王轨所困，欲遏[10]归路。萧摩诃请击之，明彻不听，曰：“搴旗陷陈[11]，将军事也，长算远略，老夫事也。”一旬之间[12]，水路遂断。摩诃又请潜军突围[13]，复不许，遂为周人所执[14]，将士三万皆没焉。此四人之过，如出一辙。

·注释·

①勋：功勋，功劳。

②晚谬不克终者：晚年出现失误所以不能得到善终者。谬，失误。

③恃功矜能：居功自傲，任气使才。

④顿兵：派重兵驻守。

⑤不虞：不测，出乎意料的事情，多指不好的事。

⑥期年：一年。

⑦将略人才：韬略才学。

⑧以为举首：认为（吴明澈的才能）属当时之首。

⑨复：收复。

⑩遏：阻遏，堵截。

⑪搴旗陷陈：夺取敌军大旗，冲锋陷阵。

⑫一旬之间：不过十天的时间。一旬，十天。

⑬潜军突围：派军队悄悄突围。

⑭所执：被俘虏。

自古以来，威名赫赫、功高盖世的将领，在晚年出现失误以致不能善终的，大多数是失于居功自傲、大意轻敌。蜀汉的关羽，在万马千军之中手杀袁绍帐下的名将颜良、文丑，如同探囊取物。在攻打樊城（今湖北襄樊）的曹仁时，又大破于禁等七军，杀宠德，擒于禁，威震华夏，竟使得曹操准备迁都许昌以避其锋芒，其威名可谓鼎盛之极。可是，骄傲的关羽竟没有识破吕蒙、陆逊的欺诈，竟然陷入了孙权的圈套，以致父子同时被擒，不仅自己身败名裂，而且也坏了刘备的大事。西魏的王思政镇守玉壁（今山西稷山西南）时，高欢连营四十里围攻他，最终因天气寒冷、粮草缺乏而被迫退兵。当王思政移镇荆州（今湖北江陵）时，举荐韦孝宽接替自己守卫玉壁城，高欢趁机率领东魏重兵大举围攻玉壁，经过五十天的激战，东魏损兵折将、大败而归，这也是王思政的功劳。后来，王思政想以长社县（今河南长葛）为行台治所，特意给崔猷写了一封信，崔猷回答："襄城郡控带京师和洛阳，是当今的战略要地，如有特殊情况，便于相互接应。颍川郡（治今河南许昌）临近敌境，又无山川之险以为屏障，不如重兵驻守襄城，同时派遣良将守卫颍川，这样表里俱固，人心易安，即使有出乎意料的事件发生，又有什么可担心的？"西魏丞相宇文泰命令依照崔猷的策略行事，可是王思政再

三坚决请求，而且保证：敌人水攻一年、陆攻三年之内，不麻烦朝廷发兵救援。不久，颍川郡被东魏大将军高澄攻破，王思政自己也做了俘虏。东魏将领慕容绍宗曾击败侯景，当时的将帅都无法与之相比，但是在进攻颍川时，却不知进退，最终因战败投水而死。吴明彻在陈国已经相当衰弱的情况下，率领陈兵大举北伐高齐（即北齐）。吴明澈的将略和才学，被公卿们认为是一时之冠，他的军队所到之处，攻无不克，战无不胜，数月之间就完全收复了江北之地。然而，后来在进攻北周的彭城（今江苏徐州）时，被王轨所困，并计划切断陈军的归路。萧摩诃请求发兵击退王轨，可吴明彻不听，并且傲慢地说："冲锋陷阵，勇夺敌旗，是将军你的事，而深谋远虑、运筹帷幄，则是老夫我的事。"还不到十天，陈军的水上归路便被切断。萧摩诃又请求悄悄突围，可吴明彻仍然不答应。结果，陈军大败，吴明彻与将士三万人都做了周军的俘虏。不难看出，上述四人所犯的错误如出一辙，都是因居功自傲、大意轻敌所致。

卷十二

无用之用

原文

庄子云："人皆知有用之用，而莫知无用之用。"又云："知无用，而始可与言用矣。夫地非不广且大也，人之所用，容足[①]耳。然则厕足而垫之致黄泉，所谓无用之为用也亦明矣。"此义本起于《老子》"三十辐共一毂[②]，当其无，有车之用"一章。《学记》："鼓无当于五声[③]，五声弗得不备[④]；水无当于五色[⑤]，五色弗得不章[⑥]。"其理一也。今夫飞者以翼为用，絷[⑦]其足，则不能飞。走者以足为用，缚其手，则不能走。举场较艺[⑧]，所务者才也，而拙钝者亦为之用。战陈角胜[⑨]，所先者勇也，而老怯者亦为之用。则有用、无用，若之何[⑩]而可分别哉？故为国者[⑪]，其勿以无用待天之下士，则善矣！

注释

①容足：立足之地。

②三十辐共一毂：三十根辐条集中到一个车毂上。

③五声：宫、商、角、徵、羽。

④备：完备，完美。

⑤五色：青、黄、赤、白、黑。

⑥章：彰显。

⑦絷：捆绑。

⑧举场较艺：科举考场上较量技艺。

⑨战陈角胜：在战场上取得胜利。战陈，通“战阵”，战场。

⑩若之何：怎么办，如何。

⑪为国者：治理国家的人。

译文

庄子说：“人们都知道有用的作用，却没有人知道无用的作用。”又说：“知道无用，然后才可以与你谈论有用。土地不是不广大啊，可是人所使用的地方只不过是立足之地而已。既然只有这一小块立足之地有用，那么，把此外无用的土地都挖掉，一直挖到黄泉，这时人所站立的这一小块立足之地难道还有用处吗？由此看来，所谓无用的用处也就很明显了。”这种说法起源于《老子》一书中“三十根辐条集中到一个车毂上，有了车毂中间的空洞，才有了车的作用”一章。《初学记》中说：“鼓声虽然不在五声（即宫、商、角、徵、羽）之列，但是如果没有它，五声就不完美；水色虽然不在五色（指青、黄、赤、白、黑）之列，可是如果没有它，五色就难以明现。”其道理是一样的。现在，那些会飞的动物是使用翅膀飞的，可是如果捆住它们的腿，它们就飞不起来。人们走路是用脚的，可是如果捆住双手，他们就跑不快。在科场上比试技艺，所注重的是真才实学，而才智平常的人也有用处。在战场上克敌制胜，需要的是勇力，而年老胆怯的人也有用处。如此，有用和无用，怎么能一概而分呢？所以，治国的人如果能不以“无用”来看待天下的士人，事情就好办了！

唐制举科目

原文

唐世制举，科目猥多①，徒异其名尔②，其实与诸科等也。张九龄以道侔伊、吕③策高第，以《登科记》及《会要》考之，盖先天元年九月，明皇初即位，宣劳使所举诸科九人，经邦治国、材可经国、才堪刺史、贤良方正与此科各一人，藻思清华、兴化变俗科各二人。其道侔伊、吕策问殊平平④，但云：“兴化致理，必俟得人⑤；求贤审官，莫先任举。欲远循汉、魏之规，复存州郡之选，虑牧守⑥之明，不能必鉴。”次及“越骑

佽飞，皆出畿甸[⑦]，欲均井田于要服[⑧]，遵丘赋于革车”，并安人重谷[⑨]，编户农桑之事，殊不及为天下国家之要道[⑩]。则其所以待伊、吕者亦狭矣。九龄于神龙二年中材堪经邦科，本传不书，计[⑪]亦此类耳。

·注释·

①科目猥多：开考的科目种类繁多。

②徒异其名尔：只不过名称不一样罢了。

③道侔伊：即伊尹。吕：吕尚，姜尚。

④殊平平：十分平常。

⑤得人：得到人才。

⑥虑：担心。牧守：州牧、郡守。

⑦畿甸：京城地区。

⑧欲均井田于要服：想要在全国平均井田制。

⑨安人重谷：安抚百姓，重视农桑。

⑩要道：要旨。

⑪计：估计。

·译文·

在唐朝的科举中，临时开考的科目名目繁多，其实质与其他各科并没有多大区别，只不过是名称不同罢了。名相张九龄以“道侔

伊（指伊尹）、吕（指吕尚，也即姜尚）科”高中，参阅《登科记》和《唐会要》可知，这大概是唐玄宗先天元年九月的事。当时，唐明皇刚即位，宣劳使所举诸科共取九人，其中经邦治国、材可经国、才堪刺史、贤良方正以及道侔伊、吕科等各一人，藻思清华、兴化变俗科各二人。实际上，道侔伊、吕科皇帝策问所涉及的问题十分平常，只是说：“兴化治国，必须得到人才；求贤审官，莫先于任子、察举。要想远循汉、魏之制，恢复州、郡选拔官吏的做法，又恐怕州牧、郡守的能力无法明鉴一切。”又说到“越骑、佽飞等禁军，都出京师很远活动，准备在全国各主要地区平均井田，使兵农合一”，以及安民重农、百姓农桑之事，根本称不上是治国平天下的要旨。由此看来，政府等待伊尹、姜尚这样的贤才去做的，也是很狭隘的。张九龄于唐中宗神龙二年考中材堪经邦科，而正史的本传中没有记载，估计也与此相类似。

东坡论庄子

原文

东坡先生作《庄子祠堂记》，辨其不诋訾[①]孔子。“尝疑《盗跖》《渔父》则真若[②]诋孔子者，至于《让王》《说剑》，皆浅陋不入于道[③]。反复观之，得其《寓言》之终曰：‘阳子居[④]西游于秦，遇老子。其往也，舍者将迎其家，公执席[⑤]，妻执巾栉[⑥]，舍者避席[⑦]，炀者避灶[⑧]。其反[⑨]也，与之争席矣。’去其《让王》《说剑》《渔父》《盗跖》四篇，以合于《列御寇》之篇，

曰：'列御寇之齐，中道而反'，曰：'吾惊焉，吾食于十浆，而五浆先馈。'然后悟而笑曰：'是固一章也。'庄子之言未终，而昧者劓之[10]，以入其言尔。"东坡之识见至矣，尽矣。故其《祭徐君猷》文云："争席满前，无复十浆而五馈。"用为一事。今之庄周书《寓言》第二十七，继之以《让王》《盗跖》《说剑》《渔父》，乃至《列御寇》为第三十二篇，读之者可以涣然冰释也。

予案，《列子》书第二篇内首载御寇馈浆事数百言，即缀以杨朱争席一节，正与东坡之旨异世同符，而坡公记不及此，岂非作文时偶忘之乎！

陆德明《释文》："郭子玄云，一曲之才，妄窜奇说[11]，若《阏弈》《意修》之首，《危言》《游凫》《子胥》之篇，凡诸巧杂，十分有三。《汉·艺文志》《庄子》五十二篇，即司马彪、孟氏所注是也，言多诡诞[12]，或似《山海经》，或类占梦书，故注者以意去取，其《内篇》众家并同。"予参以此说，坡公所谓昧者，其然乎？《阏弈》《游凫》诸篇，今无复存矣。

·注释·

①诋訾：诋毁。

②真若：真的像，的确像。

③皆浅陋不入于道：都很浅薄简陋，与道家思想不相合。

④阳子居：即杨朱，字子居，战国时期魏国人。他的学说核心

是爱己，拔一毛而为天下利亦不为也，所以遭到儒家的贬斥，被儒家学说斥为异端。

⑤公执席：男主人拿着席子，请他坐在席子上。

⑥妻执巾栉：女主人则恭恭敬敬地拿来漱洗的毛巾、梳子等用品。巾栉，巾和梳篦，泛指盥洗用具。

⑦舍者避席：许多本来的客人都赶紧离席而去。

⑧炀者避灶：烤火的人也都离开灶膛而去。炀，烤火。

⑨反：通“返”，返回。

⑩昧者剿之：蒙昧无知的人将它（杨朱的话语）割裂开来。剿，将别人的话语作为自己的。

⑪妄窜奇说：任意窜改前人的文章，发表一些离奇的观点。

⑫诡诞：荒诞怪异。

苏东坡先生曾写了一篇《庄子祠堂记》，辨明庄子并不是诋毁孔子。他说：“我曾怀疑《盗跖》与《渔父》二篇的确像是诋毁孔子的，至于《让王》《说剑》二篇则结构松散，文辞浅陋，其思想与庄子的道家思想格格不入，显系伪作。我经过反复的阅读、揣摩，发现《寓言》篇的结尾说：‘阳子居（即杨朱，字子居）向西游历秦国，半道上遇见老子。当他到达沛城的时候，馆舍的客人出来迎接他到客舍；男主人拿着席子侍候他坐下休息；女主人则送来梳洗用品，毕恭毕敬；有的客人连忙离席而去；烤火的人也离开灶台悄悄溜走。当阳子居从沛地返回时，馆舍的客人们都同他随意争席而坐，不分彼此了。’下面如果去掉《让王》《说剑》《渔父》《盗跖》四篇，直接与《列御寇》的首段相接，文意是非常通顺的。《列御寇》的第一段说：‘列御寇前往齐国，半道就返回来了’，说：‘我碰到了令人惊异的事情，我曾在十家茶馆喝茶，竟有五家争先把茶水送上来。'经过揣摩，我恍然大悟，不禁说道：'这本来就是同一篇的内容。'庄子的话还没有说完，蒙昧无知的人就将它强行割裂开来，以便插入自己的作品。"

苏东坡的见解实在是太高明，太周全了。所以，他的《祭徐君猷》文说："人人争先恐后地抢占座位，不再有到十家吃饭而五家抢先上菜的情景。"将杨朱和列御寇的事用作一件事。今天看到的《庄子》中，《寓言》为第二十七篇，接着是《让王》《盗跖》《说剑》《渔父》四篇，《列御寇》被列为第三十二篇，阅读时隔过中间四篇，将《寓言》与《列御寇》两篇直接连在一起读，就会感到许多疑点都涣然冰释，不复存在。

在《列子》第二篇中，先记载了列御寇被店家先行馈饷饮品的事，竟用了数百字，紧接着便记述杨朱争席一事，正好与苏东坡的意思完全相同，尽管两人的时代相差一千余年。不过，在苏东坡的文章中只字未提《列子》的记载，莫非是写文章时偶然忘记了吗？

陆德明的《经典释文》载："郭子玄说，个别有点歪才的学者，不知天高地厚，竟然在《庄子》中大量掺假，如《阏弈》《意修》二篇的开头，和《危言》《游凫》《子胥》等篇中，被巧妙地掺入的伪作，竟有十分之三以上。《汉书·艺文志》说《庄子》有五十二篇，也就是司马彪和孟氏所注的那个本子，语言多有诡诞之处，有些像是《山海经》，有些像是占梦书，因此，作注的人根据自己的见解随意取舍，只有《庄子》的《内篇》，各家都是一样的。"我参考了这种说法，苏东坡先生所说的愚昧无知之人，莫非指的就是这些人？《阏弈》《游凫》等篇，今天已经不复存在了。

卷十三

科举恩数

原文

国朝科举取士，自太平兴国以来，恩典始重。然各出一时制旨，未尝辄同，士子随所得而受之，初不以官之大小有所祈诉也。太平之二年，进士一百九人，吕蒙正以下四人得将作丞，余皆大理评事，充诸州通判[①]。三年，七十四人，胡旦以下四人将作丞，余并为评事，充分判及监当。五年，一百二十一人，苏易简以下二十三人皆将作丞通判。八年，二百三十九人，自王世则以下十八人，以评事知县，余授判司簿尉。未几，世则等移通判，簿尉改知令录。明年，并迁守评事。雍熙二年，二百五十八人，自梁颢以下二十一人，才得节察推官。端拱元年，二十八人，自程宿以下，但权知诸县簿尉。二年，一百八十六人，陈尧叟、曾会至得光禄丞、直史馆，而第三人姚揆，但防御推官。淳化三年，三百五十三人，孙何以下，二人将作丞，二人评事[②]，第五

人以下，皆吏部注拟。咸平元年，孙仅但得防推。二年，孙暨以下，但免选注官。盖此两榜，真宗在谅闇，礼部所放，故杀其礼。及三年，陈尧咨登第，然后六人将作丞，四十二人评事；第二甲一百三十四人，节度推官、军事判官；第三甲八十人，防团军事推官。

·注释·

①通判：官名。在知府下掌管粮运、家田、水利和诉讼等事项。

②评事：官名。隋炀帝置，大理寺的属员。秩正九品，掌同司直，出使推按，参决疑狱，隋员额四十八。唐、宋沿设，减为十二，唐掌出使推按，秩从八品下，宋改为正八品，与司直详断疑案。民国北洋军阀统治时期办理行政诉讼案件的平政院，设评事十五人，系简任官，掌审理案件。

·译文·

我大宋朝以科举取士，从太宗太平兴国以后，恩典开始日益受到重视。然而，这些恩典都是出于皇帝一时的谕旨，从来没有完全一样的。起初，士人们考中后朝廷授予什么官职，他们就接受什么官职，并不计较官位的高低。太平兴国二年（公元977年），取恩科进士一百零九人，吕蒙正以下的四人被授予将作丞之职，其余的人都被授予大理评事一职，充任诸州通判。三年，取进士七十四人，胡旦以下四人授将作丞，其余的人都授大理评事，充各州通判及监当。五年，取一百二十一人，苏易简以下二十三人都授将作丞、通判。八年，取二百三十九人，从王世则以下的十八人都以评事的身份任知县，其他的人都授判司簿尉。不久，王世则等升任通判，司簿尉改为知令录。次年，这些知令录们都被破格提升为守评事。雍熙二年（公元985年），取二百五十八人，自梁颢以下二十一人，仅被授为节察推官。端拱元年（公元988年），取二十八人，从程宿以下，都仅被授为权知诸县簿尉。二年，取一百八十六人，名列前茅的陈尧叟、曾会至被授为光禄丞、直史馆，而第三名姚揆仅被授为防御推官。淳化三年（公元992年），取进士三百五十三人，孙何以下，有两人授将作丞，二人授评事，从第五名以后，都由吏部负责登记，俟后安排。真宗咸平元年（公元998年），孙仅作为第一名仅被授为防御推官。二年，从孙暨以下，仅得免选入官罢了。大概当时真宗守表尚未亲政，这两榜都是由礼部所放，因而大大降低了规格。到了咸平三年，陈尧咨登第，在他之后有六人授将作丞，四十二人授评事；第二甲一百三十四人，都授节度推官、军事判官；第三甲八十人，都授防团军事推官。

贞元制科

原文

唐德宗贞元十年，贤良方正科十六人，裴垍为举首，王播次之，隔一名而裴度、崔群、皇甫镈继之。六名之中，连得五相，可谓盛矣！而邪正敻不侔[①]。度、群、同为元和宰相，而镈以聚敛贿赂亦居之，度、群极陈其不可[②]，度耻其同列，表求自退[③]，两人竟为镈所毁而去。且三相同时登科，不可谓无事分，而玉石杂糅[④]，薰莸同器[⑤]，若默默充位，则是固宠患失，以私

妨公，裴、崔之贤，谊难以处也。本朝韩康公、王岐公、王荆公亦同年联名，熙宁间，康公、荆公为相，岐公参政，故有“一时同榜用三人”之语，颇类此云。

·注释·

①不侔：不相等，不等同，引申为不可比较，不能同日而语。

②极陈其不可：极力向皇上呈说他不可用。陈，陈请，陈说。

③表求自退：上表请求离职归隐。表，上书，上表。

④玉石杂糅：美玉和石头混杂在一起。

⑤薰莸同器：香花和臭草放在同一个器皿里。薰，一种香草，又泛指花草的香气。莸，一种有臭味的草。

·译文·

唐德宗贞元十年，考中贤良方正科的有十六人，其中裴垍为第一名，王播次之，裴度、崔群、皇甫镈分别居第四、第五、第六名。在前六名中，竟然有五人先后担任宰相，可谓是古今罕见的盛事！而五人的忠奸正邪却不可同日而语。裴度、崔群同在宪宗元和年间任宰相，而皇甫镈凭借横征暴敛和贿赂也被任命为宰相，裴、崔二人极力向皇帝劝说此人不可重用，却没有被接受。裴度耻于同皇甫镈共事，因而上表请求辞职，最后两人因为受到皇甫镈的诋毁而离开相位。裴度、崔群、皇甫镈三位宰相同时登科，不可谓没有情分，然而玉石杂糅，薰莸同器，如果默默地填充着相位，则是贪恋富贵，明哲保身，为私害公，以裴、崔之贤，是不可能这样做的。大宋朝的韩康公（即韩绛）、王岐公（即王圭）、王荆公（即王安石）三人也是同年登科的，神宗熙宁年间，韩康公、王荆公任宰相，王岐公任参知政事，因此当时有“一时同榜用三人”的说法，这种情况与唐宪宗元和年间的事非常相似。

金花帖子

原文

唐进士登科，有金花帖子，相传已久，而世不多见[①]。予家藏咸平元年孙仅榜[②]盛京所得小录，犹用唐制，以素绫为轴，贴以金花，先列主司[③]四人衔，曰：翰林学士给事中杨，兵部郎中知制诰李，右司谏直史馆梁，秘书丞直史馆朱，皆押字。次书四人甲子，年若干，某月某日生，祖讳某，父讳某，私忌[④]某日。然后书状元孙仅，其所纪与今正同。别用高四寸绫，阔二寸，书“盛京”二字，四主司花书于下，粘于卷首，其规范如此，不知以[⑤]何年而废也。但此榜五十人，自第一至十四人，惟第九名刘烨为河南人，余皆贯开封府，其下又二十五人亦然。不应都人士中选若是[⑥]之多，疑亦外方人寄名托籍，以为进取之便[⑦]耳。四主司乃杨砺、李若拙、梁颢、朱台符，皆只为同知举。

①而世不多见：而当今世上却很少有人能看到原件。

②榜：科举考试中榜。

③主司：主考官。

④私忌：私家的忌日。指父母及祖父母、曾祖父母死去的日期。

⑤以：到。

⑥若是：如此，这么。

⑦便：方便，便利。

译文

在唐朝，进士登科后都要得到一本精美的金花帖子，此制相传已久，而当今世上却很少能够看到原件。我家收藏有宋真宗咸平元年（公元998年），孙仅在盛京（指北宋东京开封）考中时所得的小录，它仍然使用唐制，以白绫为轴，上贴金花，先列四位主考官的头衔，即：翰林学士给事中杨，兵部郎中知制诰李，右司谏直史馆梁，秘书丞直史馆朱，每个人都签署自己的名字。接着写的是四位主考官的年龄，某月某日生，祖父名字，父亲名字，私忌某日。然后写状元孙仅，所记的内容与现在的完全相同。另外，又用一张长四寸、宽二寸的绫子，上写“盛京”两个大字，下面是四位主考的花书，然后将它粘贴在帖子的卷首。金花帖子的规范就是这样，不知从哪一年开始被废除了。但是，此榜的五十个人中，从第一到第十四名，除第九名刘烨是河南府（今河南洛阳）人之外，其余的籍贯都是东京开封府。从第十五名以后，又有二十五人的籍贯是开封府。京师士人考中的竟如此之多，显而易见是不合情理的，估计有不少外地士人寄名托籍，假称是京城人，以便于在仕途上发展。帖子上的四位主考官是：杨砺、李若拙、梁颢、朱台符，当时都任同知举。

物之小大

原文

列御寇[1]，庄周大言小言，皆出于物理之外[2]。《列子》所载“夏革曰：渤海之东，几亿万里，有大壑焉，实惟无底之谷。中有五山，高下周旋三万里[3]，山之中间相去七万里，而五山之根无所连着。帝使巨鳌[4]十五举首而戴之，叠为三番，六万岁一交[5]焉。而龙伯之国有大人[6]，举足不盈数千而暨[7]山所，一钓而连六鳌，合负而趣归其国。于是岱舆、员峤二山，沉[8]于大海。”张湛注云：“以高下周围三万里山，而一鳌头之所戴，而六鳌复为一钓之所引，龙伯之人能并而负之。计此人之形当百余万里，鲲鹏方之[9]，犹蚊蚋蚤虱耳。太虚之所受，亦奚所不容哉!”《庄子·逍遥游》，首著鲲鹏事云：“北冥有鱼，其名为鲲。鲲之大，不知其几千里也；化而为鸟，其名为鹏。鹏之徒[10]于南冥，水击三千里，抟[11]扶摇而上者九万里。”二子之语大若此。

至于小言，则《庄子》谓：“有国于蜗之左角，曰触氏，右角曰蛮氏，相与争地而战，伏尸数万，逐北旬有五日而后反[12]。”《列子》曰：“江浦之间生么虫[13]，其名曰焦螟，群飞而集于蚊睫[14]，弗相触也，栖宿去来[15]，蚊弗觉也。黄帝与容成子[16]同斋三月，徐以神视[17]，块

然见之，若嵩山之阿[18]，徐以气听，砰然闻之[19]，若电霆之声。”二子之语小如此。释氏维摩诘长者居丈室[20]而容九百万菩萨并狮子座，一芥子之细而能纳须弥[21]。皆一理[22]也。张湛不悟其寓言，而窃窃然以太虚无所不容为说，亦隘矣！若吾儒《中庸》之书，但云：“天地之大也，人犹有所憾[23]，故君子语大，天下莫能载焉；语小，天下莫能破焉。”则明白洞达，归于至当[24]，非二氏之学一偏所及也。

·  ·

①列御寇：即列子，东周至战国时期郑国人，他安于贫寒，不求名利，不进官场，隐居郑地，潜心著书。列子继承了老子的学说，又加以发扬光大。庄子在《逍遥游》中说，列子可以“御风而行”，常“乘风游八荒”。他主张贵虚，流传下的有《列子》一书。

②皆出于物理之外：都出于事物的常理之外。

③高下周旋三万里：高低方圆各有三万里。

④巨鳌：巨龟。

⑤六万岁一交：每六万年一次交班。

⑥大人：巨人。

⑦暨：到达。

⑧沉：陷落。

⑨鲲鹏方之：鲲鹏与之（龙伯国巨人）相比。

⑩徙：迁徙。

⑪抟：凭借。

⑫逐北旬有五日而后反：战胜一方深入敌境，大概半个月才能

撤兵返回。北，败北，失败。旬，一旬为十日。有，通“又”。反，通“返”，返回。

⑬么虫：小虫子。

⑭群飞而集于蚊睫：成群的焦螟一起飞到蚊子的睫毛上。

⑮栖宿去来：在蚊子的睫毛上栖息过夜，来回飞舞。

⑯容成子：古代传说中的仙人，据说是指导黄帝学习养生术的老师之一。

⑰徐以神视：平心静气、屏住呼吸凝神观察。

⑱若嵩山之阿：像嵩山下的丘陵。

⑲砰然闻之：听到砰砰的声音。

⑳释氏维摩诘：佛教徒维摩诘。丈室：一丈见方的屋子。

㉑须弥：佛教用语，须弥山。佛教说，世人所住的世界中心是一座大山，叫须弥山。

㉒皆一理：都是同样的道理。

㉓憾：觉得缺憾，不满足。

㉔归于至当：十分恰当。

·译文·

列御寇和庄子所说的“大”与“小”，都出于事物的常理之外。《列子》载“夏革对商汤说：渤海之东不知其几亿里的地方，有个大沟，实际上就是一个无底之谷。谷中有五座山，高低方圆各有三万里，每座山之间相距七万里，这五座大山的根基都无所依托。天帝派十五只巨龟举首顶戴五山。这些龟分为三班轮流托山，每六万年一换班。而龙伯之国有个巨人，抬脚不到数十步就来到五大山的所在地，下一次钩竟钓起六只巨龟，然后将它们拢在一起扛回本国。于是五大山中的岱舆、员峤二山从此沉入大海。”张湛注释说：“一

座高低方圆达三万里的大山，竟被一只巨龟用头轻而易举地顶托着，而力能托山的六只巨龟却又被一钩钓出，然后并在一起扛走。由此估算，龙伯之国巨人的身材当有一百余万里，鲲鹏与之相比，简直就像蚊蚋蚤虱一样。看来太虚（指深玄之理）之所受，也可谓是无所不容!”《庄子·逍遥游》记述鲲鹏的事说：“北方的海中有一种大鱼，它的名字叫鲲。鲲之大，不知道有几千里；变为鸟后，名叫鹏。当鹏向南海迁徙时，扇动翅膀，击水达三千余里；盘旋而上，离地达九万里。”列子和庄子所说的“大”，竟有如此之大。

至于说“小”，则《庄子》称：“在蜗牛壳的左角有个小国，名叫触氏，在右角也有个小国名叫蛮氏，两国为了争夺地盘而爆发战争，以致伏尸数万。得胜的一方穷追猛打，长驱直入，深入敌境半个月后才撤兵回返。”《列子》说：“江浦之间有一种小虫，它的名字叫焦螟。大群的焦螟落脚于蚊子的一根眼睫毛上，谁也不会碰着谁。它们飞来飞去，在蚊子的睫毛上休息、过夜，蚊子也毫无感觉。黄帝和容成子一起斋戒三个月，然后平心静气地凝神观察，清晰地看见了焦螟，就像是嵩山下的大丘陵一样；他们又平心静气地凝神倾听，听到了焦螟发出的“砰、砰”之声，就像是震耳欲聋的霹雷一样。”庄子和列子所说的“小”，竟小到这种程度。佛教徒维摩诘长者自居的斗室却可容纳九百万尊菩萨及其狮子座，一粒芥子那样小的地方竟能容纳须弥那样的高山，其道理都是一样的。张湛不明白列子的寓言中所包含的深刻哲理，却喋喋不休地说什么太虚无所不容，真是太狭隘、太没有见识了！至于我们儒家经典《中庸》一书中只是说：“天地是最为广阔的，但是人们还是感到不满意，因此君子所谈论的‘大’，大得天下根本无法容纳；君子所谈论的‘小’，小得天下没有任何东西可以进得去。”这话说得明白透彻，恰如其分，绝不是列子和庄子的偏颇学说所能比拟的。

卷十四

帝王训俭

原文

帝王创业垂统[1]，规[2]以节俭，贻训[3]子孙，必其继世[4]象贤，而后可以循其教，不然，正足取侮笑耳。宋孝武大治宫室[5]，坏高祖所居阴室[6]，于其处[7]起玉烛殿，与群臣观之。床头有土障，上挂葛灯笼、麻蝇拂。侍中袁顗因盛称[8]高祖俭素之德，上不答，独曰："田舍公[9]得此，已为过矣！"唐高力士于太宗陵寝宫，见梳箱一、柞木梳一、黑角篦一、草根刷子一，叹曰："先帝亲正皇极[10]，以致升平[11]，随身服用，唯留此物。将欲传示子孙，永存节俭。"具以奏闻[12]。明皇诣陵，至寝宫，问："所留示者[13]何在？"力士捧跪上，上跪奉，肃敬如不可胜[14]，曰："夜光之珍，垂棘之璧[15]，将何以喻此[16]？"即命史官书之典册[17]。是时，明皇履位[18]未久，历尽为治，故见太宗故物而惕然有感[19]。及侈心一动，穷天下之力不足以副[20]其求，尚何有于此哉？宋

孝武不足责也，若[21]齐高帝、周武帝、陈高祖、隋文帝，皆有俭德，而东昏、天元、叔宝、炀帝之淫侈，浮于桀、纣[22]，又不可以语[23]此云。

·注释·

①垂统：指帝位代代相传。

②规：规劝。

③贻训：先人留下的训诫。

④继世：后辈，后人。

⑤宋孝武：南朝宋孝武帝刘骏。大治宫室：大营宫室，建造宫殿。

⑥阴室：即私室。南朝皇帝死后，以其所居殿为阴室，藏生前衣着等日用物品。

⑦于其处：在这个地方（高祖刘裕的阴室）。

⑧盛称：盛赞，极力称赞。

⑨田舍公：种田的老头。

⑩亲正皇极：亲手匡正做帝王的准则。极，准则。

⑪以致升平：让天下呈现出歌舞升平的景象。

⑫具以奏闻：（高力士）一五一十地将这事向玄宗做了汇报。

⑬所留示者：太宗遗留下来的东西。

⑭肃敬如不可胜：严肃恭敬到了无以复加的地步。

⑮垂棘之璧：垂棘之地的美玉。垂棘，春秋时期晋国的一个地区，以产美玉著称，后借指美玉。

⑯将何以喻此：又怎么能超过这些呢？

⑰书之典册：记录到典册中去。

⑱履位：继承皇位。

⑲惕然有感：受震动，有很深的感触。

⑳副：满足。

㉑若：像。

㉒浮于桀、纣：比桀、纣更甚。

㉓语：谈论。

·译文·

帝王创立基业后，为了使江山牢固，世代相传，总要规劝子孙们过节俭的生活，体恤民情。然而，只有他们的后人比较贤明时，才会遵从前辈的教诲，否则的话，正好是自取侮辱和嘲笑而已。南朝宋孝武帝刘骏大兴土木，建造宫殿，他毁坏了宋高祖刘裕曾居住过的阴室，准备在这里新建玉烛殿。当他与群臣一起去观看时，只见高祖的床头有一道土障，上面挂的是葛条编的灯笼和用麻做的驱蝇掸子。侍中袁顗于是盛赞高祖的俭朴之德，孝武帝并不答话，只是淡淡地说："种田的老头用这些东西，已经太过分了！"唐朝宦官高力士在太宗陵的寝宫中看到梳箱一只、柞木梳子一把、黑角篦子一把、草根刷子一把，感叹地说："太宗皇帝亲手匡正了为帝王的准则，使得天下呈现出一派歌舞升平的景象，而他自己随身所穿所用的，却只留下这些。他是想以此传示子孙，告诫他们永保节俭之德。"高力士将这件事一五一十地向玄宗皇帝做了汇报。唐明皇闻报，马上亲赴太宗陵，到寝宫问太宗所留下的东西在哪儿？高力士手捧这些东西跪着献给玄宗，玄宗跪拜接受，肃敬到了无以复加的程度，并且说："珍奇的夜光宝珠，垂棘的稀世美玉，又怎能比这些更好？”玄宗当即命令史官记载于典册。当时，唐玄宗刚继位不久，雄心勃勃，励精图治，因而见到太宗的遗物后感触良深。及至他的奢侈心一动，即使竭尽天下之财力人力也无法满足其要求，哪里还有一丁点儿对太宗遗物的印象？宋孝武不值得指责，至于像齐高帝、周武帝、陈高祖、隋文帝等，都有节俭的美德，可是他们的后代东昏侯萧宝卷、天元皇帝宇文赟、陈后主叔宝、隋炀帝杨广等人的骄奢淫逸，穷奢极欲，其程度超过了夏桀、商纣，对他们就不必谈什么节俭之德了。

用计臣为相

原文

唐自贞观定制，以省台寺监理天下之务，官修其方[①]，未之或改[②]。明皇因时极盛，好大喜功，于财利之事尤切[③]，故宇文融、韦坚、杨慎矜、王鉷，皆以聚敛刻剥进[④]，然其职不出[⑤]户部也。杨国忠得志，乃以御史大夫判度支，权知太府卿及两京司农太府出纳，是时，犹未立判使之名也。肃宗以后，兵兴费广[⑥]，第五琦、刘晏始以户部侍郎判诸使，因之拜相，于是盐铁有使，度支有判。元琇、班宏、裴延龄、李巽之徒踵相蹑[⑦]，遂浸浸它他官主之[⑧]，权任益重。

宪宗季年，皇甫镈由判度支，程异由卫尉卿盐铁使，并命为相，公论沸腾，不恤也。逮于[⑨]宣宗，率[⑩]由此涂大用，马植、裴休、夏侯孜以盐铁，卢商、崔元

式、周墀、崔龟从、萧邺、刘瑑以度支，魏扶、魏謩、崔慎由、蒋伸以户部，自是计相不可胜书矣。惟裴度判度支，上言调兵食非宰相事，请以归有司[11]，其识量宏正[12]，不可同日语也。

·注释·

①官修其方：政府制定官制的具体方案。官：政府。修，制定。方：方案。

②未之或改：没有修改过。

③切：关切，关注。

④皆以聚敛刻剥进：都因为好聚敛财产、强征赋税而得到重用。刻剥，侵夺百姓。

⑤不出：没有超过。

⑥兵兴费广：战争兴起，所以军备开销很大。

⑦踵相蹑：相继步其后尘。

⑧遂浸浸以它官主之：于是逐渐用其他官员来掌管。

⑨逮于：及至到了。

⑩率：全部。

⑪有司：有关部门。

⑫识量宏正：见识深远，正直宽厚。

·译文·

唐朝从太宗贞观年间确定官制，以省、台、寺、监等机构处理天下的各项事务，政府制订了具体方案，此后没有修改过。唐玄宗时期国家极盛，他自己又好大喜功，因而对钱财之事尤为关切，于是，宇文融、韦坚、杨慎矜、王鉷等都凭聚财刻薄而得以重用，然而其职责范围都没有超出户部。杨国忠得志，乃以御史大夫的身份判度支，权知太府卿及两京司农太府出纳，不过当时还没有立判、使之名。唐肃宗以后，由于战争连绵，费用浩繁，第五琦、刘晏才开始以户部侍郎判诸使，接着又被拜为宰相，从此盐铁有使，度支有判。元琇、班宏、裴延龄、李巽等人又相继步其后尘，于是逐渐用其他的官员来主管财赋之事，权势越来越重。

宪宗末年，皇甫镈以判度支，程异由卫尉卿盐铁使，同时被任命为宰相，引起舆论大哗，但皇帝不予理会，一意孤行。到了唐宣宗时期，宰相全由此途而得，马植、裴休、夏侯孜是以盐铁使，卢商、崔元式、周墀、崔龟从、萧邺、刘瑑是以度支，魏扶、魏謩、崔慎由、蒋伸是以户部长官，从此以后计相不可胜数。只有裴度判度支时，对皇帝说调军粮并非宰相的分内事，请求把职权归还给有关部门。裴度的正直与远见卓识，其他众人与之相比，真是不可同日而语。

陈涉不可轻

原文

《扬子[1]法言》："或问陈胜、吴广，曰：'乱。'曰：'不若是则秦不亡。'曰：'亡秦乎？恐秦未亡而先亡矣。'"李轨以为："轻用其身，而要乎非命之运，不足为福先，适足以为祸始。"予谓不然。秦以无道毒天下，六王皆万乘之国，接踵灭亡，岂无孝子慈孙、故家遗俗？皆奉头鼠伏。自张良狙击之外，更无一人敢西向窥其锋者。陈胜出于戍卒，一旦奋发不顾，海内豪杰之士，乃始云合响应，并起而诛之。数月之间，一战失利，不幸殒命于御者之手。身虽已死，其所置遣侯王将相竟亡秦。项氏之起江东，亦矫称陈王之令而渡江。秦之社稷为墟，谁之力也？且其称王之初，万事草创，能从陈馀之言，迎孔子之孙鲋为博士，至尊为太师，所与谋议，皆非庸人崛起者可及，此其志岂小小者哉！汉高帝为之置守冢于砀，血食二百年乃绝。子云指以为乱，何邪？若乃杀吴广，诛故人，寡恩忘旧，无帝王之度，此其所以败也。

·注释·

①扬子：即杨雄，（公元前53—公元18年）一作“扬雄”，字子云，西汉蜀郡成都（今四川成都郫城友爱镇）人，汉族。西汉学者、辞赋家、语言学家。杨雄少时好学，博览多识，酷好辞赋。口吃，不善言谈，而好深思。家贫，不慕富贵。

·译文·

西汉《杨雄法言》中说：“有人问陈胜、吴广是什么样的人，我的回答是：‘乱臣。’对方又说：‘但如果他们不首先起事，那么残暴的秦朝就不会灭亡。’我说：‘灭亡秦朝吗？恐怕秦朝未灭而他们自己就已经死了。’”隋朝的李轨认为：“陈胜和吴广在时机尚未成熟的情况下，轻举妄动，铤而走险，不但不能为人民带来幸福，相反却造成了深重的灾难。”我的看法与杨雄、李轨有别。无道的秦朝残害天下，涂炭生灵，原来的齐、楚、燕、韩、赵、魏等六国也都是实力雄厚的大国，却接踵为暴秦所灭，难道这六国的人都没有孝子贤孙和家族传统吗？为什么都恭恭敬敬地拜伏在秦人的脚下呢？除了韩国的张良曾在博浪沙狙击过秦始皇之外，竟没有一个人敢于挑战秦王朝。陈胜只是一个普普通通的老百姓，微不足道的小戍卒，一旦奋不顾身地揭竿而起，天下的英雄豪杰才开始云集响应，共同伐秦。数月之间，因一战失利。陈胜不幸被车夫所杀。虽然死了，但是他所任命和派出的王侯将相最终却推翻了秦朝。项梁和项羽在江东起兵后，也是假借陈王的命令渡过长江的。秦朝的残暴统治被推翻，这究竟是谁的功劳呢？难道不主要是陈胜、吴广的功劳吗？而且，陈胜称王新中国成立之初，万事草创，忙得焦头烂额，却能听从陈馀的话，迎立孔子的后人为博士，以至尊奉他为太师，他们在一起所商议的事情，绝非平庸之辈崛起后所能想到和做到的。就凭这一点，难道不足以说明陈胜的志向之远大吗？汉高祖刘邦为他在砀县设置守冢户，使他享用祭祀达二百年才告断绝。杨雄指斥陈胜为乱臣，不知是何缘故？至于杀吴广，诛杀老朋友，寡恩少义，忘记旧情，缺乏帝王的度量，这才是陈胜之所以失败的真正原因。

卷十五

李林甫　秦桧

原文

李林甫[1]为宰相，妒贤嫉能，以裴耀卿、张九龄在己上，以李适之争权，设诡计去之。若其所引用，如牛仙客至终于位，陈希烈及见其死，皆共政六七年。虽两人伴食谄事，所以能久，然林甫以忮心贼害，亦不朝愠暮喜，尚能容之。秦桧则不然，其始也，见其能助我，自冗散小官，不三二年至执政。史才由御史检法官超右正言，迁谏议大夫，遂签书枢密。施钜由中书检正、郑仲熊由正言，同除权吏部侍郎。方受告正谢，施即参知政事，郑为签枢。宋朴为殿中侍御史，欲骤用之，令台中申称本台缺检法主簿，须长贰乃可辟。即就状奏除侍御史，许荐举，遽拜中丞，谢日除签枢，其捷如此。然数人者不能数月而罢。

①李林甫：（？—752年）唐玄宗李隆基时著名奸相。善音律，无才学，会机变，善钻营。出身于李唐宗室，是李渊叔伯兄弟李叔良的曾孙。

译文

唐朝的李林甫任宰相，妒贤嫉能，因为宰相裴耀卿和张九龄的资历在他之上，左相李适之与自己争权，他就设诡计把这些人都挤离相位。至于李林甫自己所荐用的官员，如牛仙客最终死于任上，陈希烈直到李林甫死时仍在做官，他们都与李共事达六七年之久。虽然牛、陈二人时常陪吃献媚，曲意逢迎，以至能久保禄位，然而在另一方面，这也是由于李林甫虽然以嫉妒之心残害贤能，却并不朝三暮四，因而尚能长期容忍他们。本朝的秦桧则不然，一开始，他如果发现谁可以为自己卖命，不出三两年的工夫，就可以将此人从一个不为人知的闲散小官，越级提拔为执政大臣。如史才由御史检法官跳过右正言一级直接升任谏议大夫，紧接着就任签书枢密院事。施钜由中书检正、郑仲熊由正言，一同被破格提拔为权吏部侍郎。正当他们受命谢恩时，施钜被任命为参知政事，郑仲熊被任命为签书枢密院事。宋朴本是殿中侍御史，秦桧想尽快提拔他，便授意御史台提出建议，说本台缺少检法主簿，只

有本台的正副长官才可以推荐人选。秦桧随即趁御史台的建议呈上之机，向皇帝建议任命宋朴为御史，宋朴所荐举的人选也就被顺利通过。很快，宋朴又被任命为御史中丞，谢恩之日又被委任为签书枢密院事。在如此之短的时间内，宋朴竟连升数级，其速度之快，着实令世人惊讶不已。然而，这些人没过几个月就被秦桧罢免了。

注书难

原文

注书至难，虽孔安国、马融、郑康成、王弼之解经，杜元凯之解《左传》，颜师古之注《汉书》，亦不能无失。王荆公《诗新经》，“八月剥枣”解云：“剥者，剥其皮而进之，所以养老也。”毛公本注云：“剥，击也。”陆德明音普卜反。公皆不用。后从蒋山郊步至民家，问其翁安在？曰：“去扑枣。”始悟前非。即具奏乞除去十三字，故今本无之。

洪庆善注《楚辞·九歌·东君篇》：“缅瑟兮交鼓，萧钟兮瑶簴。”引《仪礼·乡饮酒》章“间歌《鱼丽》，笙《由庚》。歌《南有嘉鱼》，笙《崇丘》”为比，云：“萧钟者，取二乐声之相应者互奏之。”既镂板，置于坟庵，一蜀客过而见之，曰：“一本萧作熽，《广韵》训为击也。盖是击钟，正与缅瑟为对耳。”庆善谢而亟改之。

政和初，蔡京禁苏氏学，蕲春一士独杜门注其诗，不与人往还。钱伸仲为黄冈尉，因考校上舍，往来其乡，三进谒然后得见。首请借阅其书，士人指案侧巨编数十，使随意抽读，适得《和杨公济梅花十绝》：“月地云阶漫一尊，玉奴终不负东昏。临春结绮荒荆棘，谁信幽香是返魂。”注云：“玉奴，齐东昏侯潘妃小字。临春、结绮者，陈后主三阁之名也。”伸仲曰：“所引止于此耳?”曰：“然。”伸仲曰：“唐牛僧孺所作《周秦行纪》[①]，记入薄太后庙，见古后妃辈，所谓‘月地云阶见洞仙’，东昏以玉儿故，身死国除，不拟负他。乃是此篇所用。先生何为没而不书?”士人怳然失色，不复一语，顾其子然纸炬悉焚之。伸仲劝使姑留之，竟不可。曰：“吾枉用功夫十年，非君几贻士林嗤笑。”伸仲每谈其事，以戒后生。但玉奴乃杨贵妃自称，潘妃则名玉儿也。剥枣之说，得于吴说、傅朋，箫钟则庆擅自言也。绍兴初，又有傅洪秀才注坡词，镂板钱塘，至于“不知天上宫阙，今夕是何年”，不能引“共道人间惆怅事，不知今夕是何年”之句。“笑怕蔷薇罥”“学画鸦黄未就”，不能引《南部烟花录》，如此甚多。

·注释·

①《周秦行纪》：唐朝传奇。旧题牛僧孺撰。故事写迷途的奇遇。篇中以僧孺自述口吻，说他在德宗贞元间举进士落第，经洛阳，将归宛、叶，过鸣皋山时，因暮色苍茫而迷路，忽为异香吸引，夜

入汉文帝母薄太后庙的传奇故事。以虚构故事写艳遇，唐人小说并不罕见，但本篇涉及当朝妃子，故与众不同。作品情节简单，人物刻画着墨不多。

为前人的书籍作注释是件很难的事，即使是像孔安国、马融、郑康成、王弼这样的巨儒解释经书，杜元凯解《左传》，颜师古注释《汉书》，也难免有差错。在荆国公王安石所做的《诗新经》中，“八月剥枣”一句中的“剥”字被解释为：“剥，剥掉枣皮然后进献，其目的是为了敬养老人。”而毛公本《诗经》的注释说：“剥，即击打。”陆德明的《经典释文》说：“剥，音普卜反。”但是，王安石对这些说法都弃之不用。后来有一天，他随蒋山到郊外散步时，路过一户民家，见男主人不在家，便问他去哪儿了？家人回答：“去扑枣了。”王安石这才知道此前自己搞错了，于是上奏朝廷，请求删去自己所解释的那十三个字，所以现在的版本没有这句话。

洪庆善为《楚辞·九歌·东君篇》“緪瑟兮交鼓，萧钟兮瑶簴。”一句作注时，引用《仪礼·乡饮酒》一章中“其间歌唱《鱼丽》，笙奏《由庚》。演唱《南有嘉鱼》，笙奏《崇丘》。”两句作比，说：“萧钟就是从这两种乐器中选取两种声音和谐的，合作演奏乐曲。”书版刻好后，放置在坟庵，有一位路过的蜀人看见后说：“还有一种版本‘萧’字作‘攕’，《广韵》解释此字的意思是击。也就是击钟，正好与緪瑟相对应。”洪庆善非常感激，当即更正过来。

徽宗政和初年，奸臣蔡京下令禁绝苏轼的著作，不许人们传看学习，可是蕲春却有一位学者闭门谢客，专心注释苏轼的诗，几乎断绝与人的来往。钱伸仲任黄冈市尉时，因为考试太学生，多次往来于其乡，先后拜访了三次才见到那位学者。钱伸仲首先请求借阅

其所注的书，学者指着案边的数十大本书稿，让他随意抽读，钱伸仲正好抽得《和杨公济梅花十绝》，其中：“月地云阶漫一尊，玉奴终不负东昏。临春结绮荒荆棘，谁信幽香是返魂。”几句的注释说：“玉奴，南朝齐东昏侯萧宝卷潘妃的小名。临春和结绮，乃南朝陈后主三阁的名称。”钱伸仲问：“您所引用的资料只有这些吗？”学者回答：“是的。”钱伸仲说：“唐朝宰相牛僧孺所著的《周秦行记》记载他进入西汉的薄太后庙，看到了古代后妃们栩栩如生的形象，也就是所谓‘月地云阶见洞仙’，东昏侯因玉儿，身死国灭，玉儿由此暗下决心绝不背叛他。这才是此诗所用的典故。先生为何将之埋没不写呢？”学者闻听怃然失色，一句话也不说，只是示意儿子将书稿付之一炬。钱伸仲极力劝说将书稿暂且留下，但学者坚决不听。他说：“我白下了十年工夫，如果不是遇见你，我几乎要给天下的读书人留下笑柄。”钱伸仲经常提起此事，以警示后人。但是，可能他也不知道，玉奴乃是唐朝杨贵妃的自称，玉儿则是东昏侯潘妃的名字。剥枣的说法，得于吴说、傅朋，箫钟则是洪庆善自己的“创见”。高宗绍兴初年，又有一位名叫傅洪的秀才为苏东坡的词作注，最后在钱塘刻板印刷，注释者甚至在“不知天上宫阙，今夕是何年？”两句之下，不能引用“共道人间惆怅事，不知今夕是何年”两句。在“笑怕蔷薇罥”“学画鸦黄未就”下，不知引用《南部烟花录》，像这样的例子还有很多，是举不胜举的。

卷十六

唐朝士俸微

原文

唐世朝士俸钱至微[1]，除一项之外，更无所谓料券、添给之类者。白乐天为校书郎，作诗曰："幸逢太平代，天子好文儒。小才难大用，典校在秘书。俸钱万六千，月给亦有余。遂使少年心，日日常晏如。"及为翰林学士，当迁官，援姜公辅故事，但乞兼京兆府户曹参军，既除此职，喜而言志，至云："诏授户曹掾，捧诏感君恩。弟兄俱簪笏，新妇俨衣巾。罗列高堂下，拜庆正纷纷。喧喧车马来，贺客满我门。置酒延贺客，不复忧空樽。"而其所得者，亦俸钱四五万，廪禄二百石而已。今之主簿、尉，占优饫[2]处，固有倍蓰于此者矣，亦未尝以为足，古今异宜，不可一概论也。杨文公在真宋朝为翰林学士，而云："虚忝甘泉之从臣，终作若敖之馁鬼。"盖是时尚为鲜薄，非后来比也。

·注释·

①至微：很少的意思。

②优饫：富庶的意思。

·译文·

唐朝朝官的俸钱非常低微，除固定的俸钱外，根本没有那些所谓的料券、添给之类的额外收入。白居易担任校书郎时，曾作诗说："幸逢太平代，圣上好文儒。小才难大用，典校在秘书。俸钱万六千，月给亦有余。遂使少年心，日日常晏如。"到他担任翰林学士时，在升此官前，曾援引姜公辅以朝官兼任外官的故事，只向皇上请求兼任京兆府户曹参军一职，以增加自己的收入。皇帝任命他担任此职后，他非常高兴，写诗道："诏授户曹掾，捧诏感君恩。弟兄俱簪笏，新妇俨衣巾。罗列高堂下，拜庆正纷纷。喧喧车马来，贺客满我门。置酒延贺客，不复忧空樽。"然而，他每年增加的收入，实际上也不过四五万俸钱，二百石禄米罢了。今天的小官主簿、县尉，只要是在富庶之地为官，其收入都会三倍、五倍于白居易的俸禄，但他们仍然不知足。可见，古今官吏俸禄制度有很大的不同，不可一概而论。真宗时，杨文公曾担任翰林学士之职，他说："虚忝甘泉之从臣，终作若敖之馁鬼。"大概当时官员的俸禄还相当微薄，与现在是无法相比的。

酒肆旗望

原文

今都城与郡县酒务，及凡鬻酒之肆，皆揭大帘于外，以青白布数幅为之，微者随其高卑小大，村店或挂瓶瓢，标帚秆，唐人多咏于诗，然其制盖自古以来矣，《韩非子》[①]云：“宋人有酤酒者，斗概甚平，遇客甚谨，为酒甚美，悬帜甚高，而酒不售，遂至于酸。”所谓悬帜者此也。

注释

①《韩非子》：韩非子（约公元前 280—前 233 年），战国晚期韩国（今河南新郑）人，汉族，是中国古代著名的哲学家、思想家和散文家，法家思想的集大成者，世称“韩非子”。今存《韩非子》五十五篇。

译文

现今在都城和郡县的酒店，以及所有卖酒的店铺，一般都在门外挂一幅大帘，大帘由数幅青布或白布做成，小店的幌子高低大小随意，而那些乡村小酒店有挂酒瓶的、有挂酒瓢的，还有用扫帚秆做标志的，唐朝人的诗文对此多有反映。这种规矩大概自古以来就有，《韩非子》中说："宋国有个卖酒的人，酒具中盛的酒很满，对待客人也很殷勤，所造的酒非常香醇，门外的旗帜挂得也很高，可是他的酒却卖不出去，以至于都腐败变酸了。"其中所说的悬挂旗帜，正是酒幌子。

贤宰相遭谗

原文

一代宗臣①，当代天理物之任②，君上委国而听之③，固为社稷之福，然必不使邪人④参其间乃可，不然必为所胜。姑以唐世及本朝之事显显著言之，若褚遂良、长孙无忌之遭李义府、许敬宗，张九龄之遭李林甫是已。裴晋公⑤相宪宗，立淮、蔡、青、郓之功，唐之威令纪纲，既坏而复振，可谓名宰矣。皇甫镈一共政，则去不旋踵，追穆、敬、文三宗，主既不明，而元稹、李逢吉、宗闵更撼⑥之，使不得一日安厥⑦位。赵韩王以佐命元勋，而为卢多逊所胜⑧，寇莱公为丁谓所胜，杜祁公、韩、范为陈执中、贾昌朝所胜，富韩公为王介甫所胜，范忠宣为章子厚所胜，赵忠简为秦桧之所胜，大抵皆然也。

①宗臣：有名望的大臣。

②当代天理物之任：应当代替上天将治理国家当作自己的责任。

理物，治理国家。

③听之：给予他们充分的信任，同“听之任之”。

④邪人：奸佞小人。

⑤裴晋公：晋国公裴度。

⑥撼：摇撼，动摇。

⑦厥：其。

⑧胜：排挤，陷害。

译文

作为一朝有名望的大臣，应当以天下为己任，君主也应当把治理国家的重任委托给大臣并给予他们充分的信任。这样便是国家的福分，但是，君主在任用贤臣时，还必须严禁奸佞小人参与朝政才行，否则，忠臣必然

会被奸佞之臣所排挤。我们姑且以唐朝和宋朝的几个典型事件为例来说明，像唐朝的名臣褚遂良、长孙无忌曾遭到奸臣李义府、许敬宗的陷害，张九龄曾遭到口蜜腹剑的李林甫的陷害就是如此。晋国公裴度曾是唐宪宗时的宰相，对收复被藩镇势力控制的淮、蔡、青、郓等地，立下了汗马功劳，使安史之乱后遭到破坏的政令、纲纪得以重振，真可以称得上是一代名相。但皇甫镈参议朝政后，裴度很快就被排挤出朝廷，到了穆宗、敬宗和文宗时，君主昏庸，元稹、李逢吉、宗闵等人又屡进谗言，使得裴度一日也不得安宁。我朝这类事也不少，如开国元勋韩王赵普遭卢多逊谗言；寇准遭丁谓的陷害，杜衍、韩琦、范仲淹遭陈执中、贾昌朝的谗言，富韩公遭王安石的排挤，范纯正遭章子厚的排挤，赵鼎遭秦桧的陷害等，大概都是如此。

容斋三笔

卷　一

武成之书

原文

孔子言："周之德，其可谓至德也已矣。三分天下有其二，以服侍[①]殷。"所谓服侍者，美其能于纣之世尽臣道[②]也。而《史记·周本纪》云西伯盖受命[③]之年称王，而断虞芮之讼[④]，其后改法度，制正朔[⑤]，追尊古公、公季为王。是说之非，自唐梁肃至于欧阳、东坡公、孙明复皆尝著论，然其失自《武成》始也。孟子曰："吾于《武成》，取二三策而已矣。"今考其书，云"大王肇基王迹[⑥]，文王诞膺[⑦]天命，以抚方夏[⑧]"，及武王自称曰"周王发"，皆纣尚在位之辞。且大王居邠，尤为狄所迫逐，安有"肇基王迹"之事？文王但称西伯，焉得言"诞膺天命"乎？武王未代[⑨]商，已称周王，可乎？则《武成》之书不可尽信，非止"血流标杵[⑩]"一端也。至编简舛误[⑪]，特其小小者云。

注释

①服侍：五服之内所封诸侯定期朝贡，各依靠数以事天子。也泛指尽臣道。

②美其能于纣之世尽臣道：赞美周能在殷纣王统治时期做到尽臣子的道义。

③西伯：西伯侯，即文王姬昌。受命：受命于天，接受上天任命。

④断：裁断。虞芮之讼：虞国和芮国交界，两国因为田地起了纠纷，争执不下，于是决定去找文王裁定。等到了周国，看见周国人人礼让，虞、芮两国国君惭愧，便让出所争之地，作为公共的疆界。

⑤制正朔：制定历法。

⑥肇基王迹：肇基，刚刚创立基业。王迹，帝王功业。

⑦诞：诞生。膺：服膺，禀受。

⑧方夏：华夏四方。

⑨代：取代，覆灭。

⑩血流标杵：形容战争的惨烈，征战双方直杀得血流成河，连盾牌都漂了起来。出自于《尚书·武成》："会于牧野，罔有敌于我师，前徒倒戈，攻于后以北，血流漂杵。"主要讲述武王伐纣、征战于牧野的情景。

⑪编简：书籍编纂。舛误：错误。

孔子说："周朝的道德，可说是最高的道德境界了。三分天下拥有了其中的两分，还来服侍殷朝。"这里所说的"服侍"，是赞美周

能在殷纣王统治时期尽力做到臣子的道义。而《史记·周本纪》却说西伯在禀受天命那年就已称王，并开始掌握裁断虞国芮国诉讼的大权，接着修改法律、制度，制定历法，追尊古公亶父、公刘为先王。这种说法的错误，从唐朝梁肃到宋代欧阳修、苏东坡、孙明复都曾著文指出过。然而它的失实是从《武成》这部书开始的。孟子说："我对于《武成》这部书，只取用其中的十分之二三罢了。"现在考察这部书，其中"大王开始奠定王业的根基，文王诞生禀受天命，来安抚华夏四方"，以及武王自称"周武王姬发"等，都是殷纣王尚且还在位时的话。而且大王古公亶父的时候，还常常被戎狄胁迫追逐，哪有"开始奠定王业根基"的事呢？周文王当时只称西伯，怎么能说"诞生禀受天命"呢？周武王还未取代商朝就已经称周王，这可能吗？所以《武成》这部书不可全信，还不只是像"血流标杵"这种一两处失真的记载。至于该书体例编纂的错乱，倒是小问题了。

管晏之言

原文

《孟子》所书："齐景公问于晏子曰[①]：'吾欲观于转附、朝儛，遵海而南，放于琅琊，吾何修而可以比于先王观也？'晏子对曰：'天子诸侯，无非事[②]者。春省耕而补不足，秋省敛而助不给[③]。今也不然。师行而粮

食[4]。从流下而忘返谓之流[5]。从流上而忘返谓之连[6]。从兽无厌谓之荒。乐酒无厌谓之亡。先王无流连之乐，荒亡之行。’景公说[7]，大戒于国。”《管子·内言·戒》篇曰：“桓公将东游，问于管仲曰：‘我游犹轴转斛，南至琅琊。司马曰，亦先王之游已。何谓也？’对曰：‘先王之游也，春出原农事之不本者，谓之游[8]。秋出补人之不足者，谓之夕[9]。夫师行而粮食其民者，谓之亡。从乐而不反者，谓之荒。先王有游夕之业于民，无荒亡之行于身。’桓公退再拜，命曰宝法。”观管、晏二子之语，一何相似，岂非传记所载容有相犯[10]乎？管氏既自为一书，必不误，当更[11]考之《晏子春秋》也。

·注释·

①齐景公：名杵臼，齐灵公子，在位时由名相晏婴辅政。他善于纳谏，在位五十八年，国内治安相对稳定，是齐国执政最长的一位国君。晏子：即晏婴。

②事：处理事务。

③省：检查。耕：耕种。敛：收成。不给：不足，不够。

④师行而粮食：国王出巡，劳师动众，征收出巡所费粮食。

⑤从流下而忘返谓之流：由上游向下游的游玩乐而忘归叫作流。

⑥从流上而忘返谓之连：由下游向上游的游玩乐而忘归叫作连。

⑦说：通“悦”，高兴。

⑧春出原农事之不本者，谓之游：春天出巡考察农事不保本的，叫作游。

⑨秋出补人之不足者，谓之夕：秋天出巡补助缺粮的农户的，

叫作夕。

⑩犯：冲突。

⑪更：再，重新。

《孟子·梁惠王章句下》写道："齐景公问晏子说：'我想到转附（今山东芝罘山）、朝儛（今山东召石山）两个山上去巡游，然后沿着海岸向南行，一直到琅琊（山名，在今山东诸城）。我该怎样才能和过去的圣贤之君的巡游相比拟呢？'晏子答道：'天子和诸侯出巡，没有不和工作相结合的。春天巡视耕种情况，对贫穷农户加以补助；秋天考察收获情况，对缺粮户加以补助。现在可不这样了。国王一出巡，兴师动众，到处筹粮运米。由上游向下游的游玩乐而忘归叫作流，由下游向上游的游玩乐而忘归叫作连，无厌倦地打猎叫作荒，不知节制地喝酒叫作亡。过去的圣贤之君都没有这种流连的游乐和荒亡的行为。'齐景公大为高兴，在都城内大规模做好救济穷人的准备。"《管子·内言·戒》篇说："齐桓公将要到东部去巡游，问管仲说：'我拟巡游的路线是从轴山到斛山，再向南到琅琊。司马说，这也是过去的圣贤之君的巡游呀。为什么这样说呢？'管仲回答：'过去的圣贤之君的巡游，春天出巡考察农事不保本的，叫作游。秋天出巡补助缺粮的农户的，叫作夕。出巡兴师动众，筹措搬运老百姓的粮米的，叫作亡。游玩乐而忘返的，叫作荒。过去的贤圣之君对百姓有游夕的职责，对自身没有荒亡的权利。'齐桓公退堂后又一次礼拜管仲，下令称管仲的意见为宝法。"读管仲、晏子二人的话，是何等的相似！难道不是传记所记载的内容相冲突吗？既然《管子》一书是管仲自己撰写的，一定没有误载他的话，这就应当重新考证一下《晏子春秋》这部书了。

共工氏

原文

《礼记·祭法》《汉书·郊祀志》，皆言共工氏霸九州，以其无录而王[①]，故谓之霸。《历志》则云："虽有水德，在火木之间，非其序也[②]。任知刑以强[③]，故伯而不王。周人矍其行序，故《易》不载。"注言："以其非次故去之。"《史记·律书》："颛顼有共工之陈[④]，以平水害。"文颖曰："共工，主水官也。少昊氏衰，秉政作虐[⑤]，故颛顼伐之。本主水官，因为水行也。"然《左传》郯子所叙黄帝、炎帝五代所名官，共工氏以水纪，故为水师而水名。杜预云："共工氏以诸侯霸有九州者，在神农之前，太昊之后，亦受水瑞，以水名官。"盖其与炎、黄诸帝，均受五行之瑞，无所低昂[⑥]，是亦为王明矣。其子曰后土，能平九州，至今祀以为社。前所纪谓"周人去其行序"，恐非也。至于怒触不周之山，天倾西北，地不满东南，此说尤为诞罔[⑦]。洪氏出于此，本曰"共"，《左传》所书晋左行共华、鲁共刘，皆其裔也。后又推本水德之绪加水于左而为"洪"云。《尧典》所称"共工方鸠僝功"，即舜所流者，非此也。时以名官，故舜命垂为之。

·注释·

①无录而王：没有受命于天，而自己称王。

②非其序也：不符合五行的正常次序。

③任知刑以强：只知道用严酷的刑罚来彰显自己的强大。

④陈：陈述，说明。

⑤秉政作虐：执掌政权，肆意作恶。

⑥无所低昂：没有高下之分。

⑦诞罔：荒诞无稽。

·译文·

《礼记·祭法》和《汉书·郊祀志》两部书上都说共工氏是霸占了九州大地，因为他没有禀受天意的任命而自己称王统治九州，所以称他为“霸”。《历志》则说：“共工虽然有水德，但他的水德在火德和木德的中间，不符合五行的正常次序。共工治九州只懂得用严酷的刑罚来显示自己的强大，不懂得为政以德，所以他只能做到伯的爵位，没能称王。因周朝人变动了共工在五行中的次序，所以《周易》所载诸帝中没有他的名字。”《历志》的注文说：“因为共工不符合五行的次序，所以《周易》去掉了他。”《史记·律书》说：“颛顼帝因为有了水官共工的陈述，才去治理水害的。”文颖则说：“共工是主管水利的官。少昊氏衰败以后，他掌握政权作恶肆虐，所以颛顼帝便兴师讨伐他。他本来是掌管水利的，因此是五行中的水行。”然而《左传》中郯子所叙述的黄帝、炎帝等五帝时代上天所命名的官名中，共工氏因以水治理天下，所以被任命为水师并以水名做官名。杜预说：“共工氏是以诸侯中伯位的身份拥有九州的，次序在神农之前，太昊之后，他也禀受了五行中水的祥瑞吉兆，所以用水的名字做他的官职名。”可见，共工和炎帝、黄帝都禀受过五行的吉兆，没有高下之分，这说明他做过王是很清楚的了。他的儿子叫后土，曾平定过九州，到现在人们还把他作为社神来供奉祭祀。前面《历志》上所说的“周朝人去掉了共工在五行中的排列次序”，恐怕是不对的。至于说共工曾为争夺九州而愤怒地用头去撞不周山，使天向西北倾斜，大地覆盖不住东南方，这种说法就更是荒诞无稽了。“洪”这个姓氏就来源于共工氏，这个姓本来叫作“共”，《左传》中所记载的晋国的左行共华、鲁国的共刘，都是共工氏的后裔。后来人们又推演探究出“共”字的水德本源，便在共字左边添了个“水”字而成为“洪”了。《尚书·尧典》所称颂的“共工在他所统治过的每一个地方，都能集善事以显示他的功德”，也就是虞舜时所流行的说法，这种说法指的不是前面所谈的共工氏是否禀受过五行吉兆的问题。因舜时实行的是对官员的任命制，不再是天授官职了，所以舜任命垂治理地方。

卷　二

汉宣帝不用儒

原文

汉宣帝不好儒，至云俗儒不达时宜[①]，好是古非今，使人眩于名实[②]，不知所守，何足委任。匡衡为平原文学，学者多上书荐衡经明[③]，当世少双，不宜在远方[④]。事下萧望之、梁丘贺。望之奏衡经学精习，说有师道，可观览。宣帝不甚用儒，遣衡归故宫。司马温公谓俗儒诚不可与为治，独不可求真儒而用之乎？且是古非今之说，秦始皇、李斯所禁也，何为而效之邪？既不用儒生而专委中书宦官，弘恭、石显因以擅政事，卒为后世之祸，人主心术，可不戒哉！

注释

①不达时宜：不通人情世故。

②使人眩于名实：使人在浮名与务实的问题上造成迷惑。

③经明：精通经书、明于世故。

④远方：这里指远离首都的偏远地区。

汉宣帝刘询不喜欢儒学，甚至说俗儒不通达人情事理，喜欢歌颂古代、非议当代，让人为浮名与务实的问题所迷惑，不知该坚守什么，他们哪里值得委以重任。匡衡是平原（今属山东）郡的教官，许多学者上书推荐他，认为他精通经书、明于世故，是当世无双的才子，不应该远离京城。汉宣帝让匡衡去辅佐萧望之、梁丘贺。萧望之上奏说匡衡精通经学，他的确可以为师，值得借鉴。但是由于汉宣帝不大重视儒学，最终还是让匡衡回到平原郡了。司马光认为俗儒确实不可以和他谈论治理天下的道理，难道不能寻求真正的儒者来重用吗？何况颂古非今的说法，是秦始皇、李斯禁止儒生时诬蔑他们的，为什么要效法呢？既然不任用儒生，那就只得专门委任中书令、宦官，所以弘恭、石显因此得以擅权，为后世酿成大祸，皇帝作为人主，在考虑治国的方针时，能不以此为戒吗？

刘项成败

原文

汉高帝、项羽起兵之始，相与北面[1]共事怀王。及入关破秦，子婴出降，诸将或言诛秦王。高帝曰：“始怀王遣我，固以能宽容，且人已服降[2]，杀之不祥。”乃以属吏[3]。至羽则不然，既杀子婴，屠咸阳，使人致命于怀王。王使如初约，先入关者王基地[4]。羽乃曰：

“怀王者，吾家武信君[⑤]所立耳，非有功伐，何以得颛主约[⑥]？今定天下，皆将相诸君与籍力也，怀王亡功，固当分其地而王之。”于是阳[⑦]尊王为义帝，卒至[⑧]杀之。观此二事，高帝既成功，犹敬佩王之戒，羽背主约，其末至于如此，成败之端，不待智者而后知也。高帝微时，尝繇[⑨]咸阳，纵观秦皇帝，喟然太息曰：“大丈夫当如此矣！”至羽观始皇，则曰：“彼可取而代也。”虽史家所载，容有文饰[⑩]，然其大旨，固可见云。

·注释·

①相与：一同约定。北面：古时君主上朝总是面向南方，大臣在他对面，所以叫北面。

②服降：归服投降。

③乃以属吏：于是将子婴当作属吏。

④王基地：统治这块土地。王，统治。

⑤武信君：指项羽叔父项梁，起义过程中战死。

⑥颛主约：专断把持盟约。颛，通“专”。

⑦阳：表面上。

⑧卒至：最终。

⑨繇：同“徭”，徭役。

⑩容有文饰：或许有文字上的修饰夸张。

汉高祖刘邦、西楚霸王项羽刚开始起兵，曾约定一齐侍奉楚怀王熊心。等到刘邦率先击败秦军进入关中（今陕西西安一带），秦王子婴出来投降，有的将领建议杀掉他。刘邦说："一开始怀王之所以派我来攻秦，就是因为我能够宽厚容人，既然秦王已经归服投降，杀了他不祥。"于是任命子婴为自己的属吏。后来项羽入关后却大不一样，他先杀了子婴，又屠戮了咸阳城，然后才派人向怀王禀报。怀王让他遵守当初的盟约，让先进入关中的刘邦统治关中之地。项羽却说："楚怀王是我的叔父武信君项梁所立，没有一点攻伐之功，凭什么擅权专断、主持盟约呢？如今天下平定，靠的是诸将和我的力量，怀王没有功劳，我们应该把他的地盘瓜分来统治。"于是他表面上尊怀王为义帝，最后还是派人暗地里杀害了他。观察分析刘邦、项羽的表现，刘邦破秦成功，还恭敬地遵守怀王的告诫，而项羽却违背盟约，到最后还做出弑君的行径，二人成功失败的苗头，聪明人已经不用看到最后就了解了。汉高祖微贱的时候，曾经到咸阳服徭役，远远看到秦始皇的仪仗队，感慨叹息说："大丈夫就应当这样啊！"等到项羽看见秦始皇时，说的却是："这个人我可以取代他。"这虽然是史家的记载，可能有一定的修饰夸张，但是二人的思想、意志，还是看得出来的。

战术致祸

原文

吉凶祸福之事，盖未尝不先见[①]其祥。然固有知之信之，而翻取[②]杀身亡族之害者。汉昭帝时，昌邑石自立[③]，上林僵柳复起[④]，虫食叶曰“公孙病已立”。眭孟上书，言当有从匹夫为天子者，劝帝索贤人而禮位，孟坐袄言诛[⑤]，而其应[⑥]乃在孝宣，正名病已。

哀帝时，夏贺良以为汉历中衰，当更受命。遂有陈圣刘太平皇帝之事，贺良坐不道诛。及王莽篡窃，自谓陈后，而光武实应之。

宋文帝时，孔熙先以天文图谶，知帝必以非道晏驾[⑦]，由骨肉相残，江州当出天子，遂谋大逆，欲奉江州刺史、彭城王义康。熙先既诛，义康亦被害，而帝竟有子祸，孝武帝乃以江州起兵而即尊位。薄姬在魏王豹宫，许负相之当生天子，豹闻言心喜，因背汉，致夷灭[⑧]，而其应乃在汉文帝。唐李锜据润州反，有相者言，丹阳郑氏女当生天子，锜闻之，纳为侍人。锜败，没入掖庭，得幸宪宗而生宣宗。五代李守贞为河中节度使，有术者善听人声，闻其子妇符氏声，惊曰：“此天下之母也。”守贞曰：“吾妇尤为天下母，吾取天下，复何疑哉?”于是决反，已而覆亡，而符氏乃为周世宗后。

·注释·

①见：通“现”，现出，呈现。

②翻取：反而招致。

③昌邑石自立：昌邑县的一块大石自己立了起来。

④起：起死回生。

⑤孟坐祆言诛：眭孟被以妖言惑众的罪名处死。

⑥应：应验。

⑦非道晏驾：不会以正常的方式寿终正寝。

⑧致夷灭：招致夷灭九族的灾祸。

吉凶祸福之事，一开始未必不会出现相应的征兆。然而，总是有懂得这些征兆而又相信它的人，因此招来杀身亡族之祸。西汉昭帝时，昌邑县（今山东巨野）的一块大石头自己站了起来，皇帝游猎的上林苑中有一棵干枯的柳树起死回生，虫子在树叶上咬出“公孙病已立”的字样。眭孟上书，认为这两件怪事意味着会有平民成为天子，劝昭帝到民间去搜寻贤人并将皇位禅让给他，眭孟被以妖言惑众的罪名处死，而他的话在汉宣帝刘询身上应验了。汉宣帝幼时流落民间，改名刘病已。

汉哀帝时，夏贺良认为汉朝的国运已经中衰，会有其他人禀受天命。于是他劝哀帝自称陈圣刘太平皇帝来“更受命”，最终夏贺良以大逆不道的罪名被处死。等到王莽篡位，他自称是陈姓的后人，而后来光武帝刘秀应验了更受命的说法。

南朝宋文帝刘义隆在位时，孔熙先根据天文图谶，知道了文帝会非正常死亡，而且是死于骨肉相残，江州（今江西九江）地区会出天子，于是谋划造反，想拥立江州刺史、彭城（今江苏徐州）王刘义康为帝。结果孔熙先遭诛，义康也被杀害，但宋文帝真的被儿子谋杀了，孝武帝刘骏从江州起兵登上皇位。

西汉初年，薄姬是魏王豹的一位侍妾，许负相面时说她会生天子，魏豹听后心里很高兴，因此反叛了汉朝，以至于夷灭九族，这个预言却在薄姬生下汉文帝后应验了。

唐朝的李锜割据润州（今江苏镇江）反叛，有看相的人对他说，丹阳（今安徽当涂）的郑氏女会生天子，李锜听到后就把她纳为侍妾。李锜失败后，郑氏女被纳入皇宫，得到唐宪宗的宠爱而生下了日后的唐宣宗。

五代时李守贞任河中（今山西永济）节度使，有个术士善于听人的声音来判断吉凶，听到李守贞的儿媳妇符氏的声音时，惊奇地说："这个女子是天子的母亲。"李守贞说："我的儿媳是天子的母亲，我得到天下不是确定无疑的吗？"于是决心反叛，不久全军覆灭，而符氏成了周世宗的皇后。

无名杀臣下

原文

《传》曰："欲加之罪，其无辞[①]乎？"古者置人于死地，必求其所以死[②]。然固有无罪杀之，而必为之名[③]者。张汤为汉武造白鹿皮币，大农颜异以为本末不相称，天子不悦。汤又与异有隙[④]。异与客语初令下有不便者，异不应[⑤]，微反唇。汤奏当异九卿，见令不

便[6]，不入言而腹诽[7]，论死。自是后有腹诽之法。曹操始用崔琰，后为人所谮，罚为徒隶，使人视之，辞色不挠。操令曰："琰虽见刑[8]，而对宾客，虬须直视，若有所瞋。"遂赐琰死。隋炀帝杀高颎之后，议新令，久不决。薛道衡谓朝士曰："向使高颎不死，令决当久行[9]。"有人奏之，帝怒，付执法者推之[10]。裴蕴奏："道衡有无君之心，推恶于国，妄造祸端。论其罪名，似如隐昧，原其情意，深为悖逆。"帝曰："公论其逆，妙体本心。"遂令自尽。冤哉，此三臣之死也！

注释

①辞：托词，借口。

②所以死：要死的理由。

③名：罗织罪名。

④有隙：有矛盾。

⑤不应：没有回应。

⑥不便：不太合适。

⑦不入言而腹诽：不进言却在心里非议。腹诽，通"腹诽"。

⑧见刑：服刑。

⑨令决当久行：法令早就决断执行了。

⑩推之：推想、罗织罪名。

译文

《左传》说："想要治一个人的罪，还怕找不到借口吗？"古时候要把一个人置于死地，必须寻找一个相应的理由。但是还是有无

罪而遭杀害的情况，那就必须为被杀者罗织一个罪名。张汤为汉武帝制造白鹿皮币，大司农颜异认为这种钱和实际价值不相称，汉武帝心中恼怒，张汤又与颜异素来有矛盾。颜异一次与客人谈论，客人说拟颁布的食货令有不太合适的地方，颜异没有回应，微微动了一下嘴唇。张汤便上奏朝廷，认为颜异身为九卿，看到诏令有不太合适的地方，不公开表态却在内心非议，罪当处死。从此以后便有了“腹诽”这一条法令。曹操一开始重用崔琰，后来有人进谗言诋毁崔琰，曹操就罚他做了徒隶，并派人去监视他，崔琰的言辞和神色丝毫没有屈服。曹操便下令说：“崔琰虽然服刑，但面对宾客时，吹胡子，瞪眼睛，好像在嗔怪的样子。”于是赐崔琰自杀。隋炀帝杀了高颎，议论新的法令，很长时间没有议出结果。薛道衡对大臣说：“如果高颎不死，法令早就决断执行了。”有人把他的话上奏给隋炀帝，炀帝大怒，让执法官罗织薛道衡的罪名。裴蕴上奏说：“薛道衡有目无君主之心，诬蔑国家，妄想挑起祸乱的事端。定他的罪名，似乎是模糊不清的，但推究他的本意，实在是大逆不道。”炀帝说：“爱卿定他叛逆之罪，绝妙地体现了他的本心。”于是赐薛道衡自尽。这三位大臣死得实在是冤枉啊！

平天冠

原文

祭服[1]之冕，自天子至于下士执事者皆服之，特以梁数及旒[2]之多少为别。俗呼为平天冠，盖指言至尊乃得用。范纯礼知开封府，中旨鞫[3]淳泽村民谋逆事。审其故，乃尝入戏场观优，归涂[4]见匠者作桶，取而戴于首，曰："与刘先主如何?"遂为匠擒。明日入对，徽宗问何以处[5]。对曰："愚人村野无所知，若以叛逆蔽罪，恐辜好生之德，以不应为杖之，足矣。"案《后汉·舆服志》蔡邕注"冕冠"曰："鄙人不识，谓之平天冠。"然则其名之传久矣。

·注释·

①祭服：祭祀时穿的礼服。

②旒：古代帝王礼帽前后悬垂的玉串。

③鞫：审讯犯人。

④归涂：回家途中。

⑤何以处：如何处置。

·译文·

祭祀时必须穿礼服、戴冠，从天子到主持祭祀的人都是如此，而特意用冠梁和冠前后悬挂的玉串多少来区别等级。通常把这种冠称为平天冠，意思是最尊贵的人才能戴。范纯礼当开封府尹的时候，奉旨审讯淳泽一个村民谋逆造反的事。仔细审问之后，才知道原来这个村民到戏场去看倡优表演，回家路上看到一个工匠正在制造水桶，他拿起水桶戴在头上，问道："比起刘备来怎么样？"于是工匠就把他抓住了。第二天范纯礼向皇帝禀报审理情况，宋徽宗问他该怎么处理，范纯礼回答说："山村野夫什么都不懂，要是定他叛逆罪的话，恐怕有损于陛下的好生之德，定他个做不该做的事的罪名杖责几下，就足够了。"按照《后汉书·舆服志》中对"冠冕"注解的说法："鄙人不识，谓之平天冠。"可见平天冠这个名字流传很久了。

卷　三

东坡和陶诗

原文

《陶渊明集·归园田居》六诗，其末“种苗在东皋”一篇，乃江文通[①]杂体三十篇之一，明言[②]敩陶征君《田居》，盖陶之三章云：“种豆南山下，草盛豆苗稀。晨兴理荒秽，带月荷[③]锄归。”故文通云：“虽有荷锄倦，浊酒聊自适。”正拟其意也。今《陶集》误编入，东坡据而和[④]之。又，《东方有一士》诗十六句，复重载于《拟古》九篇中，坡公遂亦两和之，皆随意即成，不复细考耳。陶之首章云：“荣荣窗下兰，密密堂前柳。初与君别时，不谓行当久。出门万里客，中道逢嘉友。未言心先醉，不在接杯酒。兰枯柳亦衰，遂令此言负。”坡和云：“有客扣我们，系马庭前柳。庭空鸟雀噪，门闭客立久。主人枕书卧，梦我平生友。忽闻剥啄声，惊散一杯酒。倒裳起谢[⑤]客，梦觉两愧负。”二者金石合奏，如出一手，何止子由所谓遂与“比辙”者哉！

·注释·

①江文通：即江淹，字文通，南朝文学家。其诗文典丽工整，最有名的作品当属《别赋》。两个著名的典故“妙笔生花”和“江郎才尽”，都是出自江淹。

②明言：明确说明。

③荷：负荷，肩负。

④和：和诗。

⑤谢：道歉。

·译文·

《陶渊明集》中记载了六首《归园田居》，其中最后“种苗在东皋”一篇，是江淹杂体诗三十篇之一，江淹也明确地说过这首诗是模仿陶渊明的《归园田居》，陶诗中的第三首是：“种豆南山下，草盛豆苗稀。晨兴理荒秽，戴月荷锄归。”所以江淹诗中说：“虽有荷锄倦，浊酒聊自适。”正是模仿陶诗的意境。现在《陶渊明集》却误把这首诗编了进去，而苏东坡还和了这首诗。还有《东方有一士》诗十六句，又重复收录在《拟古》诗九篇之内，苏东坡就在两个地方都写了和诗，全都是随意写成，没有进行细心的考订。陶渊明《归园田居》首章写道：“荣荣窗下兰，密密堂前柳。初与君别时，不谓行当久。出门万里客，中道逢嘉友。未言心先醉，不在接杯酒。兰枯柳亦衰，遂令此言负。”东坡和道：“有客扣我们，系马庭前柳。庭空鸟雀噪，门闭客立久。主人枕书卧，梦我平生友。忽闻剥啄声，惊散一杯酒。倒裳起谢客，梦觉两愧负。”这两道诗堪称金石合奏，仿佛出自同一人手笔，何止是苏辙所说的合辙同韵而已呢！

陈季常

原文

陈慥字季常，公弼之子，居于黄州之岐亭，自称“龙丘先生”，又曰“方山子”。好宾客，喜畜声妓[①]，然其妻柳氏绝[②]凶妒，故东坡有诗云：“龙丘居士亦可怜，谈空说有夜不眠。忽闻河东狮子吼，拄杖落手心茫然。”河东狮子，指柳氏也。坡又尝醉中与季常书云：“一绝[③]乞秀英君。”想是其妾小字。黄鲁直元祐中有与季常简[④]曰：“审柳夫人时须医药，今已安平否？公暮年来想渐求清净之乐，姬媵[⑤]无新进矣，柳夫人比何所念以致疾邪？”又一帖云：“承谕[⑥]老境情味，法当如此，所苦[⑦]既不妨游观山川，自可损药石，调护起居饮食而已。河东夫人亦能哀怜老大，一任放不解事[⑧]邪？”则柳氏之妒名，固彰著于外，是以二公皆言之云。

①喜畜声妓：喜欢蓄养歌舞乐妓。

②绝：非常。

③一绝：一首绝句。

④简：书简，书信。

⑤姬媵：姬妾。

⑥承谕：承蒙您告诉我。

⑦所苦：苦闷的时候。

⑧一任放不解事：任凭您放荡不羁，不解世事。

陈慥字季常，是陈公弼的儿子，居住在黄州（今湖北黄冈）的岐亭山，自称“龙丘先生”，又称“方山子”。他爱好结交宾客，喜欢蓄养乐妓，但是他的妻子柳氏非常凶妒，所以苏东坡有诗写道：“龙丘居士亦可怜，谈空说有夜不眠。忽闻河东狮子吼，拄杖落手心茫然。”河东狮子，指的就是柳氏。苏东坡还曾在醉中给陈季常写信说：“寄一首绝句求得到秀英君。”这个秀英君可能是陈季常妾的小名。黄庭坚在元祐年间给陈季常写信说：“听说柳夫人不断用药，现在康复了吗？您晚年想逐渐寻求清静之乐，没有再纳新的姬妾，那么柳夫人是烦恼什么才生病的呢？”他还写了一帖说：“承蒙您告诉我老境的情趣，我也该像您那样，苦闷时不妨游览一下山川，可以起到减少用药、调护起居饮食的作用。河东夫人哀怜您年龄大了，任随您游荡不管世间事务吗？”可见柳氏的妒名，早就闻名当时了，所以苏轼、黄庭坚二人都谈到此事。

文用谥字

原文

先王谥[①]以尊名，节以壹惠，故谓为易名。然则谥之为义，正训名[②]也。司马长卿[③]《谕蜀文》曰：“身死无名，谥为止愚。”颜注云：“终以愚死，后叶[④]传称，

故谓之谥。”柳子厚《招海贾文》曰：“君不返兮谥为愚。”二人所用，其意则同。唯王子渊《箫赋》曰：“幸得谥为洞箫兮，蒙圣主之渥⑤恩。”李善谓：“谥者号也，言得谥为箫而常施用之。”以器物名为谥，其语可谓奇矣。

·注释·

①谥：古代帝王或大官死后评给的称号。文中后几个“谥”都是“叫作”的意思。

②训名：父亲或者师长所命之名。如同今天所说的学名。

③司马长卿：即司马相如，字长卿，汉代著名大赋家。

④后叶：后世。

⑤渥：浓，厚。

先王死后谥一个尊贵的名字，多节省用一个字而实惠，所以称作换名。可见“谥”作为一个词的词义，是起名的意思。汉司马相如的《谕蜀文》说：“到死也没有出名，死后便起名叫作‘至愚’。”颜师古注释说：“到死都很愚笨，后世便这样传着称呼他，所以也就是起名了。”唐柳宗元《招海贾文》说：“君一去不返死在那里，给你起名叫‘至愚’。”这里两个人所用“谥”字的意思相同。只有王子渊的《箫赋》说：“有幸起名叫‘洞箫’，承蒙圣主优渥的恩泽。”李善说：“谥，就是号的意思，是说死后起名为洞箫而经常使用它。”用器物的名字做谥号，这话可算是很奇了。

高唐神女赋

原文

宋玉《高唐》《神女》二赋，其为寓言托兴[①]甚明。予尝即其词而味其旨[②]，盖所谓发乎情，止乎礼义[③]，真得诗人风化之本。前赋云："楚襄王望高唐之上有云气，问玉曰：'此何气也?'对曰：'所谓朝云者也。昔者先王尝游高唐，梦见一妇人，曰，妾巫山之女也，愿荐枕席[④]。王因幸之[⑤]。'"后赋云："襄王即使玉赋高唐之事，其夜王寝，梦与神女遇[⑥]，复命玉赋之。"若如所言，则是王父子皆与此女荒淫，殆近于聚麀之丑矣。然其赋虽篇首极道神女之美丽，至其中则云："澹清静其愔嫕兮[⑦]，性沉详而不烦[⑧]。意似近而若远兮，若将来而复旋[⑨]。褰余帱[⑩]而请御兮，愿尽心之：拳拳。怀贞亮之洁清兮[⑪]，卒与我乎相难。頩薄怒以自持兮，曾不可乎犯干。欢情未接，将辞而去。迁延引身[⑫]，不可亲附。愿假须臾，神女称遽[⑬]。闇然而冥[⑭]，忽不知处。"然则神女但与怀王交御，虽见梦于襄，而未尝及乱也。玉之意可谓正矣。今人诗词，顾以襄王借口，考其实则非是。頩，音匹零反，敛容怒色[⑮]也。柳子厚《谪龙说》有"奇女頩尔怒"之语，正用此也。

·注释·

①托兴：托物兴寓，有所寄托。

②即其词而味其旨：读里面的词句玩味作者的旨意。

③发乎情，止乎礼义：从男女之情出发，又不越过礼教的界线。

④愿荐枕席：愿意和您共度枕席之欢。

⑤王因幸之：王因而临幸那个女子。

⑥遇：遇到。

⑦淡清静其愔嫕兮：恬淡清静而和善。

⑧性沈详而不烦：性情沉静安详而不焦躁。

⑨若将来而复旋：好像是要翩翩到来却又忽然转回。

⑩褰余帱：撩开我的车帷。

⑪怀贞亮之洁清兮：怀有贤贞明亮的纯洁节操。

⑫迁延引身：我退却避开。

⑬愿假须臾，神女称遽：我心中唯愿留住这短暂的美好时光，神女却骤然离开。

⑭闇然而冥：眼前忽然一片黑暗。

⑮敛容怒色：收敛笑容表现出愤怒的神色。

战国作家宋玉的《高唐赋》和《神女赋》，显然是两篇有所寄托的寓言。我曾读里面的词句玩味作者的意图，可以说作品既从写男女之情出发，又不越过礼教的界线，宋玉真正领会了《诗经》作者“有益风化”的精髓。前一篇赋写道：“楚襄王望见云梦高唐台上面有云气，就问宋玉说：‘这是什么气呀？’宋玉回答：‘这就是

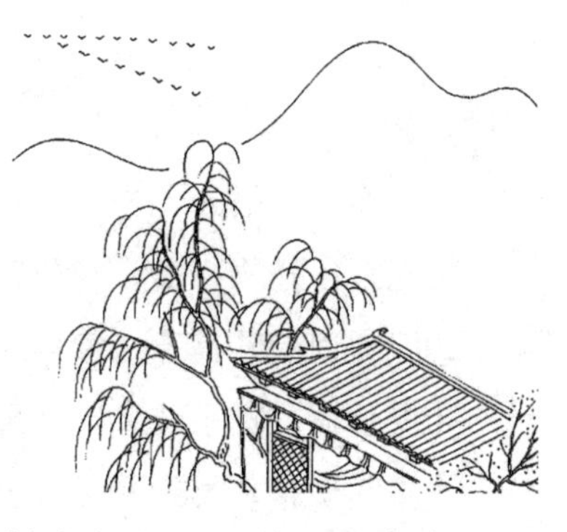

人们所说的朝云。过去先王（指襄王父怀王）曾经巡游高唐，梦见了一位美貌女子，女子说，我是巫山（在今四川巫山）上的神女，愿意和您共度枕席之欢。于是先王就宠幸了那个女子。’”后一篇则写道：“楚襄王命宋玉赋了高唐的浪漫故事，当晚他就寝后，便在梦中与那位神女相遇了，梦后又命宋玉赋这件事。”若真像上面所说的那样，则说明楚怀王和楚襄王父子二人都和这位女子淫乱了，这几乎和群兽交配一样丑陋。然而赋的开头虽然极力描写神女的美丽，但到了中间却写道：“这女子恬淡清静而和善，性情沉静安详而不躁。她好像离我很近又好像很遥远，好像是要翩翩到来却又忽然转回。她用纤手撩开我的车帷请求共载，我多想向她奉献真诚的心怀。她怀有贤贞明亮的纯洁节操，终究与我相为难。她收敛笑容微露怒色自保尊严，曾使得我不可能对她有所冒犯。欢情未能接洽，她却要告辞离去。我退却避开，不敢亲昵偎依。但心中唯愿留住这短暂的美好时光，神女却骤然离开。忽然眼前一片黑暗，忽不知她已飘向何处。”可见神女只与楚怀王进行了交媾，虽然也在梦境中见到楚襄王，却未尝涉及淫乱。宋玉表达的意旨可算是很纯正了。现在人的诗词，反以楚襄王的事为借口，考察宋玉作品的意图而非议它的不纯。頩，音匹零反，收敛笑容表现怒色的意思。唐朝柳宗元的《谪龙说》中有“奇特的女子收敛笑容怒视你”的话，正是用的这个词。

卷　四

三竖子

原文

赵为秦所围，使平原君求救于楚，楚王未肯定从[①]。

毛遂曰："白起，小竖子[②]耳！兴师以与楚战，举鄢、郢，烧夷陵，辱王之先人，此百世之怨[③]也。"是时，起已数立大功，且胜于长平矣。人告韩信反，汉祖以问诸将，皆曰："亟发兵坑竖子[④]耳！"帝默然。唯陈平以为兵不如楚精，诸将用兵不能及信。英布反，书闻[⑤]，上召诸将问计，又曰："发兵击之，坑竖子耳！"夫白起、信、布之为人，才能不可掩，以此三人为竖子，是天下无复有壮士也。毛遂之言，只欲激怒楚王，使之知合从之利害，故不得不以起为懦夫。至如高帝诸将，不过周勃、樊哙之俦。韩信因执而归，栖栖然处长安为列侯，盖一匹夫也。而哙喜其过己，趋拜送迎，言称臣，况于据有全楚万乘之地，事力强弱，安可同日而语？英布固尝言："诸将独患淮阴、彭越，今皆已死，

余不足畏。”则竖子之对，可谓勇而无谋，殆与张仪诋苏秦为反复之人相似。高帝默然，顾深知其非[6]也。至于陈平，则不然矣。若乃韩信谓魏将柏直为竖子，则诚然。柏直庸庸无所知名，汉王亦称其口尚乳臭，直一竖子也。阮籍登广武，叹曰：“时无英雄，使竖子成名。”盖叹是时[7]无英雄如昔人者。俗士不达，以为籍讥汉祖，虽李太白亦有是言，失之矣。

①未肯定从：没有确定是不是要出兵。

②竖子：小子，家伙，表示对人非常不屑。

③此百世之怨：这是百世都难化解的仇怨。

④亟发兵坑竖子：赶紧发兵攻打他，活埋这个家伙。

⑤书闻：文书交与高祖知道。

⑥顾深知其非：因为深知这种说法并不确切。

⑦是时：当时。

战国时赵国被秦国包围，赵国国王派平原君赵胜向楚国求救，楚王确定不下来出兵与否。

平原君的食客毛遂说：“秦将白起，臭小子而已！曾发兵与楚作战，攻取了楚国的鄢（今河南鄢陵）、首都郢（今湖北江陵）两城，在夷陵（今湖北宜昌市东），焚烧了楚国先王墓，侮辱您的先王，这是百世难解的宿怨。”这时候，白起已多次立下战功，而且在与赵国的长平（今山西高平西北）之战中已大获全胜。有人告发韩信谋反，汉高祖刘邦就此事向各位将领询问解决办法，都说："急速发兵活埋这个臭小子！"高祖默默无语。只有陈平认为汉朝军队没有楚军精干，各位将领用兵的本领赶不上韩信。英布谋反，文书传递给汉高祖，高祖召见各位将领询问计策，将领们又回答："发兵攻打他，活埋这个臭小子！"白起、韩信、英布三位将领，才能决不可掩盖，把这三个人当作臭小子，这天下就再也没有壮士了。毛遂的话，只是想激怒楚王，让他明白合纵抗秦的好处，所以不得不把白起当作懦夫。至于像汉高祖的各位将领，都不过是周勃、樊哙一类的水平。当初韩信因萧何追赶而回归刘邦手下，在不安中处长安为列侯，那时他仅仅是一介匹夫，而樊哙惊喜他的才能超过自己，趋奉拜谒高送远迎，说话必称臣，更何况现在占据全楚万辆战车的地盘，其实力的强弱，今昔怎么能同日而语？英布本来就曾说过："在各位将领中，我只害怕淮阴侯韩信、梁王彭越，现在他二人全已经被杀死了，剩下的没有值得害怕的了。"用"臭小子"这个称呼回答问题，可算得上是有勇无谋，几乎和张仪诋毁苏秦为反复无常的小人差不多。汉高祖默然无语，是深知他们说的不对。至于陈平，则不像其他将领那样。如果是韩信称魏将柏直为臭小子，则确实是这样。柏直庸庸碌碌没有什么知名之处，汉王也称他为口中尚含乳臭，真正的一个臭小子。三国时魏国阮籍登广武（在今河南荥阳）山，感叹说："时代没有英雄，使臭小子成就功名！"这是感叹他那个时代没有产生像古代那样的英雄。世俗之士不通晓事理，以为这是阮籍讥讽汉高祖。即使李太白也有这样的说法，这话说错了。

省钱百陌

原文

用钱为币[①]，本皆足陌[②]。梁武帝时，以铁钱[③]之故，商贾浸以奸诈自破[④]，岭以东，八十为百，名曰“东钱”；江、郢以上，七十为百，名曰“西钱”；京师以九十为百，名曰“长钱”。大同元年，诏通用足陌，诏下而人不从，钱陌益少[⑤]，至于末年，遂以三十五为百。唐之盛际，纯用足钱。天祐中，以兵乱窘乏，始令以八十五为百。后唐天成，又减其五。汉乾祐中，王章为三司使，复减三。皇朝因汉制，其输官者，亦用八十，或八十五，然诸州私用，犹有随俗至于四十八钱。太平兴国二年，始诏民间缗钱[⑥]，定以七十七为百。自是以来，天下承用[⑦]，公私出[⑧]纳皆然，故名“省钱”。但数十年来，有所谓“头子钱”，每贯五十六，除中都及军兵俸料外，自余州县官民所当得，其出者每百才得七十一钱四分，其入[⑨]者每百为八十二钱四分，元无所谓七十七矣。民间所用，多寡又益不均云。

注释

①用钱为币：拿铜钱来做货币流通。

②足陌：即足陌钱，古代制钱每贯十足为百枚，称“足陌钱”。陌通“佰”。

③铁钱：将流通货币由铜钱改为铁钱。

④商贾浸以奸诈自破：商人便私下里行奸使诈破坏了足钱为百的规矩。

⑤钱陌益少：货币分量都不足，且越来越少。

⑥缗钱：用绳穿连成串的钱。

⑦承用：承袭沿用。

⑧出：支出。

⑨入：收入。

译文

用铜钱做货币流通，本来都足够一百文。南朝梁武帝的时候，因铜钱改为铁钱的缘故，商贾便私下作奸行诈自行破坏了一百文的规矩。在萌渚岭（今湖南江华）以东，以八十文为一百文，起名叫“东钱”；长江、郢（今湖北江陵）以西，以七十文为一百文，起名叫“西钱”；京师（今江苏南京）以九十文为一百文，起名叫“长钱”。梁武帝大同元年，下诏统一用足数的百文流通，但虽然下了诏书，而人们并不实行，钱陌越来越少，到了大同末年，最终以三十五文为一百。唐朝兴盛时期，全部通行足一百文的钱。唐哀帝天祐年间因战乱而经济困乏，国家开始允许以八十五文为一百文。后唐天成年间又减去了其中五文（以八十文为一百文），五代时后汉高祖刘嵩乾祐年间，王章任三司使，又减去了三文（以七十七文为一百文）。宋朝沿袭后汉的制度，其中输官的人，也以八十或八十五文（为一百文），然而各州私下使用，还有随当地习俗达到以四十八文为一百文的。宋太宗太平兴国二年，开始下诏书规定民间用绳子穿的缗钱，全部以七十七文为百文。从这时开始，全国承袭沿用，国家和个人支出或收回都使用这个数，所以起名叫“省钱”。但几十年来，有所说的“头子钱”，每贯五十六文，除了首都以及军队中的士兵领军饷以外，剩余各州县的官吏和百姓应当得到的是，支出的每百文才得七十一钱四分文，收回的每百文得八十二钱四分文，本来就没有所说七十七文（为一百文）。民间所用的数目，多少就更不均匀了。

卷　五

舜事[1]瞽叟

原文

《孟子》之书，上配[2]《论语》，唯记舜事多误，故自国朝以来，司马公、李泰伯及吕南公皆有疑非[3]之说。其最大者[4]，证万章涂廪、浚井、象[5]入舜宫之问以为然也。《孟子》既自云尧使九男事之，二女女焉，百官牛羊仓廪备，以事舜于畎亩之中。则井、廪贱役，岂不能使一夫任其事？尧为天子，象一民耳，处心积虑杀兄而据其妻，是为公朝无复有纪纲法制矣！六艺折中于天子，四岳[6]之荐舜，固曰："瞽子。父顽，母嚚，象傲[7]，克谐以孝，烝烝乂，不格奸[8]。"然则尧试舜之时，顽傲者既已格乂[9]矣。舜履位[10]之后，命禹征有苗，益曰："帝初于历山，往于田，日号泣于旻天，于父母，负罪引慝[11]，祇载见瞽瞍，夔夔齐慄[12]，瞽亦允若[13]。"既言允若，岂得复有杀之之意乎？司马公亦引九男、百官之语，烝烝之对，而不及益赞禹之辞，故详叙之以示子侄

辈。若司马迁《史记》、刘向《列女传》所载，盖相承而不察[14]耳。至于桃应有瞽瞍杀人之问，虽曰设疑似而请，然亦可谓无稽之言。孟子拒而不答可也，顾再三为之辞[15]，宜其起后学之惑。

·注释·

①事：侍奉，供养。

②配：匹配。

③疑非：怀疑非难。

④其最大者：其中最主要的事情。

⑤象：舜后母所带来的弟弟。

⑥四岳：相传是尧臣，羲和四子——羲仲、羲叔、和仲、和叔。舜派他们分管四方的诸侯，所以叫四岳。

⑦顽：愚钝。嚣：嚣张。傲：狂傲。

⑧不格奸：不限制邪恶。

⑨已格乂：已得到处理。

⑩履位：登上王位。

⑪负罪引慝：舜的父母因为知道自己犯罪，所以都藏匿起来。

⑫夔夔齐慄：表现出恐惧谨慎的样子。夔夔，恐惧谨慎的样子。

⑬允诺：允诺，答允，应承。

⑭不察：没有仔细查阅、分辨。

⑮顾再三为之辞：但是再三为舜辩护。

《孟子》一书，上可以和《论语》相匹配，只有记载虞舜的事情多有缺误，因此自宋朝以来，司马光、李觏以及吕南公都有怀疑非难的说法。其中最主要的是，孟子证明他的弟子万章说舜曾经修理过粮仓、挖过井，舜的异母弟弟像曾进入舜的宫中问过舜的事情以为是真有其事。《孟子》既然亲自说过尧曾经使自己的九个儿子来服侍舜，把两个女儿嫁给舜，百官、牛羊、仓廪也都具备了，用来服侍舜于田地之间。舜既然亲自做挖井、修理粮仓这样的下贱劳动，怎么就不能使用一位农夫去做这样的事呢？尧当天子时，象不过是一个百姓，他千方百计要杀死哥哥舜而占据他的妻子，真是公庭之上没有纲纪法制了！《诗》《书》《易》《礼》《乐》《春秋》六艺的道义是孔子判断是非的准则，四方部落首领推荐舜，本来《尚书·尧典》就说："舜是瞽瞍的儿子。他的父亲很愚蠢，母亲很奸诈，弟弟像很傲狠，舜能克制自己调和矛盾以尽孝道，达到了蒸蒸日上太平安定的地步，又不限制邪恶。"那么尧试用舜的时候，舜的父亲和弟弟像已经得到处理了。舜即帝位以后，命令禹去征伐有苗，益说："帝舜当初在历山时，到田地里去，每日对天号啕痛哭，求救于父母，他父母负罪隐藏起来，舜恭敬地再去见他父亲瞽瞍，对此表示非常恐惧谨慎，瞽瞍也表示允诺。"既然说出允诺的话，怎么还会有再杀舜的意思呢？司马光也引用了九男、百官的言语，淳厚的对答，却不如益赞美禹的话，所以详细加以叙述以给子侄这辈人看。如司马迁的《史记》、刘向的《列女传》所记载舜的事，大概都是承袭《孟子》的话而没有详审吧。至于桃应有瞽瞍杀人的问话，虽然说是他假设的疑问而请孟子回答，也可以说是无稽之谈。孟子拒绝回答他的问题是可以的，却再三为他辩解，这样就会引起后辈学生的感触了。

孔子正名

原文

子路曰：“卫君待子而为政[①]，子将奚先[②]？”子曰：“必也正名[③]乎！”子路曰：“子之迂[④]也！奚其正？”夫子责数之以为“野”。盖是时夫子在卫，当辄为君之际，流连最久，以其拒父而窃位，故欲正之，此意明白。然子欲适[⑤]晋，闻其杀鸡犊[⑥]，临河而还，谓其无罪而杀士也。里名胜母，曾子不入，邑称朝歌，墨子回车，邑里之名不善，两贤去之，安有命世圣人，而肯居无

父之国，事不孝之君哉？是可知已！夫子所过者化，不令而行，不言而信，卫辄待以为政，当非下愚而不移

者。苟其用我，必将异之以天理，而趣反其真，所谡命驾虚左[7]而迎其父不难也。则其有补于名义，岂不大哉！为是故不忍亟去以须之。既不吾用，于是慨然反鲁。则辄之冥顽悖乱，无所逃于天地之间矣！子路曾不能详味[8]圣言，执迷不悟，竟于身死其难。惜哉！

·注释·

①待子而为政：等待您并且让您去处理国家政事。

②子将奚先：您打算首先做什么事情？

③正名：纠正名分上不当的现象。

④迂：迂腐。

⑤适：到。

⑥闻其杀鸡犊：听说晋国的赵简子杀死了窦鸣犊。窦鸣犊，即窦韬，号鸣犊，晋国大夫，提倡德治、教化，反对苛政、杀戮，提出“不患寡而患不均，不患贫而患不安”的施政主张。因政见不合，而被正卿赵简子杀害。

⑦虚左：空着左边的位置。古代以左为尊，虚左表示对宾客的尊敬。

⑧详味：仔细体味。

·译文·

子路对孔子说：“假如卫出公辄等待您去治理国政，您准备首先干什么事情？”孔子道：“那一定是纠正名分上不当的现象！”子路道：“您竟迂阔到如此地步了！这有什么纠正的必要呢？”孔夫子责备数落子路，认为他太鲁莽。那时孔夫子在卫国，当辄为卫国国君之时，留恋在卫国最久，因为辄抗拒其父蒯聩而窃取王位，所以孔夫子想纠正这种名分不当的现象，这里的意思是很明白的。但是孔子想到晋国去，听说晋国的赵简子杀死了窦鸣犊，到了黄河边就返回来了，声称晋国杀死了无罪的贤大夫。里名有叫胜母的，因其名不顺，曾参拒不进入该里，邑名有叫朝歌（今河南淇县）的，因为不合时宜，墨翟坐着车又回来了，因为邑里的名字不美，两位贤人都不去那里，为何会有闻名于世的圣人，竟肯居住在没有父亲的国家里，服侍不孝的国君呢？这是可以知道的了！孔夫子所经过的地方，那里的百姓都得到了感化，没有命令就可以执行，不用言语就可以得到信任，卫出公辄等待孔子执政，应该不是上智下愚不可改变的。假如卫出公辄用我的话，我必将用天理启发他们，用行动返其本真，命人驾车空着左边的位置前往迎接他父亲蒯聩并不是难事。如果这样做就可以挽回自己的名誉，岂不受到尊重吗？为此所以不忍心急切离去等待着。既然不用我，于是再慨然离开卫国返回鲁国。而卫出公辄愚昧无知狂悖忤逆，他是不能逃脱天地之间的惩罚！子路曾经不能详细玩味孔夫子的圣言，执迷不悟，竟然在卫国以身殉难。可惜呀！

枢密名称更易

原文

国朝枢密之名，其长为使，则其贰[①]为副使；其长为知院，则其贰为同知院。如柴禹锡知院，向敏中同知，及曹彬为使，则敏中改副使。王继英知院，王旦同知，继冯拯、陈尧叟亦同知，及继英为使，拯、尧叟乃

改签书院事，而恩例[2]同副使。王钦若、陈尧叟知院，马知节签书，及王、陈为使，知节迁副使，其后知节知院，则任中正、周起同知。惟熙宁初，文彦博、吕公弼已为使，而陈升之过阙，留，王安石以升之曾再入枢府，遂除[3]知院。知院与使并置，非故事[4]也，安石之意以沮[5]彦博耳。绍兴以来，唯韩世忠、张俊为使，岳飞为副使。此后除使固多，而其贰只为同知，亦非故事也。又使班视宰相，而乾道职制杂压，令副使反在同知院之下，尤为未然[6]。

·注释·

①贰：副手，副职。

②恩例：指帝王为宣示恩德而颁布的条例、规定。

③除：任命。

④故事：既定的条例。

⑤沮：阻止。

⑥尤为未然：更加从来没有过先例。

·译文·

宋朝枢密的名字，它的长官称枢密使，副职称为枢密副使；它的长官为知院，副长官称同知院。如柴禹锡做过枢密院知院的官，向敏中做过同知的官，到曹彬为枢密使时，向敏中就改为枢密副使。王继英为知院时，王旦为同知，继而冯拯、陈尧叟也为同知。到王继英为枢密使时，冯拯、陈尧叟就改签书院事，而它的待遇和枢密

副使相同。王钦若、陈尧叟任知院，马知节做签书。到了王钦若、陈尧叟为枢密使时，马知节改为副使，其后马知节做了知院的官，任中正、周起就任命为同知。仅宋神宗熙宁初年，文彦博、吕公弼已经为枢密使，而陈升之因为超过缺数，加以滞留，王安石因为陈升之的滞留曾经再次进入枢密府，于是任命为知院。知院和枢密使同时设置，并不是成例，王安石的意思是要阻止文彦博进入枢密院。宋高宗绍兴以来，只有韩世忠、张俊为枢密使，岳飞为枢密副使。从此以后任命为枢密使的固然很多，而其副职只有同知，也不是成例。又枢密使的位置被视为宰相，而孝宗乾道时期官职制度杂乱，使枢密副使反而位在同知院之下，更是没有听说过。

卷　六

贤士隐居者

原文

士子修己笃学[1]，独善其身，不求知于人，人亦莫能知者[2]，所至或有之[3]，予每惜其无传[4]。比得上虞李孟传录示四事，故谨书之。

其一曰，慈溪蒋季庄，当宣和间，鄙王氏之学[5]，不事科举，闭门穷经[6]，不妄与人接[7]。高抑崇居明州城中，率一岁四五访其庐[8]。季庄闻其至，必倒屣出迎[9]，相对小室，极意[10]讲论，自昼竟夜[11]，殆忘寝食。告去则送之数里，相得欢甚。或问抑崇曰："蒋君不多与人周旋，而独厚于公，公亦拳拳于彼，愿闻其故？"抑崇曰："阅终岁读书，凡有疑而未判，与所缺而未知者，每积至数十，辄一扣[12]之，无不迎刃而解。"而蒋之所长，他人未必能知之。世之所谓知己其是乎？

其二曰，王茂刚，居明之林村，在岩壑深处，有弟不甚学问，使颛治生以糊口，而刻意[13]读书，足迹未尝妄出，尤邃[14]于《周易》。沈焕通判州事，尝访之，其见趣绝出于传注之外[15]云。气象严重[16]，窥其所得，盖进而未已[17]也。

其三曰，顾主簿，不知何许人，南渡后寓于慈溪[18]。廉价有常[19]，安于贫贱，不蕲人之知[20]。至于践履[21]间，虽细事不苟也。平旦起[22]，俟卖菜者过门，问菜把直几何[23]，随所言酬之[24]。它饮食布帛亦然。久之人皆信服，不忍欺。苟一日之用足，则玩心坟典[25]，不事交游。里中有不安其分、武断强忮[26]者，相与讥之，曰："汝岂顾主簿耶?"

其四曰，周日章，信州永丰人。操行介洁，为邑人所敬。开门授徒，仅有以自给，非其义一毫不取。家至[27]贫，常终日绝食[28]，邻里或以薄少致馈，时时不继，宁与妻子忍饿，卒不以求人。隆寒披纸裘[29]，客有就访，亦欣然延纳。望其容貌，听其论议，莫不耸然[30]。县尉谢生遗以袭衣，曰："先生未尝有求，吾自欲致其勤勤耳，受之无伤也。"日章笑答曰："一衣与万钟等耳，傥[31]无名受之，是不辨礼义也。"卒辞之。汪圣锡亦知其贤，以为近于古之所谓独行者[32]。

是四君子，真可书史策云。

·注释·

①士子：学子。修己：提高自己的道德修养。笃学：专心治学。
②人亦莫能知者：别人也不能了解他。莫，不。

③所至或有之：能达到这样（上文所述）的也有。

④无传：没有见于记载。

⑤鄙王氏之学：鄙薄王安石的学问。王氏，王安石。

⑥闭门穷经：闭门不出，在家考究经书。

⑦不妄与人接：不轻易与人接触。

⑧率：经常。访其庐：到他家去拜访。

⑨必倒屣出迎：因为急着出去迎接他，将鞋子都穿倒了。

⑩极意：尽情，肆意。

⑪自昼竟夜：从白天到晚上。

⑫扣：拜访。

⑬刻意：一心一意，用尽心思。

⑭邃：深邃，精深。

⑮其见趣绝出于传注之外：他的见识旨趣绝对超出有传注的那些人。

⑯气象严重：气质谨严持重。

⑰进而未已：一直有所精进。

⑱南渡后寓于慈溪：宋高宗南渡后他也到慈溪寓居。

⑲廉价有常：保持廉洁的操守。

⑳不蕲人之知：不希求别人知道他。

㉑践履：穿鞋。

㉒平旦起：天明起床。平旦，清晨，天明。

㉓直几何：值多少钱。

㉔随所言酬之：按照别人（卖菜者）所说的价格给人家报酬。

㉕玩心坟典：专心研究典籍著作。

㉖强忮：刚愎自用。

㉗至：非常，极端。

㉘绝食：没有吃的。

㉙纸裘：像纸一样薄的棉裘。

㉚耸然：端正尊敬的样子。

㉛傥：倘若。

㉜独行者：唯一能够保持操守者。

学子提高自己的品德专心治学，维护自己的名声，不向人求助、学习，别人也不能了解他，能做到这些的人是有的，我时常痛惜他们没有记载。进见上虞（今属浙江）李孟传录载有四件事，因此谨慎书写他们的事迹。

其一说，慈溪（今浙江宁波）人蒋季庄，当宋徽宗宣和年间，鄙视王安石的学问，不参加科举考试，闭门考究经书，不轻易和人接触。高抑崇居住在明州（今浙江宁波）城中，通常一年四五次到他家去拜访。蒋季庄听说高抑崇到了，由于急于迎客把鞋子都穿倒了，二人相对坐在小屋，尽情讲论，自白天一直到夜里，废寝忘食。高抑崇告辞时，蒋必送出数里之外，二人相得甚欢。有人问高抑崇："蒋季庄不怎么与别人交际，而单独看重你，你也诚恳对待他，愿听其中的缘由。"高抑崇说："我终年读书，或有疑问而不能决定的，与自己所缺少而不知道的，每次都积累数十条，即一次拜访他，没有不迎刃而解的。"而蒋季庄的长处，其他的人未必能知道。世上所称道的知己不就是这样的吗？

其二说，王茂刚，居住在明州的林村，在山涧深处，他有个弟弟不善学问，使他经商用以糊口，而自己则用尽心思读书，轻易不出门，更精深于《周易》一书。沈焕为明州通判时，曾拜访过他，说他的见识旨趣绝对超出有传注的那些人。气质谨严持重，看他所得到的知识，大概是进而未止了。

其三说，顾主簿，不知道是哪里人士，宋高宗南渡之后他也南渡寓居于慈溪。他保持廉洁的操行，安于贫贱，不希求别人知道他。甚至他穿鞋子时，虽是小事也一丝不苟。天明即起，等卖菜的过门时，问了菜价多少钱，随他所说而付给菜钱。他的饮食穿的布帛也是这样。时间一长人们都信服他了，不忍心欺骗他。假如东西够一天之用了，他就专心研究典籍，不好交游。里中有不安分守己、武断刚愎的人，相互讥笑他，说："你难道是顾主簿吗？"

其四说，周日章，是信州永丰县人。他操行廉洁，为县里的人所尊敬。他开门教授生徒，自己仅仅够自给的，不义之财一毫不取。家中很贫穷，经常终日断吃的，邻里就用微薄的东西相馈送。家中时时上顿不接下顿，宁愿和妻子忍饥挨饿，也终不求人。隆冬寒天披着纸一样的薄裘，有客人来访，也高兴地延请接纳。观察他的容貌，聆听他的论议，无不使人尊敬。县尉谢生给他一套衣服，说："先生未曾有求于我，是我自己献的殷勤，接受它没有什么伤害。"周日章笑着回答："一套衣服和万钟（量器）粮食一样，如若没有正当的名义就接受它，是我不能分辨礼义的大事。"最终还是推辞掉了。汪圣锡也知道他贤能，认为是近于古代的能独持操守的人。

这四位君子，真可以写进史书里。

杜诗命意

原文

杜公诗命意用事[1]，旨趣[2]深远，若随口一读，往往不能晓解，姑纪一二篇以示好事者。如："能画毛延寿[3]，投壶郭舍人[4]。每蒙天一笑，复似物皆春。政化

平如水，皇恩断若神。时时用抵戏，亦未杂风尘。”第三联意味颇与前语不相连贯，读者或以为疑。按，杜之旨本谓技艺倡优，不应蒙人主顾眄赏接，然使政化如水，皇恩若神，为治大要既无所损，则时时用此辈，亦亡害[5]也。又如：“乱后碧井废，时清瑶殿深。铜瓶未失水，百丈有哀音。侧想美人意，应悲寒甃沉。蛟龙半缺落，犹得折黄金。”此篇盖见故宫井内汲者得铜瓶而作，然首句便说废井，则下文翻覆铺叙为难，而曲折宛转如是，他人毕一生摹写[6]不能到也。又一篇云：“斗鸡初赐锦，舞马既登床，帘下宫人出，楼前御柳长。仙游终一閟，女乐久无香。寂寞骊山道，清秋草木黄。”先忠宣公在北方，得唐人画《骊山宫殿图》一轴，华清宫居山巅，殿外垂帘，宫人无数，穴帘隙而窥，一时伶官戏剧，品类杂沓[7]，皆列于下[8]。杜一诗真所谓亲见之也。

·注释·

①命意用事：构思和所用的典故。

②旨趣：宗旨趣味。

③毛延寿：西汉元帝时宫廷画师。元帝选妃时，根据毛延寿的画像来定夺，因此许多宫娥向他行贿，唯独王昭君没有。毛延寿便将王昭君画得极丑，使王独居宫中，一直未被宠幸。后匈奴议和，元帝依照画像，将王昭君嫁给匈奴王。待看清王昭君的面容时，元帝后悔不迭，于是在王昭君出塞之后，下诏杀死了毛延寿。

④郭舍人：汉武帝身边的戏子，深受武帝宠幸。

⑤亦亡害也：也没什么害处。

⑥摹写：通“摹写”，模仿。

⑦杂沓：众多杂乱。

⑧下：大殿之下。

杜甫的诗构思和所用典故，宗旨深远，如随口一读，往往不能通解，姑且记一二篇以告示于好事之人。如：“能画毛延寿，投壶郭舍人。每蒙天（子）一笑，复似物皆春。政化平如水，皇恩断若神。时时用抵戏，亦未杂风尘。”该诗第三联的意味略微与前面不相连贯，读的人或许会产生疑惑。按杜甫的宗旨，本来是说乐舞戏谑的艺人，不应当承蒙皇上回视赏接，但使政教风化平静如水，皇恩如神，是治国要旨既不可缺少，则时时任用此辈之人，也没有什么害处。又如：“乱后碧井废，时清瑶殿深。铜瓶未失水，百丈有哀音。侧想美人意，应悲寒甃沉。蛟龙半缺落，犹得折黄金。”这篇大概是杜甫见到旧宫殿内汲水的人得到铜瓶而作的诗，但头一句便说废井，就下文反复铺叙实在很难，而曲折婉转如此，是别人用毕生精力模仿也不能做到的。又有一篇说：“斗鸡初赐锦，舞马既登床。帘下宫人出，楼前御柳长。仙游终一閟，女乐久无香。寂寞骊山道，清秋草木黄。”早先洪皓在北方时，得到唐人画《骊山宫殿图》一轴，华清宫在山顶，殿外垂着帘子，宫人无数，从帘缝中往里窥视，一时乐官戏剧，品种众多杂乱，都排列于殿下。杜甫的这一首诗，真和他亲眼见到的一样。

择福莫若重

原文

《普通话》载范文子曰："择福莫若重，择祸莫若轻。"且士君子乐天知命[①]，全身远害[②]，避祸就福，安有迨于祸至择而处之之理[③]哉？韦昭注云："有两福择取其重，有两祸择取其轻。"盖以不幸而与祸会，势不容但已，则权[④]其轻重，顺受[⑤]其一焉。《庄子·养生主篇》云："为善无近[⑥]名，为恶无近刑。"夫孜孜为善，君子之所固然，何至于纵意为恶，而特以不丽[⑦]于刑为得计哉？是又有说矣，其所谓恶者，盖与善相对之辞，虽于德为愆[⑧]义，非若小人以身试祸自速百殃之比也。故下文云："可以全生，可以保身，可以尽年。"其旨昭矣。

·注释·

①乐天知命：安于自己的命运，顺应天道，没有过多的忧虑。

②全身远害：保全生命，远离祸害。

③安有迨于祸至择而处之之理：怎么会有等到天灾祸降临时再选择轻重而处理的道理？迨于，等到。择而处之，选择灾祸的轻重而处理。

④权：权衡，比较。

⑤顺受：顺从，承受。

⑥近：求取。

⑦丽：遭受，遭遇。

⑧愆：过失。

《普通话》记载范士燮说：“选择福不如重，选择祸不如轻。”况且这些士大夫君子们能顺应天道的安排，懂得性命的限度，保全自己的身体，远离祸害之地，避免灾祸而归之福地，怎么会有等到灾祸降临时再选择轻重而处理的道理呢？韦昭在注解《普通话》时说：“同时有两种福要选择其中的重者，同时有两种祸要选择其中的轻者。”推究起来因不幸而与灾祸相遇，形势不容许自己选择，就权衡轻重，顺受其一种灾祸啊。《庄子·养生主篇》说：“做善事没有求名之心，做恶事没有求刑的想法。”努力不懈做好事，这是君子应当作的，何必恣意作恶，而又特别因为不系于刑罚为得计呢？这又有其他的说法了，所谓恶这种事，与善是相对而言，虽然对德来说是过失之义，不是像小人拿性命去触犯灾难自己招致灾祸可以相比的。所以《庄子·养生主篇》下文说：“可以保全性命，可以保全自身，可以终结人的一生。”这里的宗旨是很明白的。

卷　七

赦恩为害

原文

赦过宥罪[①]，自古不废，然行之太频，则惠奸长恶[②]，引小人于大谴之域[③]，其为害固不胜言矣。唐庄宗同光二年大赦，前云："罪无轻重，常赦所不原[④]者，咸赦除之。"而又曰："十恶五逆、屠牛、铸钱、故杀人、合造毒药、持杖行劫、官典犯赃[⑤]，不在此限。"此制正得其中[⑥]。当乱离之朝，乃能如是[⑦]，亦可取也，而今时或不然。

注释

①赦过宥罪：赦免过错宽宥罪行。宥，宽宥，原谅。

②惠奸长恶：姑息养奸，助长邪恶。

③引小人于大谴之域：将小人引导至犯罪的地步。

④不原：不加以追究。

⑤十恶：法律规定的不可赦免的十种重大罪名。包括谋反、谋大逆、谋叛、恶逆、不道、大不敬、不孝、不睦、不义、内乱。五

逆：泛指各种逆伦之罪。屠牛：宰杀耕牛。铸钱：私自铸造钱币。故杀人：故意杀人。官典犯赃：官吏贪赃枉法。

⑥中：宗旨。

⑦乃能如是：尚且能做到这样。

赦免过错宽宥罪行，自古没有废除过，但实行的太频繁，就会仁慈奸人助长邪恶，引导小人陷入犯罪之地，这种危害固然不能一个一个地说出来。唐庄宗同光二年大赦，前面说："罪过不论轻重，常赦允许不加追究的，都赦免它。"而又说："谋反、谋叛、谋恶逆、不道、大不敬、不孝、不义等十恶、五逆、屠杀耕牛、私自铸钱、故意杀人、合造毒药、持杖抢劫、官吏贪赃犯法，不在大赦之内。"这一诏书正适合大赦的宗旨。唐庄宗在紊乱离散的朝代，尚且能如此这样，也有可取之处，而现在有时就不是这样了。

周武帝宣帝

原文

周武帝平齐，中原尽入舆地①，陈国不足平也，而雅志节俭，至是愈笃②。后宫唯置妃二人，世妇三人，御妻三人，则其下保林、良使辈，度不过数十耳。一传而至宣帝，奢淫酣纵③，自比于天，广搜美女，以实后宫，仪同以上女不许辄嫁，遂同时立五皇后。父子之贤否④不同，一至于此！

·注释·

①尽入舆地：都成为他的领土。

②愈笃：越发专一坚定。

③奢淫酣纵：奢侈荒淫醉酒放纵。

④贤否：贤明与奸恶。

北周武帝宇文邕灭掉北齐后，中原地区都成了他的领土，地处江南的陈国就容易平定了，而他素志节俭，到这个时候就更加坚定。后宫仅设置妃子二人，世妇三人，御妻三人，保林、良使等女官，大概不过数十人。传到他儿子宣帝宇文赟时，就奢侈荒淫醉酒放纵，自比于天，广泛搜索美女，用来充实后宫，仪同三司官员以上的女儿不许随便出嫁，于是同时立有五个皇后。他们父子贤和恶的不同，竟然达到这种程度！

唐观察使

原文

唐世于诸道置按察使，后改为采访处置使，治于所部之大郡[①]。既又改为观察，其有戎旅[②]之地，即置节度使。分天下为四十余道，大者十余州，小者二三州，但令访察善恶，举其大纲。然兵甲、财赋、民俗之事，

无所不领[3]，谓之都府，权势不胜其重，能生杀人[4]，或走私[5]其所领州，而虐视支郡。元结为道州刺史，作《舂陵行》，以为“诸使诛求符牒二百余通”，又做《贼退示官吏》一篇，以为“忍苦裒敛[6]”。阳城守道州，赋税不时[7]，观察使数诮责[8]，又遣判官督赋，城自囚于狱。判官去，复遣官来按举。韩愈《送许郢州序》云：“为刺史者常私于其民，不以实应乎府，为观察使者常急于其赋，不以情信乎州，财已竭而敛不休，人已穷而赋愈急。”韩皋为浙西观察使，封杖决安吉令孙澥至死。一时所行大抵类此，然每道不过一使临之耳。今之州郡控制按刺者，率五六人，而台省不预，毁誉善否[9]，随其意好，又非唐日一观察使比也。

①治于所部之大郡：治理各道的大郡。

②戎旅：军队。

③无所不领：没有什么不管的。

④能生杀人：掌握生杀大权。

⑤走私：专门偏私。

⑥裒敛：聚敛财物。

⑦赋税不时：官府不定时征收赋税。

⑧诮责：责问。

⑨毁誉善否：诽谤或者称赞。

·译文·

唐朝于各道设置按察使，后来改为采访处置使，治理各道的大郡。既而又改为观察使，有军队的地方，即设置节度使。唐朝划分全国为四十多道，大的管辖十多个州，小的管辖二三个州，仅命令其访察善恶，动问一道的大事。但是他们连兵甲、财赋、民俗的事无所不管，当称为都府，权势极重，有生杀大权，或专门偏私自己所在的州，而侵害其他各州。元结任道州（今湖南道县）刺史时，曾作有《春陵行》一篇，认为“各使索要传达命令的凭证有二百多道”；又做《贼退示官吏》一篇，认为观察使“忍心百姓痛苦加以聚敛”。阳城为道州刺史时，官府对赋税不定时加以征收，观察使数次加以责问，又派遣判官亲自监督收税，阳城没有办法，只好自己把自己囚禁于狱中。判官走了以后，又派遣官吏来审察他。韩愈《送许郢州序》说：“任刺史的人常常偏私于本州百姓，不以实情报于府，任观察使的人常常急于收取赋税，不以实情对待州府，财力已经枯竭而赋敛不止，人民已经贫穷而税收更加紧急。”韩皋为浙西观察使时，用大杖将安吉县令孙澥打死。一时所为大致如此，但当时每道不过一个观察使。现在的州郡控制按察使、刺史的人通常是五六人，而台省官吏不加干预，诽谤也好称赞也好，随他们的情趣，又不是唐朝一个观察使可以相比的。

卷　八

忠宣公谢表

原文

建炎[1]三年，先忠宣公衔命使[2]北方，以淮甸贼蜂起，除兼淮南、京东等路抚谕使，俾李成以兵护至南京。

公遣书抵成，成方与耿坚围楚州，答书曰："汴[3]涸，虹有红巾，非五千骑不可往。军食绝，不克唯命[4]。"公阴遣客说坚，坚强成敛兵。公行未至泗，谍云："有迎骑甲而来。"副使龚璹惮之，送兵亦不肯前，遂反旆。即上疏言："李成以馈饷稽缓[5]，有引众纳命建康之语。今靳赛、薛庆方横，万一三叛连衡[6]，何以待之？方含垢养晦[7]之时，宜选辩士谕意，优加抚纳。"疏奏，高宗即遣使抚谕成，给米五万斛。初，公戒[8]所遣持奏吏，须疏从中出，乃诣政事堂白[9]副封。时方禁直达[10]，忤宰辅意，以托事滞留为罪，特贬两秩，而许出滁阳路。绍兴十三年使回，始复原官。时已出知饶

州，命予作谢表，直叙其故，曰："论事见从[11]，犹获稽留之戾[12]。出疆滋久[13]，屡沾旷荡之恩[14]。始拜明纶[15]，得仍旧秩。伏念臣顷繇乏使，不敢辞难。值三盗之连衡，阻两淮而荐食，深虞猖獗之患，或起呼吸之间，辄露便宜[16]，冀加勤恤。虽玺书赐报，乐闻充国[17]之建言，而吏议不容，见谓陈汤之生事。亏除宦簿，绵历岁时[18]，敢自意[19]于来归，遂悉还于所夺。兹盖忘人之过，与天同功。念臣昔丽于微文，蔽罪本无于它意，故从数赦，俾获自新。"书印既毕，父兄复共议，秦桧方擅国，见此表语言，未必不怒，乃别草[20]一通引咎曰："使指稽留，宜速亏除之戾[21]。圣恩深厚，卒从拔拭之科。仰服矜怜[22]，唯知感戴。伏念臣早繇乏使，遂俾行成，值巨寇之临冲[23]，欲搏人而肆毒，仗节[24]宜图于报称，引车何事于逡巡。徐偃出疆，既失受辞之体；申舟假道，初无必死之心。虽蒙贬秩以小惩，尚许立功而自赎。徒行万里，无补一毫[25]，敢妄冀于隆宽，乃悉还于旧贯。兹盖忘人之过，抚下以仁。阳为德而阴为刑，未尝私意；赏有功而赦有罪，皆本好生。坐使孤臣，尽湔宿负[26]。"云云。前后奉使，无有不转官者[27]。先公以朝散郎被命，不沾思凡十五年，而归仅复所贬，而合磨勘[28]五官，刑部皆不引用，秦志也。遂终于此阶[29]。

·注释·

①建炎：宋高宗的年号。

②忠宣公：洪皓。衔命使：奉皇上旨意出使。

③汴：汴河。

④不克唯命：不能承担这个任务。

⑤稽缓：延误，迟缓。

⑥连衡：联合起来。

⑦含垢养晦：韬光养晦，隐忍不发。

⑧戒：命令。

⑨白：交出。

⑩时方禁直达：当时正禁止奏疏直接交与皇上。

⑪论事见从：议论的事情被迫服从。

⑫戾：罪名。

⑬出疆滋久：出使金国许久。

⑭旷荡之恩：皇帝给予的恩惠。

⑮始拜明纶：开始担任显要的官职。明纶，帝王的诏令。

⑯辄露便宜：依靠道路的方便。

⑰充国：赵充国，汉朝将军，曾率兵平定氐族人的反叛。

⑱绵历岁时：延续岁月。

⑲自意：自愿。

⑳别草：另外起草。

㉑宜速亏除之戾：应该赶紧改变枉任的罪名。

㉒仰服矜怜：仰首感怀圣上的怜悯之心。

㉓值巨寇之临冲：当时正值贼寇攻城略地。

㉔仗节：我作为朝廷的使节。

㉕无补一毫：未能有任何补救。

㉖尽湔宿负：洗去平时的忧虑。湔：洗去。

㉗无有不转官：没有不升迁转官的。

㉘磨勘：唐宋官员考绩升迁的制度。官员被反复查验后，根据考绩决定官职的升降。

㉙遂终于此阶：于是最后死在这个官职上。

宋高宗建炎三年，先是洪皓奉命出使金国，因淮河一带盗贼蜂起，任兼淮南、京都等路抚谕使，使李成用兵护卫到南京（今河南商丘）。

洪皓先发送书信到李成那里，当时李成与耿坚正围攻楚州，答书说："汴河已经干涸，虹（今安徽泗县）地有红巾军，除非有五千兵马不可往那里去。军队绝粮，不能胜任此命。"洪皓就暗中派遣说客说服耿坚，让他强迫李成收兵。当洪皓行走到泗州，刺探敌情的兵士说："有骑兵往这迎面而来。"副使龚璹很害怕，护送的士兵也不肯前进，于是返回。龚立即上书高宗，说："李成因军饷迟缓，有领军交命建康的话。现在靳赛、薛庆正横行一时，万一他们三股叛军联合起来，如何对待他们？正忍受耻辱隐藏待起之时，应选择舌辩之士以晓谕皇上的意思，给以优厚待遇抚慰收纳他们。"高宗接到奏疏后，即派遣使臣安抚李成，给米五万斛。当初，洪皓命令所派遣的送书官吏，奏疏必须从省中出，才能前往正事堂交出副件。当时正禁止奏疏直达皇上，违背宰相心意，宰相就以借故拖延的罪名，特此贬官两级，才许出任滁阳路官员。高宗绍兴十三年出使金国的使臣回国，才恢复他原来的官职。当时洪皓已经出任为饶州知府，命我做感谢的表章，我直叙其中的原因，说："议论之事被迫服从，仍然获得了托事停留的罪名。出使金国日久，屡次获得宏大的恩惠。开始任显官时，得到的仍然是旧俸禄。考虑臣顷刻之间被任命为无能的使节，又不敢推辞畏难。当时正值李成等三股盗贼联合之时，阻隔淮北、淮南而不断侵略土地，深感忧虑猖狂的祸患，或起于一瞬之间。依靠道路方便，希望勤加抚恤。虽然皇上下诏书加以赏赐，乐于听从像汉代赵充国平定武都氐人反叛那样的建议，而官吏议论不容许时，会有陈汤那样的事情发生。枉任朝臣，延续岁月，敢于自愿归来，于是全部归还所夺去的官秩。这大概是朝廷忘记了别人的过错，和天有同样的功劳。思念臣过去系于小文，遮盖自己的罪过本来没有其他的意思，所以听从数次赦免，使我改过自新。"书写盖印既已完毕，父兄共同商议，担心秦桧正专擅国政，见此上表中的语言，未必不发怒，就另外起草一通引罪自责的上表，说："命令指责停留，应速改变枉任的罪名。皇恩深厚，终于擦拭眼泪。敬服怜悯之心，仅知感恩戴德。念臣早年被任命为无能的使节，于是使我出使求和，当时正值贼寇攻城略地，残害无辜。拿着凭证应图报于朝廷，牵免车辆怎么会迟疑不决？徐偃王走出自己的疆土，既失去国家又受到人们的指责；楚国的申舟借道于宋，最初并没有必死的决心。虽然承蒙朝廷贬官给以小的惩处，尚允许立功赎罪。徒步行程万里，对国家没有丝毫补益，竟敢妄自希望于宽恕，于是朝廷归还于原官。这大概是忘记别人过错，安抚下面以仁德。阳是德、阴是刑，不曾有私心，奖赏有功者赦免有罪者，人本性都是喜好生存的，将使孤臣，尽洗平时忧虑。"如此等。前后奉使的人，没有不升调官职的。先父以朝散郎被任命为出使官员以来，不沾皇恩共十五年，而回来后仅恢复所贬的官职，而与磨勘相合，五官和刑部，都不引用，这是秦桧的意志。于是死于任上。

唐贤启状

原文

故书中有《唐贤启状》一册，皆泛泛缄题[①]。其间标为独孤常州及、刘信州太真、陆中丞长源、吕衡州温者，各数十篇，亦无可传诵。时人以[②]其名士，故流行至今。独孤有《与第五相公书》云："垂示《送丘郎中》两诗，词清兴深[③]，常情所不及。'阴天闻断雁，夜浦送归人。'醲丽闲远之外，文句窈窕悽恻[④]，比顷来所示者，才又加等。但吟诵叹咏，大谈于吴中文人耳。"又云："昨见《送梁侍御》六韵，清丽妍雅，妙绝今时，掩映风骚，吟讽不足。"案，第五琦乃聚敛之臣，不以文称[⑤]，而独孤奖重[⑥]之如此。观表出十字，诚为佳句，乃知唐人工诗者多，不必专门名家而后可称也。

注释

①泛泛缄题：扣题不够深入。

②以：认为。

③词清兴深：文辞清丽，比兴深刻。

④文句窈窕凄恻：文辞美艳而又凄惨动人。

⑤不以文称：不以诗文著称于后世。

⑥重：看重，推崇。

旧书中有《唐贤启状》一册，都是不深入地扣住了题目。其中标有独孤常州及、刘信州太真、陆中丞长源、吕衡州温的题目，各数十篇，也不可传诵。当时的人认为他们是名士，所以流行今天。独孤有《与第五相公书》说："垂示《送丘郎中》两首诗，文辞清丽比兴深刻，一般常情是不能达到的。'阴天闻断雁，夜浦送归人。'除了醇浓艳丽闲情逸致之外，文句美好凄惨，比向来所看到的，文才又有增加。特吟诵叹咏，与吴地文人大谈起这首诗来。"又说："昨天见到《送梁侍御》六韵，清新艳丽妍雅，妙语绝伦今时，隐约映衬《诗经》和《楚辞》，吟诵不足。"按唐人第五琦乃是搜刮民脂民膏的贪官，诗文并不被人们称道，而独孤却如此褒奖他。看他《送丘郎中》诗中仅十字，诚然是佳句，就知唐人善于作诗的人太多了，不必是专门名家，在他们之后也有可以称道的。

卷　九

赦放债负

原文

淳熙十六年二月登极赦：“凡民间所欠债负，不以久近多少，一切除放[①]。”遂有方出钱旬日，未得一息，而并本尽失之者，人不以为便[②]。何澹为谏大夫，尝论其事，遂令只偿本钱，小人无义[③]，几至喧譟。绍熙五年七月覃赦，乃只为蠲[④]三年以前者。案，晋高祖天福六年八月，赦云：“私下负债取利及一倍者并放。”此最为得[⑤]。又云：“天福五年终以前，残税并放。”而今时所放官物，常是以前二年为断[⑥]，则民已输纳，无及于惠矣。唯民间房赁欠负，则从一年以前皆免。比之区区五代，翻有所不若也。

注释

①除放：免除。

②人不以为便：人们不认为这是可行的事情。

③小人无义：一些小人贪利忘义。

④蠲：赦免。

⑤得：适当，得益。

⑥断：限期。

宋孝宗淳熙十六年二月登极赦说：“凡是民间所欠国债，不因年代远近、数量多少，一切加以免除。”于是有刚借出去的钱还不到十天，没得到一点利息，而连本都失去了，人们不认为是可行之事。何澹任谏议大夫，曾经议论过这件事，于是又下令只偿还本钱，一些小人贪利无义，几乎达到喧闹的地步。光宗绍熙五年七月，皇上对百姓进行赦免，但只是赦免三年以前所欠的债。按晋高祖天福六年八月，赦令说：“私人欠债以及已经收取利息一倍的都加以免除。”此赦令颇为得体。又说：“天福五年十二月以前，过去残留的赋税一并免除。”而今天所放官物，常是以前二年为限，而百姓已经交纳给官府，百姓没有得到实惠。仅民间租赁房子所欠债，则从一年以前都加以赦免。今天和小小的五代相比，反而有所不如。

周玄豹相

原文

唐庄宗时，术士周玄豹以相法[1]言人事，多中。时明宗为内衙指挥使，安重诲使他人易服[2]而坐，召玄豹相之。玄豹曰：“内衙，贵将也，此不足当[3]之。”乃指

明宗于下坐，曰："此是也。"因为明宗言其后贵不可言。明宗即位，思玄豹以为神。将招致京师，宰相赵凤谏，乃止。观此事，则玄豹之方术可知。然冯道初自燕归太原，监军使张承业辟为本院巡官，甚重之，玄豹谓承业曰："冯生无前程，不可过用[4]。"书记卢质曰："我曾见杜黄裳写真图，道之状貌酷类焉，将来必副[5]大用，玄豹之言不足信也。"承业于是荐道为霸府从事。其后位极人臣，考终牖下[6]，五代诸臣皆莫能及，则玄豹未得擅唐、许之誉也。道在晋天福中为上相，诏赐生辰器币。道以幼属乱离[7]，早丧父母，不记生日，辊辞不受。然则道终身不可问命[8]，独有形状可想，而善工[9]亦失之如此。

注释

①相法：相面的方法。

②易服：改变服装。

③当：担当。

④不可过用：不可太过任用。

⑤副：辅佐。

⑥考终牖下：寿终正寝，老死家中。

⑦幼属乱离：幼年时饱经离乱。

⑧然则道终身不可问命：然则冯道终生都不能询问自己的命运。古时人按照生辰八字推算命运，冯道不记自己的生辰，所以说他终生都不能询问命运。

⑨善工：善于绘画的人。

后唐庄宗时期，道术之士周玄豹用相面的方法来预言人事，有很多被说中的。当时明宗还是内衙指挥使，安重诲让他人改变服装而坐在那里，召周玄豹来为他相面。周玄豹说："内衙是贵将，此人不能当此重任。"于是指着下位的明宗说："这个人可当此重任。"因为明宗听说他日后将富贵逼人。明宗即位后，想周玄豹相面如神，想要召他到京师来，宰相赵凤加以谏阻，就停止召他来。观察此事，周玄豹的方术是出名的。但冯道当初自幽州投归太原时，监军使张承业担任本院巡官，很重视他，周玄豹对张承业说："冯道没有什么前程，不可过于任用。"书记卢质说："我曾经见过唐人杜黄裳的画像，冯道的相貌和他十分相似，将来必能辅佐人君得到大用，周玄豹的言论不足以相信。"张承业于是推荐冯道任霸府从事。其后位居宰相，寿终于家中，五代时期各位大臣都不能超过他，于是周玄豹不得专擅术士名誉。冯道在后晋天福年间任上相，皇上下诏赐给他生辰器物币帛。冯道因幼年遭丧乱，父母早死，不记自己生日，诚恳推辞不受。那么冯道终身不可询问命运，只有形貌可以观察，而善画像的画师也失掉了挣钱的机会。

钴鉧沧浪

原文

柳子厚《钴鉧潭西小丘记》云："丘之小不能一亩。问其主。曰：'唐氏之弃地，货而不售。'问其价，曰：'止四百。'予怜而售之。以兹丘之胜，致之沣水、鄠、杜，则贵游之士争买者，日增千金而愈不可得。今弃是州也，农夫渔父过而陋之，贾四百[①]，连岁[②]不能售。"苏子美[③]《沧浪亭记》云："予游吴中，过郡学东，顾草树郁然，崇阜广水[④]，不类乎城中。并水得微径于杂花修竹之间，东趋数百步，有弃地，三向皆水[⑤]，旁无民居，左右皆林木相亏蔽。予爱而裴回[⑥]，遂以钱四万得之。"予谓二境之胜绝如此，至于人弃不售，安知其后卒为名人赏践？如沧浪亭[⑦]者，今为韩蕲王家所有，价值数百万矣，但钴鉧复埋没不可识。士之处世，遇与不遇[⑧]，其亦如是哉！

注释

①贾四百：标出四百的价钱。

②连岁：连年。

③苏子美：即苏舜钦，字子美，北宋著名诗人。其诗直刺现实，意气高昂。

④崇阜广水：高丘广水。崇，高大。阜，土山。

⑤三向皆水：三面环水。

⑥裴回：通“徘徊”，流连不能去。

⑦沧浪亭：即苏舜钦以四万钱所购这片土地后修筑的园林。当时苏舜钦被贬官，在吴中购得这片废园，又在水旁建亭，取《楚辞》中“沧浪之水清兮可以濯我缨，沧浪浊兮可以濯我足”之意，名曰“沧浪亭”，自号沧浪翁，并作《沧浪亭记》，后欧阳修应邀写长诗《沧浪亭》。自此，沧浪亭名留千古。南宋时沧浪亭为抗金名将韩世忠所得，改名“韩园”。

⑧不遇：没有合适的机会。

柳宗元《钴鉧谭西小丘记》说：“土丘之小不到一亩。问它的主人。主人说：‘姓唐的人不要的地方，买而售不出。’问它的价钱，说：‘仅要四百钱。’我怜惜买下它。因这个小丘有名胜，到了沣水、姓鄠、姓杜的人家手里，则无官职的人士争着买它，一天就增价千金而更不能得到它。而今却成了废弃的州了，农夫渔夫经过这里都鄙视之，价钱四百，连年都不能出售。”苏舜钦《沧浪亭记》说：“我游览吴地，经过郡中设立的学校的东面，回过头来看草木茂盛，高丘广水，不似城中。傍水有小径通于杂花长竹之间，东走数百步，有一片废弃的地方，三面临水，旁边没有居民，左右都是林木相遮蔽。我喜爱它，徘徊忘返，于是用钱四万买到了这块地方。”我认为这两处风景都很出色，至于当时的人放弃它而不出售，怎么会知道后来终有名人来欣赏它呢？如沧浪亭，现在为韩世忠家所有，价值数百万，但钴鉧潭又重新埋没不可识了。士人处在世上，有机遇和没有机遇，也是这样呀！

卷　十

唐夜试进士

原文

唐进士入举场得用烛，故或者以为自平旦至通宵。刘虚白有“二十年前此夜中，一般灯烛一般风”之句，及三条烛尽[①]之说。按《旧五代史·选举志》云：“长兴二年，礼部贡院奏当司奉堂帖[②]夜试进士，有何条格者。敕旨[③]：‘秋来赴举，备有常程[④]，夜后为文，曾无旧制[⑤]。王道以明规是设，公事须白昼显行，其进士并令排门齐入就试[⑥]，至闭门时试毕，内有先了者，上历画时，旋令先出，其入策亦须昼试，应诸科对策，并依此例。’”则昼试进士，非前例也。清泰二年，贡院又请进士试杂文，并点门入省[⑦]，经宿[⑧]就试。至晋开运元年，又因礼部尚书知贡举窦贞固奏，自前考试进士，皆以三条烛为限，并诸色举人有怀藏书册不令就试。未知于何时复有更革。白乐天集中奏状云：“进士许用书册，兼得通宵。”但不明言入试朝暮也。

·注释·

①三条烛尽：考试时间以三条蜡烛为限。

②堂帖：文件，规定。

③敕旨：皇帝的诏令。

④常程：一般的规程。

⑤旧制：惯例。

⑥其进士并令排门齐入就试：参加考试的人都要服从命令在门外排好次序一齐进入考场。

⑦点门入省：指定进入特别的官署部门。

⑧经宿：经过一宿，即第二天。

·译文·

唐朝进士入考场得用蜡烛，因而有人以为要从天刚亮考到第二天通宵。刘虚白有“二十年前此夜中，一般灯烛一般风”的诗句，又有三只蜡烛燃尽为限之说。《旧五代史·选举志》中说：“后唐明宗长兴二年，礼部贡院奏当司奉宰相下的文件（堂贴）夜间考试进士，专门有人拿着文件的条款。皇帝的诏令说：‘秋天来参加考试，准备有一般规程，入夜后才写文章，不曾有旧的制度。王道都是按明白的常规设立的，公事必须在白昼公开进行，参加考试的人都要服从命令在门外排好次序一齐进入考场，到关门时考试结束，其中如有先考完的人，记好他的时间，就令他先出去，他们入策也须要白天考试，应试各科对策，并仍照此例。’”白天考试进士，不是以前的惯例。后唐末帝清泰二年，贡院又请示计进士考试杂文，并且指定进入特别官署部门，过一宿就参加考试。到了后晋出帝开运元年，又因为礼部尚书知贡推举窦贞固的奏折，以前考试进士，都以三只蜡烛的时间为限，并且各种举人有怀藏书本的就不让他参加考试。不知道到什么时候再有革新。白居易集中奏状说："进士允许参考书册，并且得通宵达旦。"但没有说明白入试的时间是清晨还是晚上。

纳绸绢尺度

原文

周显德三年。敕，旧制织造絁绸、绢布、绫罗、锦绮、纱縠等，幅阔二尺起，来年后并须及二尺五分。宜令[①]诸道州府，来年所纳官绢，每匹须及一十二两，其絁绸只要夹密停匀，不定斤两。其纳官絁绸绢，依旧长四十二尺。乃知今之税绢，尺度长短阔狭，斤两轻重，颇本[②]于此。

注释

①宜令：命令。

②本：根源。

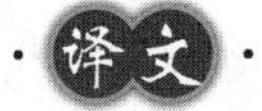

后周太祖显德三年。皇帝下诏，按旧方法织造的粗绸、绢布、绫罗、锦缎、绉纱等，幅宽二尺以上，来年后并一定要达到宽二尺五分。命令各道、州、府，来年缴纳给官府的绢，每匹必须达到十二两重，粗绸只要稀密均匀，不定斤两。缴纳给官府的绸绢，依旧长四十二尺。于是才知道如今纳税的绸绢，尺寸长短、宽窄，斤两轻重，都根源于此。

朱梁轻赋

原文

朱梁之恶，最为欧阳公《五代史记》所斥詈[①]。然轻赋[②]一事，《旧史》取之，而《新书》不为拈出。其语云："梁祖之开国也，属黄巢大乱之余，以夷门一镇，外严烽候[③]，内辟污莱[④]，厉以耕桑[⑤]，薄其租赋[⑥]，士虽苦战，民则乐输[⑦]，二纪之间[⑧]，俄成霸业。及末帝与庄宗对垒于河上，河南之民，虽困于辇运[⑨]，亦未至流亡。其义无他，盖赋敛轻而丘园可恋故也。及庄宗平

定梁室，任吏人孔谦为租庸使，峻法以剥下[⑩]，厚敛以奉上，民产虽竭，军食尚亏，加之以兵革，因之以饥馑，不四三年，以致颠陨[⑪]。其义无他，盖赋役重而寰区[⑫]失望故也。”予以事考之，此论诚然，有国有家者之龟鉴也。《资治通鉴》亦不载此一节。

·注释·

①斥詈：斥责。

②轻赋：减轻赋税。

③外严烽候：对外严密注视烽火台，防止外敌入侵。烽候，古时有烽火台，专门用来关注外族的动向。

④内辟污莱：对内避免自然灾害和盗贼。辟，避免。

⑤厉以耕桑：严格要求农民努力耕织。

⑥薄其租赋：减轻他们的赋税。

⑦民则乐输：百姓乐于为士兵输送给养。

⑧二纪之间：二十四年后。一纪为十二年。

⑨辇运：军用物资的运输。

⑩峻法以剥下：用严苛的法令来盘剥民众。

⑪颠陨：崩溃倾颓。

⑫寰区：广大民众。

·译文·

朱梁的罪恶，最为欧阳修先生在《五代史记》中所斥责。然而朱梁主张减轻赋税一事，《旧史》上有记载，而《新书》却没有注意这一点。朱梁说：“梁朝的先祖开国的时候，正是黄巢起义大乱将要结束之时，先祖凭借夷门一个城镇，对外严密注视烽火台防止外敌入侵，对内要避免自然灾害和盗贼，以严苛要求农民努力耕种，而减少他们的赋税，士兵虽然饱尝战争之苦，百姓们却乐于为之输送给养，二十四年间，很快成就了霸业。到了末帝与后唐庄宗两军对垒于黄河上时，黄河以南的民众，虽然被运送军物搞得疲惫不堪，也没有逃亡的。民众思想上没别的，都因为赋税轻而且家乡故土值得留恋的缘故。到了庄宗平定梁朝王室时，任用官吏孔谦为租庸使，以严苛法度来盘剥民众，厚征暴敛来奉献皇上，民众的物产虽被榨取干净，可军队的食品还不够用，再加上战事频繁，又因为饥荒严重，不到三四年，国家就面临崩溃的边缘。造成这种局面没有别的原因，全是赋税劳役惨重而广大民众失望的缘故。”我用历史事实考证，这一论点真实可信，这是拥有国家的人应当借鉴的。《资治通鉴》也没记载这一点。

祢衡轻曹操

原文

孔融荐祢衡，以为“淑质贞亮，英才卓砾[①]，志怀霜雪，嫉恶若仇，任座、史鱼，殆无以过，若[②]衡等辈，不可多得”。数称述于曹操。操欲见之，衡素相轻疾[③]，不肯往，而数有恣言[④]，操怀忿，因召之击鼓，裸身辱之。融为见操，说其狂疾[⑤]，求得自谢。操喜，敕门者有客便通，待之极宴，衡乃坐于营门，言语悖逆，操怒，送与刘表。衡为融所荐，东坡谓融视操，特鬼蜮之

雄，其势决不两立，非融诛操，则操害融。而衡平生唯善[6]融及杨修，常称曰："大儿孔文举，小儿杨德祖。"融、修皆死于操手，衡无由得全。《汉史》言其尚气刚傲，矫时慢物，此盖不知其鄙贱曹操，故陷身危机，所谓语言狂悖者，必诵斥其有僭篡[7]之志耳。刘表复不能容，以与黄祖。观其所著《鹦鹉赋》，专以自况[8]，一篇之中，三致意焉。如云："嬉游高峻，栖峙幽深。飞不妄集[9]，翔必择林。虽周旋于羽毛，固殊智而异心。配鸾皇而等美[10]，焉比翼于众禽?"又云："彼贤哲之逢患，犹栖迟以羁旅。矧[11]禽鸟之微物，能驯扰以安处。"又云："嗟禄命之衰薄，奚遭时以崄巇。岂言语以阶乱[12]，将不密以致危。"又云："顾六翮[13]之残毁，虽奋迅其焉如。心怀归而弗果，徒怨毒于一隅。"卒章云："苟竭心于所事，敢背惠以忘初。期守死以报德，甘尽辞以效愚。"予每三复其文而悲伤之。李太白诗云："魏帝营八极，蚁观一祢衡。黄祖斗筲人，杀之受恶名。吴江赋鹦鹉，落笔超群英。锵锵振金石，句句欲飞鸣。挚鹗啄孤凤，千春伤我情!"此论最为精当也。

①淑质贞亮，英才卓荦：品质光明磊落，英才超绝。贞亮，忠贞诚信。卓荦，超绝，特出。

②若：类似。

③衡素相轻疾：祢衡平常就轻视厌恶曹操。

④慭言：不恭敬的话语。

⑤疾：病。

⑥善：看重。

⑦僭篡：篡夺皇位。僭，僭越，下犯上。篡，篡夺。

⑧自况：刻画自己的状况。

⑨妄：盲目。集：集结。

⑩配鸾皇而等美：要与凤凰相匹共美。鸾皇，即凤凰。

⑪矧：况且。

⑫阶乱：招致灾祸。

⑬六翮：本指鸟两翼中的正羽，此处代指鸟。

·译文·

孔融（向曹操）举荐祢衡，认为他“品质光明磊落，英才超绝，志怀纯洁，疾恶如仇，他比任座、史鱼有过之而无不及，像祢衡这样的人，实不可多得”。这样数次在曹操面前称赞祢衡。曹操打算见祢衡，祢衡平常就轻视厌恶曹操，不肯前往，而且数次说不恭敬的话。曹操很气愤，就召他击鼓，并以赤身裸体表示污辱。孔融因而又见曹操，说祢衡有疯狂病，现在愿登门谢罪。曹操高兴了，就告诉守门人有来客就让进，用上等宴席招待。祢衡来后就坐在营门口，说话极不礼貌，曹操大怒，把祢衡送给了刘表。祢衡被孔融所举荐，苏东坡说在孔融看来，曹操只不过是鬼蜮之雄，他们二人势不两立，不是孔融杀掉曹操，就是曹操害了孔融。祢衡平生只与孔融和杨修友好，他常常称道：“我的大儿子是孔融，小儿子是杨修。”孔融、杨修都是死于曹操之手，祢衡并没有办法保全他们。《汉史》说祢衡志气高傲，卓尔不群，这大概是不知他看不起曹操，所以才身陷危机。所谓语言狂放不羁的人，一定会被斥责为有篡夺大权的野心。刘表也不能容祢衡，又把他给了黄祖。读祢衡所写的《鹦鹉赋》，看来是专门写自己的，一篇赋里，三番五次表达了自己的意志。如说："嬉游于高山峻岭，栖息在幽林深山。飞行不盲目集结，翱翔定选择树林。虽然都是用羽毛飞翔，可本来就殊志异心。要与鸾凰相匹共美，怎能与众禽比翼齐飞？"又说："看那些圣哲遭遇祸患，还是暂时休养生息。况且禽鸟这些小东西，怎能在驯扰中平安处世。"又说："可叹那爵禄之命运多么衰微薄弱，为什么会遭到这么艰难的道路。哪里是言语造成的祸乱，完全是不靠近权贵才带来的危险。"又说："看到翅膀已经残毁，虽然想奋飞又不知向何处。内心想归去又没有结果，躲在一隅怨恨又有什么用。"文章结尾时又说："即使想尽心竭力于所干的事业，又怎能违背良心忘掉初衷。只有等待用死来报答恩德，甘愿把话说完来尽力而为。"我每次读都要反复吟诵这些文字，而且为之悲伤不已。李白的诗说："魏帝营八极，蚁观一祢衡。黄祖斗筲人，杀之受恶名。吴江赋鹦鹉，落笔超群英。锵锵振金石，句句欲飞鸣。挚鹗啄孤凤，千春伤我情！"李白这里对祢衡的论述最为精当。

卷十一

汉文帝不用兵

原文

《史记·律书》云："高祖厌苦军事，偃武[①]休息。孝文即位，将军陈武等议曰：'南越、朝鲜，拥兵阻阸[②]，选蠕观望[③]。宜及士民乐用[④]，征讨逆党，以一封疆[⑤]。'孝文曰：'朕能任衣冠，念不到此。会吕氏之乱，误居正位，常战战栗慄，恐事之不终。且兵凶器，虽克所愿，动亦耗病，谓百姓远方何？今匈奴内侵，边吏无功，边民父子荷兵[⑥]日久，朕常为动心伤痛，无日忘之。愿且坚边设候，结和通使，休宁北陲[⑦]，为功多矣。且无议军。'故百姓无内外之繇，得息肩于田亩[⑧]，天下富盛，粟至十余钱。"予谓孝文之仁德如此，与武帝黩武穷兵，为霄壤不侔[⑨]矣。然班史略不及此事。《资治通鉴》亦不编入，使其事不甚暴白，惜哉！

·注释·

①偃武：停止战斗。

②拥兵阻扼：派重兵扼守险要的地势。

③选蠕观望：选择时机观望。

④宜及士民乐用：应当调动兵马。

⑤以一封疆：以平定边疆。

⑥荷兵：征战。

⑦休宁北陲：使北方边境安宁。

⑧得息肩于田亩：得以休养生息，鼓励农耕。

⑨为霄壤不侔：是天壤之别。侔：相比。

·译文·

《史记·律书》中说：“汉高祖厌恶打仗，于是停止战斗，休养生息。孝文帝即位后，将军陈武等人提议说：‘南越、朝鲜，拥重兵把守险地，选择时机观望。我军应当调动兵马，征讨叛贼，以平定边疆。’孝文帝说：‘朕虽穿着皇上的衣冠，但没想到这一点。恰逢吕氏之乱，我误坐皇位，经常战战栗栗，恐怕大事没有结果。况且动用兵器，虽能克敌如愿，但打仗也会损伤自身，想到百姓的长远利益我又该如何打算呢？如今匈奴侵入内地，守边的官吏无功，边疆的百姓抗敌已久，朕常常为他们感到伤心不安，没有一天能忘记。我希望一边巩固边防，一边派使节讲和，使北方边境安宁，这才是大的功德。暂不要谈论用兵的事。’因而他取消了百姓内外的徭役，使百姓得以休养生息，积极农耕，天下富强繁盛，粮食非常便宜。”所以，我说孝文帝如此仁德，和汉武帝穷兵黩武，真是天壤之别啊！

然而班固的史书却对此事略而不记。《资治通鉴》也未将此项功绩编入，使这件事不能很好地传播天下，真是可惜。

东坡三诗

原文

东坡初赴惠州，过峡山寺，不值①主人，故其诗云："山僧本幽独，乞食况未还。云碓水自舂，松门风为关。石泉解娱客，琴筑鸣空山。"既至惠州，残腊②独出，至栖禅寺，亦不逢一僧，故其诗云："江边有微行，诘曲背城市。平湖春草合，步到栖禅寺。堂空不见人，老稚掩关睡。所营在一食，食已宁复事。客行岂无得？施子净扫地。风松独不静，送我作鼓吹。"后在儋耳作《观棋》诗，记游庐山白鹤观，观中人皆阖户昼寝③，独闻棋声，云："五老峰前，白鹤遗址。长松荫庭，风日清美。我时独游，不逢一士。谁欤棋者？户外屦二。不闻人声，时闻落子。"其寂寞冷落之味，可以想见，句语之妙，一至于此。

注释

①值：遇见。

②残腊：腊月要过完的时候。

③阖户昼寝：关上大门，白天睡觉。

·译文·

苏东坡初次去惠州时，路过峡山寺，没有见到主人，所以写诗为："山僧本幽独，乞食况未还。云碓水自舂，松门风为关。石泉解娱客，琴筑鸣空山。"到了惠州之后，腊月将过之时独自出游，来到栖禅寺，也没遇到一个僧人，所以写诗说："江边有微行，诘曲背城市。平湖春草合，步到栖禅寺。堂空不见人，老稚掩关睡。所营在一食，食已宁复事。客行岂无得？施子净扫地。风松独不静，送我作鼓吹。"后来在儋耳又写了《观棋》诗，记载游庐山白鹤观时，观中人都闭门在白天睡觉，只听到下棋的声音。诗如下："五老峰前，白鹤遗址。长松荫庭，风日清美。我时独游，不逢一士。谁欤棋者？户外屦二。不闻人声，时闻落子。"诗中写的寂寞冷落的情景，完全可以想见，语句之美妙，也达到了极高的境界。

天文七政

原文

《尚书·舜典》："以齐七政。"孔安国本注谓"日月五星也"。而马融云："七政者，北斗七星，各有所主。第一主[1]日；第二主月；第三曰命火，谓荧惑也；第四曰煞土，谓填星也；第五曰代水，谓辰星也；第六曰危木，谓岁星也；第七曰剽金，谓太白也。日月五星各异，故曰七政。"《尚书大传》一说又以为："七政

者，谓春、秋、冬、夏、天文、地理、人道，所以为政也，人道正而万事顺成。”三说不同，然不若孔氏[2]之明白也。

·注释·

①主：掌管。

②孔氏：孔安国。

·译文·

《尚书·舜典》中说：“以齐七政。”孔安国注本认为，这是说的“日月五星”。而马融认为：“七政就是指的北斗七星，它们各有自己所主管的。第一个主管日；第二个主管月；第三个就是命火，叫作荧惑；第四个就是煞土，叫作填星；第五个就是代水，叫作辰星；第六个就是危木，叫作岁星；第七个就是剽金，叫作太白。日月五星各有不同，所以叫作七政。”《尚书大传》又有一种说法，认为：“七政，就是春、秋、冬、夏、天文、地理、人道，之所以叫作政，是说人道正确就万事顺利成功。”三种说法各有不相同，我看还是孔安国的说法最为明白。

卷十二

闵子不名

原文

《论语》所记孔子与人语及门弟子并对其人问答，皆斥[①]其名，未有称字者，虽颜、冉高弟，亦曰回，曰雍，唯至闵子，独云子骞，终此书无指名。昔贤谓《论语》出于曾子、有子之门人[②]，予意亦出于闵氏。观所言闵子侍侧之辞，与冉有、子贡、子路不同，则可见矣。

注释

①斥：称呼。

②门人：门徒，门下弟子。

译文

《论语》中所记载的孔子和人们的谈话以及门下弟子并对他人提出问题的回答，都是直称其名，没有称字的，即使是颜回、冉雍之类的高徒，也叫回，叫雍。只有到了闵子，才称为子骞，直到这部书结束都没有称他的名。昔时的贤士说《论语》是曾子、有子的门徒所作，我觉得也出自闵子。阅读《论语》中所说的闵子侍侧时说的话，和冉有、子贡、子路不同，就可以看出来了。

曾皙待子不慈

原文

传记所载曾皙待其子参不慈，至云因锄菜误伤瓜，以大杖击之仆地[①]。孔子谓参不能如虞舜小杖则受[②]，大杖则避，以为陷父于不义，戒[③]门人曰：“参来，勿内。”予切疑无此事，殆战国时学者妄为之辞。且曾皙与子路、冉有、公西华侍坐，有“浴乎沂，风乎舞雩”之言，涵泳圣教[④]，有超然独见之妙，于四人之中，独蒙“吾与”之褒，则其为人之贤可知矣。有子如此，而儿置之死地，庸人且犹不忍，而谓皙为之乎？孟子称曾子养曾皙酒肉养志，未尝有此等语也。

·注释·

①仆地：扑倒在地。

②受：忍受，经受。

③戒：告诫。

④涵泳圣教：受圣人（孔子）的教育。

·译文·

传记中记载，曾皙对待儿子曾参很不慈爱，以至于因为锄菜地误把瓜给碰伤了，就用大杖打得他趴在地下不能动。孔子听说后说，曾参怎么不像虞舜那样，小杖就忍受，大杖打就躲避，这是害得他父亲落了个无情无义的名声，并告诫守门人说："曾参来了不让他进。"我私下里怀疑这件事，很可能是战国时代的学者胡编乱造的。《论语》中有关于曾皙和子路、冉有、公西华侍坐的记载，还有"沐浴于沂，在风中跳祈雨的舞蹈"的话，可见曾皙受圣人教育，涵养很深，有智慧卓绝、见解独到之才。在这四个人中，只有曾皙承蒙孔夫子"吾与"之褒奖，那么他为人的贤德就可知了。有这样的儿子，几乎把他置于死地，平庸的人尚且不忍心，更何况曾皙呢？孟子讲曾子养曾皙是酒肉养志，我认为未曾有这等语言。

渊明孤松

原文

渊明诗文率[1]皆纪实，虽寓兴花竹间亦然。《归去来辞》云："景翳翳以将入，抚孤松而盘桓。"其《饮酒诗》二十首中一篇云："青松在东园，众草没[2]其姿。凝霜殄异类，卓然见高枝。连林人不觉，独树众乃奇。"所谓孤松者是已，此意盖以自况也。

·注释·

①率：大多。

②没：掩盖，湮没。

·译文·

陶渊明的诗文大都是纪实之作，即使寄寓于花竹之中也不例外。如《归去来辞》中说："景翳翳以将入，抚孤松而盘桓。"《饮酒诗》二十首中有一首说："青松在东园，众草没其姿。凝霜殄异类，卓然见高枝。连林人不觉，独树众乃奇。"这些都是写孤松的，也都是用孤松来写自己的。

卷十三

僧官试卿

原文

唐朝宗以胡僧不空为鸿胪卿、开府仪同三司，予已论之矣。自其后习以为常，至本朝尚尔。元丰[①]三年，详定官制所言，译经僧官，有授试光禄鸿胪卿、少卿者，请自今试卿者，改赐三藏大法师，试少卿者，赐三藏法师。诏试卿改赐六字法师，少卿四字，并冠以译经三藏。久之复罢。

注释

①元丰：年号。指1078—1085年，是宋神宗赵顼的一个年号，共计八年。元丰八年二月宋哲宗即位沿用。

译文

唐朝宗任命胡人僧不空担任鸿胪卿、开府仪同三司之职，我已经在前面论述过了。从此以后习以为常，到宋朝仍然如此。神宗元丰三年（1080年），根据详定官制的规定，译经的僧官，有授命考试光禄鸿胪卿、少卿的，请求从今以后，考试卿官的，改为赐给三藏大法师之职，考试少卿的，赐三藏法师之职。皇上下诏把试卿改为赐给六字法师，少卿赐给四字法师，前面要加上译经三藏四字。可能时间长了，就又免除了。

大观算学

原文

大观中，置算学如庠序[①]之制，三年三月，诏以文宣王为先师，兖、邹、荆三国公配飨，十哲从祀，而列自昔著名算数之人，绘像于两廊，加赐五等之爵。于是中书舍人张邦昌定其名，风后、大桡、隶首、容成、箕子、商高、常仪、鬼臾区、巫咸九人封公，史苏、卜徒父、卜偃、梓慎、卜楚丘、史赵、史墨、裨灶、荣方、甘德、石申、鲜于妄人、耿寿昌、夏侯胜、京房、翼奉、李寻、张衡、周兴、单飏、樊英、郭璞、何承天、宋景业、萧吉、临孝恭、张曾元、王朴二十八人封伯，邓平、刘洪、管辂、赵达、祖冲之、殷绍、信都芳、许遵、耿询、刘焯、刘炫、傅仁均、王孝通、瞿昙罗、李淳风、王希明、李鼎祚、边冈、郎顗、襄楷二十人封子，司马季主、洛下闳、严君平、刘徽、姜岌、张立建、夏侯阳、甄鸾、卢太翼九人封男。考其所条具，固

有于传记无闻者，而高下等差，殊为乖谬。如司马季主、严君平止于男爵，鲜于妄人、洛下闳同定《太初历》，而妄人封伯，下闳封男，尤可笑也。十一月又改以黄帝为先师云。

·注释·

①庠序：古代的地方学校。后也泛称学校或教育事业。设庠序以化于邑，学子愤慨于庠序，商贾喧噪于廛市。《孟子·滕文公上》："夏曰校，殷曰庠，周曰序。"

·译文·

宋徽宗大观年间，把算学列入学校的制度里，大观三年（1109年）三月，皇上下诏把文宣王孔子当作先师，兖、邹、荆三国公为配享，以孔子弟子颜渊、闵子骞、冉伯牛、仲弓、宰我、子贡、冉有、季路、子路、子夏十个哲人随从祭祀，而把古代以来的著名术数学家罗列出来，绘出画像挂在两边走廊上，再加赐五等爵位。于是中书舍人张邦昌确定风后、大桡、隶首、容成、箕子、商高、常仆、鬼臾区、巫咸九人封为公爵，史苏、卜徒父、卜偃、梓慎、卜楚丘、史赵、史墨、裨灶、荣方、甘德、石申、鲜于妄人、耿寿昌、夏侯胜、京房、翼奉、李寻、张衡、周兴、单飏、樊英、郭璞、何承天、宋景业、萧吉、临孝恭、张曾元、王朴二十八人封伯，邓平、刘洪、管辂、赵达、祖冲之、殷绍、信都芳、许遵、耿询、刘焯、刘炫、傅仁均、王孝通、瞿昙罗、李淳风、王希明、李鼎祚、边冈、郎顗、襄楷二十人封为子爵，司马季主、洛下闳、严君平、刘徽、姜岌、张立建、夏侯阳、甄鸾、卢太翼九人封男爵。考查以上的这些人，有的在传记中没有听说过，而且所定的等级高低更是荒谬悖理。如司马季主、严君平仅仅封为男爵；鲜于妄人和洛下闳两人共同制定《太初历》，可鲜于妄人封了伯爵，而洛下闳不过封为男爵，特别可笑。到十一月时，又改为以黄帝为先师了。

牺尊象尊

原文

《周礼》司尊彝："裸用鸡彝、鸟彝[①]，其朝献用两献尊，其再献用两象尊。"汉儒注曰："鸡彝、鸟彝，谓刻而画之为鸡、凤凰之形。献读为牺，牺尊饰以翡翠，象尊以像凤凰。"或曰："以象骨饰尊。"又云："献音娑，有婆娑之义。"惟王肃云："牺、象二尊，并全牛、象之形，而凿背为尊。"陆德明释《周礼》献尊之献，音素何反。而于《左氏传》"牺象不出门"，释牺为许宜反，又素何反。予案今世所存故物，《宣和博古图》所写，牺尊纯为牛形，象尊纯为象形，而尊在背，正合王肃之说。然则"牺"字只当读如本音，郑司农诸人所云，殊与古制不类[②]。则知目所未睹而臆[③]为之说者，何止此哉！又今所用爵，除太常礼器之外，郡县至以木刻一雀，别置杯于背以承酒，不复有两柱、三足、只耳、侈口之状，向在福州见之，尤为可笑也。

·注释·

①鸡彝、鸟彝：刻有鸡的形状和鸟的形状的酒器。

②殊与古制不类：与古人的惯例很不相同。类，类似。

③臆：主观臆断。

·译文·

《周礼》司尊彝上说：“祭祀时往地上洒酒要用刻有鸡形和鸟形的酒器，早晨祭祀要用两个饰有翡翠的酒杯，再一次祭祀要用两个形状像凤凰的酒杯。”汉代的大学问家注释说：“鸡彝、鸟彝，就是酒器上刻画有鸡和凤凰的形状。献应读作牺，牺酒杯用翡翠装饰，象尊形状像凤凰。”有人说：“象尊就是用象骨装饰的酒杯。”还有人说：“献音娑，有婆娑的意思。”只有王肃说：“牺、象二尊，全是形状像牛和大象，而在背上凿洞制成酒杯。”陆德明释《周礼》的献尊的献，读音是素何切。而对《左传》中的“牺象不出门”的牺解释为许宜切，又是素何切。我认为现今所保存的古物，根据《宣和博古图》中的记载，牺尊全是牛形，象尊纯为象形，而且盛酒的地方在背部，正好与王肃的解释一致。然而“牺”字只应当读作本音，郑司农等人所说，与古人的惯例很不相同。那么就可以知道没有亲眼看见而靠主观臆断，又何止这些呢！又如现在所使用的爵，除了特别用的礼器之外，郡县里用的是用木刻成一种雀状，另外在背上置酒杯，不再有两根柱、三只足、一只耳朵、张口的形状，过去我在福州见过，特别可笑。

卷十四

三教论衡

原文

唐德宗以诞日岁岁诏佛、老者大论麟德殿，并召给事中徐岱及赵需、许孟容、韦渠牟讲说。始三家若矛楯，然卒而同归于善，帝大悦，赍予有差。此《新书》列传所载也。白乐天集有《三教论衡》一篇，云："太和元年十月，皇帝降诞日，奉敕召入麟德殿内道场，对御三教谈论，略录大端。第一座：秘书监白居易，安国寺引驾沙门义林，太清宫道士杨弘元。"其序曰："谈论之先，多陈三教，赞扬演说，以启谈端。臣学浅才微，猥登讲座。窃以义林法师明大小乘，通内外学，于大众中能狮子吼。臣稽先王典籍，假陛下威灵，发问既来，敢不响答。"然予观义林所问，首以《毛诗》[①]称六义，《论语》列四科，请备陈名数而已。居易对以孔门之徒三千，其贤者列为四科，《毛诗》之篇三百，其要者分为六义。然后言六义之数，四科之目，十哲之名。

复引佛法比方，以六义可比十二部经，四科可比六度，以十哲可比十大弟子。僧难云：“曾参至孝，百行之先，何故不列于四科？”居易又为辨析，乃曰：“儒书奥义，既已讨论，释典微言，亦宜发问。”然所问者不过芥子纳须弥山一节而已。后问道士《黄庭经》中养气存神长生久视之道，道士却问敬一人而千万人悦。观其问答旨意，初非幽深微妙，不可测知，唐帝岁以此为诞日上仪，殊为可省。国朝命僧升座祝圣，盖本于此。

·注释·

①《毛诗》：《毛诗》最早作者是孔子和其弟子子夏所作。

·译文·

唐德宗在每年诞辰日的时候，都要诏佛教徒、道家在麟德殿展开辩论，并招来给事中徐岱以及赵需、许孟容、韦渠牟一干人等参加。开始时三家有些矛盾，但最终和好，皇帝十分高兴，赏赐各异。见于《新唐书》列传中的记载。在白居易文集中

有一篇文章叫《三教论衡》，记载：“唐文宗太和元年（公元 827 年）十月，皇帝生日，奉皇帝旨意召入麟德殿内道场对着皇帝三教进行辩论。这里大记其略。第一座：秘书监白居易、安国寺引驾沙

门义林、太清宫道士杨弘元。”这篇文章在序中说：“在谈论之前，先陈述三教，赞扬阐述，用来启发谈话开始。我白居易才疏学浅，不自量地登上讲座。我认为义林法师能阐明大小乘，精通内外学，在大众中能发生像狮子吼一样的声音震惊世界。于是，我就考证先王典籍，借助于陛下的威灵，面对提出的问题，认真回答。”然而我观察义林提出的问题，开始从《毛诗》里引出六义，又从《论语》列出四科，让对方把它们一一陈述出来。白居易回答是孔门有学生三千，其中的贤者可分为四科；《毛诗》有三百篇，其中主要的分为六义。接着说六义都是什么，四科都是什么，还有各个哲人的名字。然后又引用佛法做比方，说六义可比为十二部经书，四科可比为六度，十哲可相当于十大弟子。老僧又发难说：“孔子的学生曾参最孝顺，各种品行也最优，为何却没有列入四科之中？”白居易又进行了辨析。他说：“儒家著作的深刻意义，已经讨论过了，佛学经典的一些精微地方，也可以提出问题。”然而所问的不过是芥子纳须弥山一节罢了。后来又问道士《黄庭经》中养气存神的长生久视之道如何？道士问起《孝经》中尊敬一人就会使千万人高兴。综观他们问答的情况，原本不在幽深微妙，不可测知，唐德宗皇帝每年把这当作诞辰庆典上的重要仪式之一，特别能引起人们的思考。本朝皇上生日时让僧人上朝祝圣颂安，大概也是由此而来的。

神宗待文武臣

原文

元丰三年，诏知州军不应举京官职官者，许通判举之。盖诸州守臣有以小使臣为之，而通判官入京朝，故许之荐举。今以小使臣守沿边小郡，而公然荐人改官，盖有司不举行故事也。神宗初即位，以刑部郎中刘述（今朝散大夫）。久不磨勘，特命为吏部郎中（今朝请大夫）。枢密院言："左藏库副使陈昉恬静，久应磨勘，不肯自言。"帝曰："右职若效朝士养名，而奖进之，则将习以为高，非便也。"翌日，以兵部员外郎张问（今朝请郎）。十年不磨勘[①]，特迁礼部郎中（今朝奉大夫）。其旌赏贺御，各自有宜，此所以为综核名实之善政。（见《四朝志》）

注释

①磨勘：提拔的意思。

译文

宋神宗元丰三年（1080 年），下诏让那些知州军不应试京官职位的人，可以由通判举荐。可能各州的守臣有的以小使臣的身份充当，而通判官由京官充任，可以入京朝见圣上，所以让他们举荐。叫小使臣驻守沿边小郡，而且还可以公开举荐改官，可能是因为有关当局不实行旧日的事例的缘故。神宗继位之初，因为刑部郎中刘述（今之朝散大夫）。长时间未受政绩考评，特任命为吏部郎中（今之朝请大夫）。枢密院进言说："左藏库副使陈昉为人安分，久未提拔，自己又不肯申诉。"皇上说："右职如果效法朝士培养名声，而又受到奖励晋升，这样就将培养人们爬高的恶习，绝非妥善的办法。"第二天，因兵部员外郎张问（今之朝请郎）。十年不曾提拔，特晋升为礼部郎中（今之朝奉大夫）。这种表彰奖励，各自有他们的稳妥之处，这就叫作能综核名实的善政。（见于《四朝志》）

夫人宗女请受

原文

戚里宗妇封郡国夫人，宗女封郡县主，皆有月俸钱米，春冬绢绵，其数甚多，《嘉祐禄令》所不备载。顷见张抡娶仲儡女，封遂安县主，月入近百千，内人请给，除粮料院帮勘、左藏库所支之外，内帑又有添给，外庭不复得知。因记熙宁初，神宗与王安石言，今财赋非不多，但用不节，何由给足？宫中一私身之奉，有及八十贯者，嫁一公主，至用七十万缗，沈贵妃料钱月八百贯。闻太宗时，宫人维系皂绸襜，元德皇后尝以金线缘幨而怒其奢。仁宗初定公主俸料，以问献穆大主，再三始言，其初仅得五贯耳。异时[①]，中官月有止七百钱

者。礼与其奢宁俭，自是美事也。一时旨意如此，不闻奉行。以今度之，何止百十倍也。

①异时：过去。

皇帝亲戚的宗妇被封为郡国夫人，宗女封郡县主，都有月俸钱米，春冬绢绵，而且数量很多，《嘉祐禄令》记载的不够完备。不久前看到张抡娶了赵仲鶣的女儿，封为遂安县主，每月收入近十万，内人的供给，除粮料院帮助审核、左藏库所支之外，国家内裤还有添给，其数额多少外庭就不得而知了。因而想起神宗熙宁初年，神宗曾对王安石说，如今财富并不是不丰富，但不能节制使用，这如何能供给充足呢？宫中一个私人的俸禄，有达八十贯的，嫁一个公主，费用就达七十万缗，沈贵妃的食料钱每月有八百贯。听说太宗时，宫中的人只穿皂色粗绸短便衣，即使这样元德皇后还常由于有人穿金线的衣服而怒斥其奢侈。仁宗初定了公主的俸禄，开始问献穆大主。问了几遍才说了个数，当时仅有五贯。过去，宦官的月俸只有七百钱罢了。从礼节上说是与其奢侈毋宁俭朴，这是美德好事。一时皇上旨意如此，但没有多少人遵照执行。与今天相比，超过从前何止十倍百倍！

卷十五

蔡京除吏

原文

唐天宝之季，杨国忠以右相兼吏部尚书，大集选人注拟于私第[①]。故事，注官讫，过门下侍中、给事中，国忠呼左相陈希烈于座隅（时改侍中为左相）。给事中在列，曰："既对注拟，过门下了矣。"吏部侍郎二人与郎官同咨事，趋走于前，国忠夸谓诸妹曰："两个紫袍主事何如?"史册书此，以见国忠颛政舞权[②]也。然犹令侍中、给事同坐，以明非矫。若蔡京之盗弄威柄，则又过之。政和中，以太师领三省事，得治事于家。弟卞以开府在经筵，尝挟所亲将仕郎吴说往见，坐于便室，设一桌，陈笔砚，置玉版纸阔三寸者数十片于上。卞言常州教授某人之淹滞，曰："自初登科作教官，今已朝奉郎，尚未脱故职。"京问："何以处之?"卞曰："须与一提学。"京取一纸，书其姓名及提举学事字而缺其路分[③]，顾曰："要何处?"卞曰："其家极贫，非得俸入优厚处不可。"于是书"河北西路"字，付老兵持

出。俄[4]别有一兵赍一双缄及紫匣来，乃福建转运判官直龙图阁郑可简，以新茶献，即就可漏上书“秘撰运副”四字授之。卞方语及吴说曰：“是安中司谏之子，颇能自立。且王逢原外孙，与舒王夫人姻眷，其母老，欲求一见阙省局。”京问：“吴曾踏逐[5]得未?”对曰：“打套局适[6]缺。”又书一纸付出。少顷，卞目[7]吴使先退。吴之从姊嫁门下侍郎薛昂，因馆其家，才还舍，具以告昂，叹所见除目之迅速。昂曰：“此三者已节次书黄矣。”始知国忠犹落第二义也。

·注释·

①注拟：唐时选举官员，凡应试获选者，要先经尚书省考询，之后再按其才能拟定官职。私第：官员私人住所。此处代指杨国忠结党营私。

②舞权：舞弄权术。

③路分：任职之地。

④俄：俄尔，不久。

⑤踏逐：打听，寻访。

⑥适：刚好。

⑦目：以目示意。

·译文·

唐玄宗天宝年间，杨国忠为右丞相兼吏部尚书，大量选择人才结党营私。按先例，官员登记完后，要见门下侍中、给事中，杨国忠把左丞相陈希烈叫到家中，给事中也在座，说："已经核对注册了，过门下算了。"两位吏部侍郎和郎官共同咨询事情，急步走到跟前，杨国忠对其妹夸口说："两个紫袍主事怎么样？"史册上对此有记载，可见杨国忠专权营私的行为。但还要命令侍中、给事同坐，以表明自己并不骄横。如果谈到蔡京的盗弄威权，那就更过分了。徽宗政和年间，蔡京以太师的身份统领三省事务，能够在家里治理事情。他弟弟蔡卞以开府的身份在经宴，曾经带自己的亲朋仕郎吴说去见蔡京，坐在便室里，设有一张桌子，放着笔砚，还放着三寸宽的玉版纸几十片。蔡卞说到常州教授某人长期未受提拔，他说："从初登科就做教官，如今已经是朝奉郎了，还没有换掉原来的职务。"蔡京问："怎么安排他呢？"蔡卞说："须给他一个提学的职务。"蔡京取一张纸，把那人的姓名和提拔为举学的事写上而没写在何地任职，又说："要在什么地方任职？"蔡卞说："他家里很穷，非得到比较优厚的地方不可。"于是就在条子上加上"河北西路"四字，交给老兵拿出。不久有一个士兵抱着一对紫匣子和一封信来见，原来是福建转运判官直龙图阁的郑可送来信和两盒新茶，于是立即就在条子上写另封郑可为"秘撰运副"四字交给来人。这时蔡卞才提到吴说，说："他是安中司谏的儿子，很有自立的能力。而且也是王逢原的外孙，和舒王夫人是亲眷，他母亲老了，想谋求一个空缺的省局官职。"蔡京问："吴曾经打听过哪有空缺吗？"回答："打套局正好缺官职。"于是蔡京又写一张纸交给下人拿出。停了一会儿，蔡卞目示吴说让他先退下去。吴说的姐姐嫁给了蔡京的门下侍郎薛昂，他姐回家刚返回，就把吴说的情况告诉了薛昂，她感叹所看到的晋升非常迅速。薛昂说："这三个人已经连续被封为不同官职了。"这才知道杨国忠与蔡京比，还是落了个第二。

季文子魏献公

原文

拟人必于其伦[①]，后世之说也，古人则不然。鲁季文子出[②]一莒仆，而历引舜举十六相去四凶，曰：“舜有大功二十而为天子，今行父虽未获一吉人，去一凶矣，于舜之功二十之一也。”晋魏献子为政，以其子戊为梗阳大夫，谓成鱄曰：“吾与戊也，县人其以我为党乎?”鱄诵《大雅·文王》克明克类、克长克君、克顺克比、比于文王之句，而以为九德不愆[③]。勤施无私曰类，择善而从之曰比。言：“主之举也，近文德矣。”且季孙行父[④]之视舜，魏舒之[⑤]视文王，何啻天壤之不侔！而行父以自比，舒受人之谀不以为嫌，乃知孟子所谓：“颜渊曰：‘舜何人也？予何人也？有为者亦若是。’”非过论也。

注释

①拟人：与人比拟。伦：比较。

②出：除掉。

③不愆：没有过失。

④行父：季文子。

⑤魏舒之：魏献子。

与人相比一定要有可以比的地方，这是后代人的说法，古代人则不然。鲁国的季文子除掉一个为害的莒地仆人，就引舜举荐十六相而除去四凶，他说："舜立了二十件大功而当了天子，而今我行父虽然没有获得一个吉人，却除掉一个凶恶，但也是舜的功劳的二十分之一。"晋国魏献子当政，让他的儿子戊当梗阳大夫，对成鱄说："我给儿子戊一个县大夫官，县里人不会认为我在结党营私吧？"鱄朗诵了《大雅·文王》中克明克类、克长克君、克顺克比、比于文王等句子，认为九种德行都不弘扬了。勤奋无私叫作类，择善而从叫作比。又说："主子的举动，接近文王的德行。"季文子与舜、魏献子与文王，何止是天壤之别！但季文子以舜自比，魏献子受人阿谀奉承而不自谦，由此才知道孟子所说："颜渊说，'舜是何等的人？我又是何等的人？有作为的人也应当这样比。'"这种论述是正确的。

杯水救车薪

原文

孟子曰："仁之胜不仁也，如水胜火，今之为仁者，犹以一杯水救一车薪之火也，不熄，则谓之水不胜火。"

予读《文子》[1]，其书有云："水之势胜火，一勺不能救一车之薪；金之势胜木，一刃不能残一林；土之势胜水，一块不能塞一河。"文子，周平王时人，孟氏之言盖本于此。

①《文子》：《文子》为辛文子所作，文子春秋战国人，生卒年不详，散文家，祖籍宋国（今河南），代表作品为《文子》。

译文

孟子说过："仁义战胜不仁不义，就像水战胜火，现在的人讲仁义，好比拿一杯水去浇一车柴火所燃的火，浇不灭，就说水胜不得火。"我读《文子》时，其中有一段说："虽然水能战胜火，但一勺水无论如何也无法扑灭一车柴燃烧的火；金可以战胜木，但一把刀无法砍掉一片树林；土可以战胜水，但一块土也无法堵塞一条河。"文子是周朝平王时期的人，孟子的话大概是从他那里来的。

大禹之书

原文

《夏书·五子之歌》，述大禹之戒，其前三章是也。禹之谟训[①]，舍《虞》《夏》二书外，他无所载。《汉·艺文志》杂家者流，有《大佘》三十七篇，云："传言禹所作，其文似后世语。"佘，古"禹"字也，意必依仿而作之者，然亦周、汉间人所为，今寂而无传[②]，亦可惜也。

注释

①谟训：策略训诫。

②今寂而无传：现在很少有人知道。

译文

《夏书·五子之歌》讲大禹的训诫，只有前三章才是。大禹的策略训诫，除了《虞》《夏》两书之外，其他书上没有记载。《汉书·艺文志》杂家类的文章中，有《大佘》三十七篇，作者说："相传这三十七篇是大禹所作，但其文辞很像后世的风格。"佘，就是上古的"禹"字，如果真是模仿性的文章，也应该是周代至汉代之间的人所仿作的，如今很少有人知道，也怪可惜的。

卷十六

神臂弓

原文

神臂弓出于弩遗法，古未有也。熙宁元年，民李宏始献之入内[①]，副都知张若水方受旨料筒弓弩[②]，取以进。其法以檿木为身，檀为弰，铁为蹬子枪头，铜为马面牙发，麻绳札丝为弦，弓之身三尺有二寸，弦长二尺有五寸，箭木羽长数寸，射二百四十余步，入榆木半笴。神宗阅试[③]，甚善之。于是行用[④]，而他弓矢弗能及。绍兴五年，韩世忠又侈大其制[⑤]，更名"克敌弓"，以与金虏战，大获胜捷。十二年词科拭目，主司出《克敌弓铭》为题云。

注释

①献之入内：进献给朝廷。内，即大内，朝廷。

②受旨料筒弓弩：接受圣旨，准备材料来制造弓弩。

③阅试：检阅试验。

④行用：开始使用。

⑤侈大其制：改进其制作方法。

神臂弓来自于弓弩遗留下来的方法，在古代是没有的。宋神宗熙宁元年，百姓李宏最早把这一方法贡献给朝廷，副都知张若水于是就接受圣旨准备材料制造弓弩，并不断取得进展。这种所谓神臂弓的制造方法是用山桑木做弓身，用檀木做弓的两端，用铁做蹬子枪头，用铜制作马面牙发，用麻绳札上丝当弓弦，弓身长大约有三尺二寸，弦长有二尺五寸，箭木的羽毛长数寸，射程能达到二百四十多步，能把箭射入榆木半箭杆深。宋神宗亲自观看试验后，非常高兴。于是就开始使用，是其他任何弓箭都比不上的。高宗绍兴五年，韩世忠又进一步在制作方法上有所改进，用料更为讲究，并把名字改为“克敌弓”，并用这种弓和金冠作战，结果大获全胜。到了绍兴十二年宏词科考试的时候，主管人员出的题目竟是《克敌弓铭》。

蔡君谟书碑

原文

欧阳公作《蔡君谟墓志》云：“公工于书画，颇自惜，不妄与人书。仁宗尤爱称之，御制《元舅陇西王碑文》，诏公书之。其后命学士撰《温成皇后碑文》，又敕①公书，则辞不肯，曰：‘此待诏职也。’”国史传所

载，盖用其语。比见蔡与欧阳一帖云："曩者得侍陛下清光，时有天旨，令写御撰碑文、宫寺题榜。至有勋德之家，干请朝廷出敕令书。襄谓近世书写碑志，则有资利，若朝廷之命，则有司存焉，待诏其职也。今与待诏争利其可乎？力辞乃已。"盖辞其可辞，其不可辞者不辞也。然后知蔡公之旨意如此。虽勋德之家，请于朝出敕令书者，亦辞之，不止一《温成碑》而已。其清介有守，后世或未知之，故载于此。

①敕：指示。

欧阳修先生所做的《蔡君谟墓志》中说："蔡襄在书画方面见长，但从不随便给人写字画画。宋仁宗皇帝非常喜欢他的书画，御制的《元舅陇西王碑文》，专门指示让蔡襄书写。不久以后又命令学士撰写了《温成皇后碑文》，又指示请蔡襄书写，可他坚辞不肯，说：'这是待诏的职责。'"这是在国史传中所记载的，大概用的就是欧阳修先生的话。不久前看到蔡君谟给欧阳修先生的一副帖子说："从前得以侍奉陛下，经常有圣旨，命令我写御撰碑文、宫寺题榜，甚至有功勋和仁德之家，也请求朝廷下令让我写字。我感到近来书写碑志，就会有财物的收益；若奉朝廷之命写，就有专门机关保存，那是待诏的职责。如今让我和待诏争名夺利可以吗？所以我就坚决推辞掉。"大概蔡襄所推辞的都是可以推辞的，而那些无法推辞的他也就不推辞了。从这里可以得知他的想法。虽然是有功劳有仁德的大家族，请求朝廷下指令让蔡先生写的，也可以拒绝，而不仅仅是《温成皇后碑文》。蔡襄其人的清正耿介、刚直不阿，后代的人不一定知道，所以书之于此。

纪年用先代名

原文

唐德宗以建中、兴元之乱，思太宗贞观、明皇开元为不可跂及，故改年为贞元，各取一字以法象[①]之。高宗建炎之元，欲法建隆而下字无所本[②]。孝宗以来，始一切用贞元故事。隆兴以建隆、绍兴，乾道以乾德、至道，淳熙以淳化、雍熙，绍熙以绍兴、淳熙，庆元以庆历、元祐也。

·注释·

①象：效法。

②本：根源，出处。

·译文·

唐德宗因为建中、兴元年间发生了内乱，常思考太宗贞观和明皇开元年间繁荣兴旺是不可企及的，但还是要努力追求，于是把年

号又改为贞元，各取贞观、开元年号中的一个字以表示效法。宋高宗的建炎年号，是想效法宋太祖的建隆年号，所以用了一个建字，但下面这个炎字却没有出处。宋孝宗以来，开始一切都效法贞元的制度和做法。所以，孝宗隆兴的年号来自于宋太祖的建隆和宋高宗的绍兴年号，孝宗的乾道年号来自于宋太祖的乾德和太宗的至道年号，孝宗的淳熙年号来自于太宗的淳化和雍熙年号，光宗的绍熙年号来自于高宗的绍兴和孝宗的淳熙年号，宁宗的庆元年号来自于仁宗的庆历和哲宗的元祐年号。

多赦长恶

原文

熙宁七年旱，神宗欲降赦，时已两赦矣[①]。王安石曰："汤旱，以六事自责，曰政不节[②]与？若一岁三赦，是政不节，非所以弭[③]灾也。"乃止。安石平生持论务与众异，独此说为止公。近者六年之间，再行覃霈[④]。婺州富人卢助教，以刻核起家，因至田仆[⑤]之居，为仆父子四人所执，投置杵臼内，捣碎其躯为肉泥，既鞫治成狱，而遇己酉赦恩获免。至复登卢氏之门，笑侮之，

曰："助教何不下庄收谷？"兹事可为怨怼，而州郡失于奏论。绍熙甲寅岁至于四赦，凶盗杀人一切不死，惠奸长恶[6]，何补于治哉？

·注释·

①时已两赦矣：这一年中已经有两次大赦了。

②不节：不够恰当。

③弭：消弭。

④再行覃霈：两次降下大雨。覃，大。霈，雨水。

⑤田仆：掌管皇上田猎车马者。

⑥惠奸长恶：姑息养奸，助长恶性。

宋神宗熙宁七年天遇大旱，神宗打算降旨大赦，这一年里已经有两次大赦了。王安石建议："商汤时遇到旱灾，汤王用六件事情没办好而自责，不是说执政不够得当吗？现在如果一年三次大赦也是执政不够得当，这不是用来消灭或减少灾害的办法。"于是神宗就放弃了这种打算。王安石平生主张的理论和观点都是力求与众不同，只有这一观点特别公允。最近六年之间，两次遇到大雨。婺州有个富人叫卢助教，靠刻核起家，因为到了掌管皇上田猎车马的人的家里，被父子四人所控制，把他

投进大的石臼内，将他捣成了肉泥，已经把父子四人定罪下狱了，因遇到己酉年的大赦而获得释放。于是他们再次登卢家之门，嘲笑侮辱说："卢助教为什么不到村庄里去收谷子呢?"这件事实在是太可恶了，可是州郡的官员没有奏论。光宗绍熙甲寅年竟达到一年四次大赦，凶恶的盗贼和杀人犯全都没有判死罪，这只能是对奸贼和凶恶之徒有好处，对治理国家能有什么好处呢?

容斋四笔

卷　一

孔庙位次

原文

自唐以来，相传以孔门高弟[①]颜渊至子夏为十哲，故坐祀[②]于庙堂上。其后升颜子配享，则进曾子于堂，居子夏之次以补其阙。然颜子之父路、曾子之父点，乃在庑下[③]从祀之列，子处父上，神灵有知，何以自安？所谓子虽齐圣，不先父食，正谓是也。又孟子配食与颜子并，而其狮子思、子思之师曾子亦在下。此两者于礼、于义，实为未然，特[④]相承既久，莫之敢议耳。

注释

①高弟：高徒。

②坐祀：排列祭祀。

③庑下：正堂周围的廊房。

④特：只不过。

自唐朝以来，相传以孔门的高徒从颜渊到子夏共十人为十哲，所以排列祭祀于孔庙的正堂之上。后来升颜子为孔子配享，于是又增补曾子坐祀正堂，位居子夏之下。然而颜子之父颜路、曾子之父曾点，却排列在正堂周围的廊房从祀，儿子位居父亲之上，若神灵有知，怎么可以自安呢？所说的儿子虽在圣人之列，不先于父用食，就是这个道理。再者，孟子配享与颜子并列，而孟子的老师子思、子思的老师曾子，也位居颜子之下。以上两种情况，实际上于礼、于义都是相违背的，只不过是相传承袭的时间长了，没有谁敢提出异议罢了。

云梦泽

原文

云梦，楚泽薮[1]也，列于《周礼·职方氏》。郑氏曰："在华容。"《汉志》有云梦官。然其实云也、梦也，各为一处。《禹贡》所书："云土梦作乂。"注云："在江南。"惟《左传》得其详，如郧夫夫人弃子文于梦中。注云："梦，泽名，在江夏安陆县城东南。"楚子

田江南之梦。注云："楚之云、梦，跨江南北。"楚子济江入于云中。注："入云泽中，所谓江南之梦。"然则，云住江之北，梦在其南也。《上林赋》："楚有七泽，尝见其一，名曰云梦，特其小小者耳，方九百里。"此乃司马长卿夸言。今为县，隶德安，询诸彼人[②]，已不能的指[③]疆域。《职方氏》以"梦"为"瞢"，《前汉·叙传》："子文投于瞢中。"音皆同。

·注释·

①泽薮：沼泽地。

②询：查访，询问。彼人：当地的人。

③的指：明确说出。

·译文·

云梦（大致包括今湖北江汉平原及附近部分丘陵山峦地区），是楚国的一处沼泽地，在《周礼·职方氏》中有记载。郑氏说："在华容（今湖北潜江西南）境内。"《汉书·地理志》中记有云梦地区的官。其实"云"和"梦"各为一处。《禹贡》记载："云土梦作乂。"其注释说："在长江以南。"只有《左传》记载详细，如郧夫夫人遗弃子文于梦地。注释说："梦，沼泽名，位于江夏安

陆县（今属湖北）城的东南。”又记楚子打猎于江南的梦地。注释说：“楚国的云、梦两地，横跨长江南北。”楚子渡江才到云地。注释说：“进入云地沼泽中，这就是所谓江南的梦地。”然而，云地在长江以北，梦地在长江以南。《上林赋》中记载：“楚地有七处沼泽地，曾经见到一处，称为云梦，方圆九百里，不过是小小的一处而已。”这是司马长卿的虚夸之说。现在云梦为县，隶属于德安（治今湖北安陆）。我询访当地的人，他们已不能明确说出当时云梦的范围。《职方氏》中将“梦”写作“瞢”，《前汉·叙传》中有：“子文投于瞢地中。”两字读音相同。

亭榭立名

原文

立亭榭名最易蹈袭[①]，既不可近俗[②]，而务为奇涩亦非是。东坡见一客云近看《晋书》，问之曰：“曾寻得好亭子名否?”盖谓其难也。秦楚材在宣城，于城外并江作亭，目之曰“知有”。用杜诗“已知出郭少尘事，更有澄江消客愁”之句也。王仲衡在会稽，于后山作亭，目之曰“白凉”。亦用杜诗“越女天下白，鉴湖五月凉”之句。二者可谓甚新，然要为未当[③]。庐山一寺中有亭颇幽胜，或标之曰“不更归”，取韩诗末句，亦可笑也。

注释

①蹈袭：承袭覆蹈前人的说法。

②近俗：近似、俗气。

③要：腰取，断章取义。当：恰当。

译文

建亭立榭所取的名称最容易蹈袭旧说。虽说这类称谓不可以取近似、俗气之名，但务必要取奇特、生硬难读的名称也未为恰当。苏东坡曾见到一位客人，听说他近来阅读《晋书》，就问他："曾经看到过好的亭子的名称没有？"这就是说要给亭子取个好名称是比较难的。秦楚材在宣城（今属安徽）时，在城外沿长江建了个亭子，取名为"知有"。这是取用杜甫诗中"已知出郭少尘事，更有澄江消客愁"之句所起的名称。王仲衡在会稽（今浙江绍兴）时，在后面山上建立亭子，取名为"白凉"。也是选用杜甫诗中"越女天下白，鉴湖五月凉"的诗句。二者取名可谓新颖别致，但腰取别人的东西也并不妥当。庐山的一个寺庙中有一亭子，地处幽静秀丽的环境中，有的标其名为"不更归"，是取用韩愈诗中的末句，也很可笑。

战国策

原文

刘向序《战国策》，言其书错乱相揉[①]，莒本字多误脱为半字，以“赵”为“肖”，以“齐”为“立”，如此类者多。予案今传于世者，大抵不可读，其《韩非子》《新序》《说苑》《韩诗外传》《高士传》《史记索隐》《太平御览》《北堂书钞》《艺文类聚》诸书所引用者，多今本所无。向博览群书，但择焉不精[②]，不止于文字脱误而已。惟太史公《史记》所采之事九十有三，则明白光艳，悉可稽考，视向为有间[③]矣！

注释

①揉：杂糅。

②择焉不精：校验不够仔细。

③有间：有很大差距。

译文

刘向在为《战国策》所做的序中认为，这部书错乱相杂，莒本的《战国策》中许多字误脱成了半个字，如以“赵”为“肖”，以“齐”为“立”等，如此之类不胜枚举。我自己认为，现今传世的

《战国策》本子，大多都不可阅读。其他《韩非子》《新序》《说苑》《韩诗外传》《高士传》《史记索隐》《太平御览》《北堂书钞》《艺文类聚》诸书所引用的《战国策》内容，大多为现今流行本所没有。刘向博览群书，但校证《战国策》并不细致，这部书中不仅仅存在文字脱误问题。仅以司马迁《史记》所载为例，他的书中采用有《战国策》的事例九十三条，而意思明明白白，一清二楚，都可资以考证。刘向的学问与司马迁相比，差得远了。

卷　二

轻浮称谓

原文

南齐陆慧晓立身清肃，为诸王长史行事，僚佐以下造诣，必起迎之。或曰："长史贵重[①]，不宜妄自谦屈。"答曰："我性恶人无礼，不容不以礼处人。"未尝卿士大夫，或问其故，慧晓曰："贵人不可卿，而贱者乃可卿[②]，人生何容立轻重于怀抱!"终身常呼人位[③]。今世俗浮薄少年，或身为卑官，而与尊者言话，称其侪流，必曰"某丈"。谈其所事[④]牧伯监司亦然。至于当他人父兄尊长之前，语及其子孙甥婿，亦云"某丈"。或妄称宰相执政贵人之字。皆大不识事分者，习惯以然[⑤]，元非简傲[⑥]也。予常以戒儿辈云。

注释

①贵重：清贵显要。

②贵人不可卿，而贱者乃可卿：清贵的人不能够担任卿官，而

卑贱的人则可以充当。

③终身常呼人位：他一生经常谈论人的职位高低问题。

④事：侍奉。

⑤习惯以然：习惯使之然，习惯成自然。

⑥元非简傲：（这些称谓）原本没有简慢、轻蔑的意思。

译文

南齐陆慧晓做人处世清谦恭敬，任诸王长史行事官时，僚佐下人登门拜访，必起而相迎。有人说："长史官地位清贵崇重，不应该随便自谦自屈。"他回答："我的性格可以容忍恶人的无礼行为，但我自己不能以无礼对待别人。"他没有任过卿士大夫官，有人问其原因，慧晓说："清贵的人不可以担任卿官，而卑贱的人乃可充当，人生何必要以位居轻重的官位追求作为抱负呢？"他一生经常谈论人的职位高低问题。现今世俗中高傲轻薄的青年人，有的身为卑下小官，而与尊长说话时，说起其同辈人，必称"某丈"。谈到他们所侍奉的牧伯监司官时也是这样称谓。以至于在他人父兄尊长面前提起自己的子孙甥婿时，也称"某丈"。还有的妄自直呼宰相执政这些显官贵人的名字。这都是很不懂事体名分的做法。由于习惯而成了自然，其实这些称谓原本并没有怠慢、轻蔑之意。我常常以此告诫儿子们。

鬼谷子书

原文

鬼谷子与苏秦、张仪书曰："二足下功名赫赫，但春华至秋，不得久茂。今二子好朝露之荣，忽长久之功[①]；轻乔、松之永延，贵一旦之浮爵，夫女爱不极席，男欢不毕轮，痛哉夫君！"《战国策》楚江乙谓安陵君曰："以财交者，财尽而交绝；以色交者，华落而爱渝[②]。是以嬖女[③]不敝席，宠臣不敝轩。"吕不韦说华阳夫人曰："以色事人者，色衰而爱弛。"《诗·氓》之序曰："华落色衰，复相弃背。"是诸说大氐意同，皆以色而为喻。士之嗜进[④]而不知自反者，尚监兹哉！

注释

①今二子好朝露之荣，忽长久之功：如今你们两位喜好朝廷惠宠的荣耀，忽略建立长久功业的打算。朝露之荣，在此意为求取功名，享受荣华富贵。因为这种追求如朝露不可长久，鬼谷子故而如此形容。

②华落：花朵凋零，形容容色老去。渝：停止，破灭。

③嬖女：受宠的女子。

④嗜进：喜好追求晋升高位。

鬼谷子在给苏秦、张仪的信中说："你们两位有赫赫功名，但春花到了秋天，不可能久盛不衰。现在你们两位喜欢朝廷惠宠之荣耀，忽略了建立长久功业的打算；轻视乔、松声名之永垂，崇尚一时之虚位。大凡男女相爱，女子不得列坐宴席，男子不得越此求彼。我为你们真感到悲伤啊！"《战国策》中楚国江乙曾对安陵君说："以钱财缘故交往者，财进而交情断绝；以美色缘故交往者，容色退则爱情灭。所以受宠的女子不破坏席宴车乘的规定，得宠的臣僚不破坏等级高下的规定。"吕不韦劝勉华阳夫人说："以美色侍奉人者，容色衰退则爱情消失。"《诗·氓》的序言中又说："女子华容衰退，又心相背而遭遗弃。"这诸多说法的意思大抵相同，都是以美色事做比喻来告诫人们该怎样去做。士大夫们喜欢追求晋升高位而不知道反省自己，还没有以此为鉴啊！

张天觉小简

原文

张天觉熙宁中为渝州南川宰。章子厚经制夔夷[①]，狎侮[②]州县吏，无人敢与共语。部使者念[③]独张可亢之，檄[④]至夔。子厚询人才，使者以告，即呼入同食，张着道士服，长揖就座。子厚肆意大言，张随机折之，落落出其上，子厚大喜，延为上客。归而荐诸王介甫[⑤]，遂得召用。政和六年，张在荆南，与子厚之子致平一贴

云："老夫行年七十有四，日阅佛书四五卷，早晚食米一升、面五两、肉八两，鱼、酒佐之，以此为常，亦不服暖药，唯以呼吸气昼夜合天度而已。数数梦见先相公，语论如平生，岂其人在天仙间，而老夫定中神游或遇之乎？嗟乎，安得奇男子如先相公者，一块吾胸中哉！"此帖藏致平家，其曾孙简刻诸石。予今年亦七十四岁，侄孙偲于长兴得墨本以相示，聊记之云。

·注释·

①经制夔夷：负责经划夔州边地人民事备。

②狎侮：轻慢、欺侮。

③念：想到。

④檄：下文书征召。

⑤王介甫：即王安石，字介甫，北宋名相。

·译文·

张天觉熙宁中任渝州（今重庆）南川县长官。当时章子厚负责经划夔州（今重庆奉节）边区民族事务，轻蔑、欺侮州县官吏，没有人敢去同他谈话。官署里的人都想到唯有张天觉可以与章子厚抗言说劝，于是下文书征召他到夔州。子厚寻求有才能的人，使者引荐了张天觉，子厚喊他进入一起用餐，张天觉身着道士服饰，拱手高举行礼后就座。子厚大言不惭，张天觉随机应变，句句都压住了他的话，思辨能力明显高出一筹，子厚大为喜悦，把他作为宾宴上客招待。回去后又把他引荐给王安石，于是被召录用为官。政和六年，张天觉在荆南（今湖北江陵）时，在给子厚儿子章致平的一封书信中说："老夫我已经是将近七十四岁的人了，每天阅读佛教经典四五卷，吃米一升、面五两、肉八两，另外还配以鱼和酒，习以为常，也不服药养身，只以这样平平常常地度过日日夜夜，打发时光。我晚上经常梦见你父亲，他言谈笑语如同活着一样，难道他在阴间的天仙世界里，而老夫我一定要神游那里与他会面不可？真是啊，哪里可以找得到像你父亲那样的奇伟男子而能使我心中得到愉快呢？"这封书信藏在致平的家中，章子厚的曾孙章简把它刻在了石头上。我今年也七十四岁了，我侄子的孙子洪偲在长兴（今属浙江）得到了这封书信的墨本，拿来让我看，这里姑且记述一则。

城狐社鼠

原文

"城狐不灌，社鼠不熏。"谓其所栖穴者得所凭依。此古语也，故议论者率指人君左右近习[①]为城狐社鼠。予读《说苑》所载孟尝君之客曰："狐者人之所攻也，鼠者人之所熏也。臣未尝见稷狐见[②]攻，社鼠见熏，何则？所托[③]者然也。""稷狐"之字，甚奇且新。

注释

①人君左右近习：君王左右的亲信。

②见：被，遭受。

③托：倚仗。

“城狐不灌，社鼠不熏。”就是说狐、鼠它们栖居的穴室有所依靠和凭借。这是远古语句，所以议论得失的人们大都指君王左右的亲信为城狐社鼠。我读《说苑》时，看到当中记载孟尝君的门客说：“狐是人们所攻打的东西，鼠是人们所讨厌的东西。而臣我未尝见到过稷狐被围攻（“稷”，以及下文“社鼠”的“社”，原指古代祭祀的谷种和土神。“社稷”合称，旧时用作国家的代称，这里即暗指这个意思。稷狐社鼠比喻依势为奸的人），社鼠被讨打，为什么呢？就在于它们各自有所倚恃的原因。”“稷狐”的“稷”字，用得十分奇特、新颖。

卷　三

韩公称李杜

原文

《新唐书·杜甫传赞》曰："昌黎韩愈于文章重许可[①]，至歌诗，独推曰：'李杜文章在，光焰万丈长。'诚可信云。"予读韩诗，其称李、杜者数端，聊疏[②]于此。《石鼓歌》曰："少陵无人谪仙死，才薄将奈石鼓何?"《酬卢云夫》曰："高揖群公谢名誉，远追甫白感至诚。"《荐士》曰："勃兴得李杜，万类困凌暴。"《醉留东野》曰："昔年因读李白杜甫诗，长恨二人不相从。"《感春》曰："近怜李杜无检束，烂漫长醉多文辞。"并《唐·志》所引，盖六用之[③]。

·注释·

①重许可：十分精通，这是可以肯定的。

②疏：记述。

③盖六用之：以上共有六处用到这类诗。

《新唐书·杜甫传赞》说："昌黎韩愈在做文章方面十分精通，这是可以肯定的。至于诗歌，他唯独推崇：'李杜文章在，光焰万丈长。'诚然可信。"我读韩愈的诗篇，其中称道李白、杜甫的有几种情况，姑且分别陈述于此。《石鼓歌》中有："少陵无人谪仙死，才薄将奈石鼓何？"《酬卢云夫》有："高揖群公谢名誉，远追甫白感至诚。"《荐士》有："勃兴得李杜，万类困凌暴。"《醉留东野》有："昔年因读李白杜甫诗，长恨二人不相从。"《感春》有："近怜李杜无检束，烂漫长醉多文辞。"这些都是《新唐书·志》中所引用的诗句。以上共有六处用到这类诗。

李太白怖州佐

原文

李太白《上安州裴长史书》云："白窃慕高义[1]，得趋末尘[2]，何图[3]谤言忽生，众口攒毁[4]，将恐投杼下客，震于严威[5]。若使事得其实[6]，罪当其身[7]，则将浴兰沐芳[8]，自屏于烹鲜之地[9]，惟君侯死生之。愿君侯惠以大遇[10]，洞开心颜，终乎前恩，再辱英盼，必能使精诚动天，长虹贯日。若赫然作威，加以大怒[11]，即膝行而前，再拜而去耳。"裴君不知如何人，至誉其贵而且贤，名"飞天京"，天才超然，度越作者，棱威雄雄，

下慑群物。予谓白以白衣入翰林，其盖世英姿，能使高力士脱靴于殿上，岂拘拘然怖[12]一州佐者邪？盖时有屈伸，正自不得不尔，大贤不偶，神龙困于蝼蚁，可胜叹哉！白此书自序其平生云："昔与蜀中友人吴指南，同游于楚，指南死于洞庭之上，白禫服恸哭，炎月伏尸，猛虎前临，坚守不动，遂权殡于湖侧。数年来，观筋骨尚在，雪泣持刃[13]，躬申洗削[14]，裹骨徒步，负之而趋，寝兴携持[15]，无辍身手，遂丐贷安葬于鄂城。"其存交重义如此。"又与逸人东岩子隐于岷山，巢居数年，不迹城市[16]。养奇禽千计，呼皆就掌取食，了无惊猜。"其养高忘机如此。而史传不为书之，亦为未尽。

· 注释 ·

①窃慕高义：私底下仰慕清高义气的行为。

②得趋末尘：以致走向世尘的最底层。

③何图：怎么料到。

④攒毁：极力攻击。

⑤震于严威：释放自己的威严以使别人服从。

⑥得其实：均为事实。

⑦罪当其身：自当判罪。

⑧浴兰沐芳：喻处于极好的境地。

⑨自屏于烹鲜之地：让他遭受鼎煮的酷刑。

⑩以大遇：广施大德。

⑪加以大怒：并进行残忍的报复。

⑫怖：害怕。

⑬雪泣持刃：我哭着拿着刀。

⑭躬申洗削：亲手将他的骸骨清理干净。

⑮寝兴携持：无论睡着还是醒来，都不离身。

⑯不迹城市：没有外出到城市去。

李太白在《上安州裴长史书》中说："李白我仰慕清高义气之为，以致走向世尘的最下层，何曾想到过别人会突然来诽谤我，众口极力攻击我，而唯恐自己像织布机的梭子一样沦落为下层人物，所以尽力施发自己的威严去镇服别人。如果英盼所犯事实确凿，他自该判罪，这样无论让他处于再好的境地，还是让他受鼎煮的酷刑，他的生死都听你的决定。希望你能惠施大德，敞开你的善心，一直保持你以前的恩德。如果再辱待英盼，你的作为必能使上天为之震惊，长虹贯日。假若你还明目张胆地作威作福，并进行残忍的报复，我将跪着走到你的跟前，给你行拜两次重礼，然后离去。"这里的裴长史不知道是什么样的人，只知道人们称道他显贵而且有才能，号称"飞天京"。他才智超群，他的作为，威势逼人，慑服万物。我认为李白以无功名的平民身份进入文翰荟萃的朝廷，而能以他的盖世英姿，使当时的高力士在殿上为其脱靴，难道会害怕一个州的辅佐小官吗？这是由于情况不同，能屈能伸，这个时候他不得不这样做。富有才智的人得不到重用，是神龙而被困于蝼蚁的境地，这种情况之多，不胜叹息啊！李白在这篇上书中叙述自己一生的情况时说："过去我与四川友人吴指南一起在楚地游玩，后来指南死于洞庭湖上，我着丧服为他祭悼，悲痛涕哭，炎热天身伏在他的尸体上，猛虎就来到了跟前，我仍坚守不动，当时暂且把他埋葬在洞庭湖边上。时隔数年之后，我看到他的筋骨尚存，就哭泣着拿着刀，亲手把他的遗骨清理干净，然后用东西包着向前走，又把它背到肩上尽快赶路。途中无论睡着还是醒来，都不离身，生怕遗失了他的身手。于是我借贷钱物把他的遗骨安葬在鄂城（今属湖北）。”他们俩的交情义气竟达到如此深厚的程度。他在自序中还说：“我又与隐士东岩子避居于岷山数年，没有外出涉足城市。在那里我们饲养各种鸟禽上千只，若呼叫它们都可飞来手掌上取食，一点也不感到惊怕。”他们两个养心山中、忘却尘世的情趣竟到了如此地步。然而在史传当中没有记载这些事情，也可以说是不够全面的。

吕子论学

原文

吕子曰：“天生人而使其耳可以闻，不学①，其闻则不若聋②；使其目可以见，不学，其见则不若盲；使其口可以言，不学，其言则不若喑③；使其心可以智，不学，其智则不若狂④。故凡学，非能益之也，达天性⑤也，能全天下之所生，而勿败之，可谓善学者矣。”此说甚美，而罕为学者所称，故书以自戒。

·注释·

①不学：如果不学习。

②其闻则不若聋：那么他听到的东西还不如聋子听到的多。

③喑：哑巴。

④狂：疯子。

⑤达天性：知晓天性之理。

《吕氏春秋》中说："天地产生出人，使他有耳可听，若不学习，他所听到的还比不上聋子；使他有目可视，若不学习，他所看到的还比不上盲人；使他有口可言，若不学习，他所说的话还比不上哑巴；使他有心可以思维，若不学习，他的思智还比不上疯癫的人。所以，学习不但能使人受益，知晓天性之理，还能充分发挥天所赋予他的各种生理机能的作用，使他有所作为而不致沉沦。做到这些可以说是善于学习的人了。"这段议论十分精辟，然而很少为学者所称颂，因此这里写出来作为自戒。

陈翠说燕后

原文

赵左师触龙说太后，使长安君出质，用爱怜少子之说以感动之。予尝论之于《随笔》中。其事载于《战国策》《史记》《资治通鉴》，而《燕语》中又有陈翠一段，甚相似。云："陈翠合齐、燕，将令燕王之弟为质于齐[1]，太后大怒曰：'陈公不能为人之国[2]，则亦已矣，焉有离人子母者！'翠遂入见后，曰：'人主之爱子也，不如布衣之甚也，非徒不爱子也，又不爱丈夫子独

甚。'太后曰：'何也?'对曰：'太后嫁女诸侯，奉以千金。今王愿封公子，群臣曰，公子无功不当封。今以公子为质，且以为功[③]而封之也。太后弗听，是以知人主之不爱丈夫子独甚也。且太后与王幸而在，故公子贵。太后千秋之后[④]，王弃国家，而太子即位，公子贱于布衣。故非及太后与王封公子，则终身不封矣。'太后曰：'老妇不知长者之计。'乃命为行具[⑤]。"此语与触龙无异，而《史记》不书，《通鉴》不取，学者亦未尝言。

·注释·

①为质于齐：到齐国去做人质。质，人质。

②为人之国：为你的国家成就事业。

③以为功：以此为功，即用做人质这件事当作功业。

④千秋之后：死后，委婉的说法。

⑤行具：动身的行李。

·译文·

赵国左师官触龙规劝皇太后，让长安君出外做人质，他当时采用爱怜幼子的说法去感动太后。我在《随笔》中曾论述了这个事。此事记载于《战国策》《史记》和《资治通鉴》中。然而《燕语》中又有关于陈翠的一段记载，所说的内容与此事很相似。《燕语》载："陈翠在齐国与燕国之间说合，准备让燕王的弟弟到齐国去做人质，燕国太后听后大怒：'陈翠你不能为你的国家办成事，也就罢

了，怎么能够拆散一对母子呢？’于是陈翠进去会见太后，说：‘人君您怜爱自己的儿子，并不像一般老百姓爱子爱得那样深。您不爱自己年幼的儿子，更不爱自己已成年的儿子。’太后问他道：‘何以见得？’陈翠回答：‘太后您把自己的女儿嫁给诸侯，陪送她千金财物。现在国王愿意册封你的儿子，而大臣们却说，他无功不当受封。今让你的儿子去做人质，并将以此为功册封他，太后您又不同意。由此可知人主您更不爱自己已成年的儿子。再者，现在幸运的是太后您和国王都健在，所以您的这个儿子能处于高贵的地位。一旦您和国王去世之后，长子即帝位，那么您的这个儿子会贫贱得如老百姓。所以，如果不趁太后您和国王在世时册封您的这个儿子，那么他一辈子也不会受封。’太后听罢说：‘老妇我原本不知道老先生您的长远考虑。’于是，下令准备她的儿子前往齐国的行李。”这段话与触龙所讲的没有什么差别，然而《史记》没有记载，《资治通鉴》也没有采用，学者中也未曾有人说过。

卷　四

栾城和张安道诗

原文

张文定公[①]在蜀，一见苏公父子[②]，即以国士许之。熙宁中，张守陈州南都，辟子由莫府[③]。元丰初，东坡谪齐安，子由贬监筠酒税[④]，与张别，张凄然不乐，酌酒相命，手写一诗曰："可怜萍梗飘蓬客，自叹匏瓜老病身。从此空斋挂尘榻，不知重扫待何人？"后七年，子由召还，犹复见之于南都。及元符末，自龙川还许昌，因侄叔党出坡遗墨，再读张所赠诗，其薨已十年，泣下不能已，乃追和之曰："少年便识成都尹，中岁仍为幕下宾。待我江西徐孺子，一生知己有斯人。"两诗皆哀而不怨，使人至今有感于斯文。今世薄夫受人异恩，转眼若不相识，况于一死一生，卷卷如此，忠厚之至，殆可端拜[⑤]也。

·注释·

①张文定公：张方平。

②苏公父子：苏洵、苏轼、苏辙父子三人。

③辟子由莫府：征召苏辙为他的府署官员。

④贬监筠酒税：被贬到筠州监管盐酒税务。

⑤端拜：举双手行恭拜之礼。

张文定公方平（字安道）在四川时，一见到苏洵及轼、辙父子三人，就以推荐他们入朝做官相许诺。宋神宗熙宁年间，张方平任陈州南都（今河南境）长官，收纳苏辙为他的府署官员。元丰初年，苏轼贬谪齐安，苏辙被贬到筠州（今江西境）监盐酒税务。他与张方平话别时，张方平闷闷不乐，酌酒相祝，并亲手题诗一首："可怜萍梗飘蓬客，自叹匏瓜老病身。从此空斋挂尘榻，不知重扫待何人？"七年以后，苏辙被召还，又到南都见到了张方平。到哲宗元符末年，他又从龙川（今属广东）回到许昌（今属河南），其侄子叔党拿出了苏轼所留下的遗墨给他看，他又读了过去张方平赠给他的那首诗，回想起来方平之死已有十年，禁不住涕泣落泪，于是追和张方平诗道："少年便识成都尹，中岁仍为幕下宾。待我江西徐孺子，一生知己有斯人。"以上两首诗作都表现出悲伤而没有怨恨，使人们一直到今天对这两首诗都有很深的感触。一个人一生作为一般老百姓能得到如此特殊的恩待，而转眼之间又好像互不相识。但在一个活着、一个死去的情况下，活着的人能对死者如此真诚、极其忠厚地相待，也值得人们为他举双手行恭拜之礼。

外台秘要

原文

《外台秘要》，载《制虎方》云："到山下先闭气三十五息[①]，所在山神将虎来到吾前，乃存吾肺中，有白帝出，收取虎两目，塞吾下部中[②]，乃吐肺气，上自通冠一山林之上。于是良久，又闭气三十五息，两手捻都监目作三步，步皆以右足在前，乃止，祝曰：'李耳、李耳，图汝非李耳邪。汝盗黄帝之犬，黄帝教我问汝云何。'毕，便行，一山虎不可得见。若卒逢之者，因正面立，大张左手五指侧之，极势跳[③]，手上下三度，于跳中大唤，咄[④]曰：'虎，北斗君使汝去！'虎即走。"予谓人卒逢虎，魂魄惊怖，窜伏[⑤]之不暇，岂能雍容步趋，仗咒语七字而脱邪？因读此方，聊书之以发一笑。此书乃唐王珪之孙焘所作，本传云："焘视母疾，数从高医游，遂穷其术，因以所学作书，讨绎精明[⑥]，世宝焉。"盖不深考也。

注释

①闭气三十五息：屏住呼吸三十五次。

②塞吾下部中：把它塞到我的腹中。

③极势跳：用尽力气跳跃。

④咄：呵斥。

⑤窜伏：逃跑。

⑥讨绎精明：论述精到明确。

《外台秘要》一书记载的《制虎方》中说："走到山下面，自己先屏住呼吸三十五次，那么所在的山神就会让老虎来到我跟前，于是就想着从我肺中有白帝出来，收取老虎的两只眼睛，把它塞到我的腹中，这时再吐出肺气，肺气出来后自然上升冠于山林之上。这样停了一段时间，再屏住呼吸三十五次，双手向前并拢睁大眼睛前进三步，每步都先抬右脚，然后停住，祈祷说：'李耳、李耳，如果想着袭击你就不是李耳。你偷走了黄帝的犬，黄帝让我来问你这是为什么。'说毕便向前走，一个山虎就立时看不见了。若仓促间遇上了老虎，它就立在眼前，你应尽力张开左手的五指斜指着它，用尽力气跳跃，手上下摆动三回，并在跳跃中大声呼叫，呵斥说：'虎，北斗君使汝去！'这样老虎就离开了。"我想人们仓促遇见老虎，惊恐万状，跑藏还来不及，怎么能够镇定自若地靠近它，并凭着呵斥的七个字就可以脱身呢？因为读到这一制虎怪法，姑且记录下来，作为一个笑话。这本书是唐朝王珪的孙子王焘所作，他的本传中说："王焘探视母病的时候，多次跟从名医游玩，于是探讨研究了他的法术，并把自己所学到的东西写成了书，论述精到明确，视为世宝。"这大概是由于没有深入考究而得出的结论。

六枳关

原文

盘州种枳六本[1]，以为藩篱之限。立小门，名曰“六枳关”。每为人问其所出，倦于应酬。今取冯衍《显志赋》中语书于此。衍云：“楗六枳而为篱。”案，《东观汉记》作八枳。《逸周书·小开》篇云：“呜呼！汝何敬非时，何择非德[2]？德枳维大人，大人枳维公，公枳维卿，卿枳维大夫，大夫枳维士。登登皇皇，维在国枳，国枳维都，都枳维邑，邑枳维家，家枳维欲无疆。”言上下相维，递为藩蔽[3]也。其数有八，与《东观记》同。予详考之，乃九枳也。宋景文公《贺宰相启》“式维公枳”盖用此云。

注释

①盘洲：即洪适，字景伯，号盘洲。宋代金石学家。枳：落叶灌木或小乔木，植株和橘树很像。六本：六棵。

②何择非德：做什么事情不表现出高尚的情操。

③上下相维，递为藩蔽：上下之间相互维系、互为屏护。

盘州（指洪适）曾种植六株枳子，作为篱笆隔墙。中间开了一个小门，名为“六枳关”。他每每被人问起这个名称的由来，整天疲于应答这些问题。现在我摘取冯衍《显志赋》中的话抄录于此。冯衍说：“植六株枳子作为篱笆。”《东观汉记》中作八株枳子。《逸周书·小开》篇中说：“真的是啊！你什么时间不表示出对上的尊敬，干什么事不表现出高尚的德操？德枳维护大人，大人之枳维护公，公枳维护卿，卿枳维护大夫，大夫枳维护士。长长远远，维护在于国枳，而国枳又维护都，都枳维护邑，邑枳维护家，家枳维护的范围没有边际。”这里就是指上下之间相互维系、互为屏护的意思。此书中所说的枳子有八株，与《东观汉记》所载相同。我仔细查证后，知道实为九株枳子。宋景文公在《贺宰相启》一文中的“式维公枳”之语，就是取用这个意思。

卷　五

饶州风俗

原文

嘉祐中，吴孝宗子经者，作《馀干县学记》，云："古者江南不能与中土等，宋受天命[①]，然后七闽二浙与江之西东，冠带《诗》《书》，翕然大肆[②]，人才之盛，遂甲于天下[③]。江南既为天下甲，而饶人喜事，又甲于江南。盖饶之为州，壤土肥而养生之物多，其民家富而户羡，蓄百金者不在富人之列。又当宽平无事之际，而天性好善，为父兄者，以其子与弟不文为咎；为母妻者，以其子与夫不学为辱。其美如此。"予观今之扰民，所谓家富户羡，了非昔时，而高甍巨栋连阡亘陌者，又皆数十年来寓公所擅[④]，而好善为学，亦不尽如吴记所言。故录其语以寄一叹。

①宋受天命：宋朝建国。

②翕然大肆：非常盛行。

③甲于天下：位居天下之首。

④擅：占据。

北宋仁宗嘉祐年间，吴孝宗曾撰《馀干县学记》，在这篇文章中说："古时候，江南地区在国内经济文化中的地位，不能与中原地区相比。宋朝新中国成立以后，七闽（今福建）、二浙（浙东、浙西，今浙江），及大江东西（今长江西下游南、北两岸的地区），读书的风气很盛，人才辈出，数量之多，居于国内首位。江南已居国内首位，而饶州（今江西饶阳）又居江南首位。这是由于饶州土壤肥沃，适宜于多种动植物及农作物的生长，百姓生活富余而有积蓄，有着百金的人家不能算作富人。每当天下安宁太平无事的时候，饶州人乐于行善。做父亲兄长的，往往为自己的儿子、兄弟不读书学习文化而感到内疚；做母亲妻子的，往往为自己的儿子、丈夫不学习文化而感到羞愧。这是多么好的社会风尚啊！"经过我的仔细观察，现在饶州的百姓，虽然家里富裕而有积蓄，可也非昔日之所比。高楼巨栋拔地而起连在一起，近几十年来，往往为那些坐享其成的寓公所占有。而那种乐于助人、好做善事、勤奋好学的社会风尚，也不像吴孝宗所说的那样美好。兹将吴孝宗所说录之于此，实乃令人惋惜！

禽畜菜茄色不同

原文

禽畜、菜茄之色[1]，所在不同，如江、浙间，猪黑而羊白，至江、广、吉州以西，二者则反是。苏、秀间，鹅皆白，或有一班褐者，则呼为雁鹅，颇异而畜之。若吾乡，凡鹅皆雁[2]也。小儿至取浙中白者饲养，以为湖沼观美。

浙西常茄皆皮紫，其皮白者为水茄。吾乡常茄皮白，而水茄则紫。其异如是。

·注释·

①禽畜：家禽、家畜。菜茄：泛指蔬菜。

②雁：花色。

·译文·

家畜、蔬菜的颜色，由于各地环境不同，因而也不相同。比如在江、浙一带，猪的颜色是黑色，而羊则是白的。到江州（今江西九江）、广州、吉州（今江西吉安）以西的地方，二者颜色则相反，猪是白色的，羊是黑色的。在苏州、秀州（今浙江嘉兴）一带，鹅都是白色的，偶尔见到一只身上有褐色斑点的鹅，当地人就叫它为雁鹅，都很惊奇，把它当作稀奇动物进行饲养。而在我的故乡饶州鄱阳，所有的鹅都是花色的。而把白色的鹅当作稀奇动物，有些小孩子甚至购买浙东、浙西的白鹅来饲养，放在湖泽小河中供人们观赏。

茄子皮的颜色，在浙西地区一般都是紫色的，长有白皮的茄子，当地人叫它为水茄。而在饶州鄱阳则相反，一般的茄子皮都是白颜色，水茄则是紫颜色。其差异之大，于此可见。

勇怯无常

原文

“民无常勇，亦无常怯。有气则实，实则勇[①]，无气则虚，虚则怯，怯勇虚实，其由甚微[②]，不可不知。勇则战，怯则北[③]。战而胜者，战其勇者也，战而北者，战其怯者也。怯勇无常，倏忽往来，而莫知其方[④]，惟圣人独见其所由然。”此《吕氏春秋·决胜篇》之语，予爱而书之。

注释

①有气则实，实则勇：精气饱满则充实，充实则勇敢。

②其由甚微：其缘由非常微妙。

③北：退败，败北。

④方：方法。

“人无永远持久的勇敢，亦没有永远持久的胆怯。神气饱满则充实，充实则勇敢；神气不饱满则空虚，空虚则胆怯。胆怯勇敢，空虚充实，其由来十分精妙，不可不知道。勇敢的人战则必胜，胆怯的人战则必败。战而获胜的人，是由于他作战时勇敢；战而败北的人，是由于作战时胆怯。胆怯与勇敢不是固定不变的，而是不时变化的，忽来忽去，人们往往不知其变化的方法，只有圣人才能发现这一变化的原因和方法。”这是《吕氏春秋·决胜》里所说的一段话。我喜爱这段话，就将它抄之于此。

卷　六

韩文公逸诗

原文

唐五窦《联珠集》[1]载，窦牟为东都判官，陪韩院长、韦河南同寻刘师，不遇，分韵赋诗。都官员外郎韩愈得寻字，其语云："秦客何年驻，仙源此地深。还随蹑凫骑，来访驭云襟。院闭青霞入，松高老鹤寻。犹疑隐形坐，敢起窃桃心。"今诸本韩集皆不载。近者莆田方崧卿考证访赜甚至[2]，犹取《联珠》中窦庠《酬退之登岳阳楼》一大篇，顾独遗此，何也？

注释

①唐五窦《联珠集》：唐朝窦常、窦牟、窦群、窦庠、窦巩五兄弟共同编写《联珠集》。

②访赜：访问。甚至：非常下功夫。

译文

唐朝窦常、窦牟、窦群、窦庠、窦巩五兄弟的《联珠集》中记载，窦牟在任东都判官时，曾经陪同韩愈、韦执中一道去找刘尊师。不巧，未能见到。于是三人分韵赋诗。都官员外郎韩愈的诗，韵用寻字。他在诗中写道："秦客何年驻，仙源此地深。还随蹑凫骑，来访驭云襟。院闲青霞入，松高老鹤寻。犹疑隐形坐，敢起窃桃心。"而今所见韩愈文集的各种本子，都不见有这首诗。近来，莆田方崧卿在考订、访问方面很下功夫，仍然只取《联珠集》中窦庠所写的《酬退之登岳阳楼》一长篇，亦将这首诗漏掉，这是什么原因呢？

用柰花事

原文

窦叔向所用柰花事[①]，出《晋史》，云成帝[②]时，三吴女子相与簪白花，望之如素柰，传言天公织女死，为之著服。已而杜皇后崩，其言遂验。

绍兴五年，宁德皇后讣音[③]从北庭来，知徽州唐煇使休宁尉陈之茂撰疏文，有语云："十年罹难，终弗返于苍梧；万国衔冤，徒尽簪于白柰。"是时正从徽庙蒙尘[④]，其对偶精确如此。

注释

①窦叔向所用柰花事：唐朝窦叔向曾在其著作《贞懿挽歌》中提及"都人插柰花"一事。

②成帝：晋成帝司马衍。

③讣音：去世的消息。

④徽庙蒙尘：指靖康之乱中，宁德皇后与徽宗作为俘虏被囚禁于金国。

唐朝窦叔向在《贞懿挽歌》中所说“都人插柰花”一事，见于《晋书》。这里说晋成帝司马衍在位的时候，江、浙一带的女子们头上都戴白花，远远望去如同白色的柰花一样。相传天上的仙女织女死的时候，民间的女子为此头戴白花。没有多久，成帝的杜皇后便去世了，从而证实了这种说法。

宋高宗绍兴五年，宁德皇后在金国五国城去世的消息传来，知徽州（今属安徽）唐煇让休宁（今属安徽）尉陈之茂写一篇文章表示哀悼。其中有这样一段话：“十年罹难，终弗返于苍梧；万国衔冤，徒尽簪于白柰。”当时宁德皇后与徽宗作为俘虏被囚禁于金国。而陈之茂所撰此文，语句对偶竟如此精确！

建武中元续书

原文

《随笔》所书《建武中元》一则，文惠公[①]作《隶释》，于蜀郡守何君《阁道碑》一篇中，以为不然。比得[②]蜀士袁梦麒应祥《汉制丛录》，亦以纪、志、传不同为惑，而云近岁雅州荥经县治之西，有得《蜀郡治道记》于崖壁间者，记末云：“建武中元二年六月就。”

于是千载之疑，涣然冰释。予观何君《阁道》正建武中元二年六月就。袁君所言荥经崖壁之记，盖是此耳。但以出于近岁，恨不得质[3]之文惠，为之恻然。

·注释·

①文惠公：即洪适。

②比：近来。得：得到，看到。

③质：质疑。

·译文·

《容斋随笔》中有《建武中元》一则，我曾对这一记载谈了自己的看法。文惠公洪适在所著《隶释》中，对于成都所存蜀郡太守何君《阁道碑》中的建武中元亦有考释，认为不是这样。近来看到蜀人袁应祥《汉制丛录》，亦以纪、志、传所记不同而感到困惑。近年在雅州荥经县城西部山区的崖壁上，发现有《蜀郡治道记》石刻，在这篇记最后，书作："建武中元二年六月建成。"这一发现，使得一千多年来的疑虑，迎刃而解。依据蜀郡太守何君《阁道碑》所记，阁道正式建成是在汉光武帝建武中元二年六月。袁应祥所说荥经县西崖壁石刻的《蜀郡治道记》，也就是这块石碑。但是，由于它是近年来才被人们发现的，不能用它与文惠公质疑商榷，非常遗憾。

卷　七

西太一宫六言

原文

“杨柳鸣蜩绿暗，荷花落日红酣。三十六陂春水，白头想见江南。”荆公[①]《题西太一宫六言》首篇也。今临川刻本以“杨柳”为“柳叶”，其意欲与荷花为切对，而语句遂不佳。此犹未足问，至改“三十六陂春水”为“三十六宫烟水”，则极可笑。公本意以在京华中，故想见江南景物，何预于宫禁哉？不学者妄意涂窜[②]，殊为害也。彼盖以太一宫为禁廷离宫尔。

注释

①荆公：王安石，因被封荆国公，世人又称王荆公。

②不学者：不学无术的人。妄意涂窜：任意涂抹窜改。

“杨柳鸣蜩绿暗，荷花落日红酣。三十六陂春水，白头想见江南。”这首诗是王安石所作《题西太一宫六言》诗中的首篇。现在所见到的临川刻本王安石集中，以为“杨柳”应为“柳叶”，其用意在于想与荷花切对，但是语句并不好。对此，可不必责问。至于将诗中“三十六陂春水”改为“三十六宫烟水”，却是非常可笑的。王安石这首诗的本意是说在北方的人，会不时想念江南美丽诱人的景物，这与皇宫中的禁令毫不相干。那些不学无术的人，任意窜改王安石的诗，危害是显而易见的。导致他们乱改致误的原因，大概是由于他们把太一宫作为皇宫中的离宫的缘故。

人焉廋哉

原文

孔子论人之善恶，始之曰“视其所以[①]”，继之以“观其所由，察其所安[②]”，然后重言之[③]曰：“人焉廋哉，人焉廋哉！”盖以上之三语详察之也。而孟氏一断以眸子，其言曰：“存乎人者，莫良于眸子。眸子不能掩其恶，胸中正，则眸子瞭焉[④]，胸中不正，则眸子眊焉。听其言也，观其眸子，人焉廋哉！”说者谓：“人与物接之时，其神在目。故胸中正，则神精而明。不正，则神散而昏。心之所发，并此而观，则人之邪正不可

匿[5]矣。言犹可以伪为，眸子则有不容伪者。孔圣既已发之于前，孟子知言之要，续为之说，故简亮[6]如此。”旧见王季明云：太学士子尝戏作一论，其略云：“知人焉廋哉之义，然后知人焉廋哉，人焉廋哉之义。知人焉廋哉，人焉廋哉之义，然后知人焉廋哉之义。孔子所云‘人焉廋哉，人焉廋哉’者，详言之也。孟子所云‘人焉廋哉’者，略言之也。孔子之所谓‘人焉廋哉，人焉廋哉’，即孟子之所谓‘人焉廋哉’也。孟子之所谓‘人焉廋哉’，即孔子之所谓‘人焉廋哉，人焉廋哉’也。”继又叠三语为一云：“夫人焉廋哉，人焉廋哉，人焉廋哉，虽曰不同，而其所以为人焉廋哉，人焉廋哉，人焉廋哉，未始不同。”演[7]而成数百字，可资一笑，亦几于侮圣言[8]矣！

· 注释 ·

①视其所以：观察他所结交的朋友。

②观其所由，察其所安：观察他为达到目的所采用的手段，了解他的心情安于什么，不安于什么。

③重言之：重复说。

④瞭焉：明亮的样子。

⑤匿：藏匿。

⑥简亮：简洁明确。

⑦演：推演，衍生。

⑧几于侮圣言：几乎是对圣人言论的侮辱。

·译文·

孔子在谈到如何判断一个人的善恶时，开始说“要观察他所交往的朋友”，接着说“要观察他为达到目的所采用的手段，了解他的心情安于什么，不安于什么”，最后重复说：“一个人的善恶怎么能隐藏得住呢，一个人的善恶怎么能隐藏得往呢？”以上这三句话，是孔子通过详细观察所得出的结论。而孟子在谈到这个问题时提出以眼睛来判断。他说：“观察一个人的善恶，再没有比观察他的眼睛更好的了。因为眼睛不能掩盖一个人的丑恶。心正，眼睛就明亮。心不正，眼睛就昏暗。听一个人说话时，注意观察他的眼睛，这个人的善恶，又能往哪里隐藏呢？”有人说：“人在与物接触的时候，他的神情集中表现在眼睛上。心正，注意力集中，眼睛就明亮。心不正，注意力分散，眼睛就昏暗。正与不正，出之内心。由此看来，一个人的心邪与心正是隐藏不住的。说话可以弄虚作假，但是眼睛是不能弄虚作假的。关于这一点，孔子早已提出，孟子亦深知孔子所说的宗旨，进一步阐发，所以简洁明确。”过去听王季明说：太学的士子曾经戏作一篇文章，大意是说：“明白‘一个人的善恶又能往那里隐藏呢？’这句话的意思，然后就会明白‘一个人的善恶怎么能隐藏得住呢，一个人的善恶怎么能隐藏得住呢’这句话的意思。明白了后一句话的意思，然后也会明白前一句话的意思。孔子所说的‘一个人的善恶怎么能隐藏得住呢，一个人的善恶怎么能隐藏得住呢’是详细而言的。孟子所说‘一个人的善恶又能往那里隐藏呢’，是粗略而言。孔子连用‘一个人的善恶怎么能隐藏得住呢，一个人的善恶怎么隐藏得住呢’即是孟子所说的‘一个人的善恶怎么能隐藏得住呢’反过来说，孟子所说的也就是孔子所说。”不仅如此，继之而来的，还有三次重复：“一个人的善恶怎么能隐藏得住呢?’这句话为一句话，虽然与单独使用，与重复使用有所不同，而其所以三次重复写作‘一个人的善恶怎么能隐藏得住呢，一个人的善恶怎么能隐藏得住呢，一个人的善恶怎么能隐藏得住呢’的原因，与单独使用、重复使用并没有什么不同。”就这么一句话，甚至演变成好几百字，只可供人发笑，这亦几乎是对圣人言论的侮辱。

卷　八

得意失意诗

原文

旧传有诗四句诵世人得意者云："久旱逢甘雨，他乡见故知。洞房花烛夜，金榜挂名时。"好事者续以失意四句曰："寡妇携儿泣，将军被敌擒。失恩宫女面[①]，下第举人心[②]。"此二诗，可喜可悲之状极矣。

·注释·

①失恩宫女面：失宠的宫女愁容满面。

②下第举人心：落第的举人心中酸楚。

·译文·

过去社会上流传一首诗，四句，称道人的得意，说："久旱逢甘雨，他乡见故知。洞房花烛夜，金榜挂名时。"有些多事的人，又仿照这首诗，续得四句，描写人的失意，说"寡妇携儿泣，将军被敌擒。失恩宫女面，下第举人心。"这两首诗，将人得意时的喜悦，失意时的悲伤，描绘得淋漓尽致。

茸附治疽漏

原文

时康祖病心痔二十年，用《圣惠方》治腰痛者鹿茸、附子服之，月余而愈，《夷坚己志》书其事。予每与医言，辄云："痈疽[①]之发，蕴热之极也，乌有翻[②]使热药之理？"福州医郭晋卿云："脉陷则害漏，陷者冷也，若气血温暖，则漏自止，正用得茸、附。"案《内经·素问·生气通天论》曰："陷脉为瘘，流连肉腠。"注云："陷脉谓寒气陷缺其脉也，积寒留舍[③]，经血稽凝[④]，久瘀内攻，结于肉理，故发为疡瘘，肉腠[⑤]相连。"此说可谓明白，故复记于此，庶几或有助于疡医云。

·注释·

①痈疽：毒疮，是一种化脓性皮炎。

②乌有：怎么有？翻：反而。

③积寒留舍：寒气积聚。

④经血稽凝：经脉血液停滞不通。

⑤腠：肌肤上的纹理。

时康祖患心痔病已二十年了，他使用《圣惠方》里治腰痛病所用的鹿茸、附子，连续服用一个多月就痊愈了。我在《夷坚己志》里曾记述这件事。我每次与医生们交谈，常常说："恶性脓疮病的发作，是人体内蕴热达到了极点，怎么还会有使用热药治疗的道理？"福州一位叫郭晋卿的医生曾说："脉陷则害漏病，陷是冷的意思。如果一个人的气血温暖，则漏自然就会停止，所患漏病也就痊愈，这正好得使用热药鹿茸和附子。"按《内经·素问·生气通天论》中述称："陷脉为瘘，流连肉腠。"在这一条后面加注说："陷脉是寒气陷缺其脉，久而久之，寒气聚积，经脉血液停滞不通，日子长了，就在体内淤积，结成疙瘩，因而形成溃烂病变，分泌物由瘘管向外流出，使得肌肤上的纹理相连。"此说清楚明白，故复记于此，或许有助于疡医对溃疡病的医治。

华元入楚师

原文

《左传》，楚庄王围宋，宋华元夜入楚师，登子反[①]之床，起之曰："寡君使元以病[②]告。"子反惧，与之盟，而退三十里。杜注曰："兵法，因其乡人而用之，必先知其守将左右谒者、门者之姓名，因而利道之。华元盖用此术，得以自通。"予案前三年晋、楚邲之战，随武子称楚之善曰："军行，右辕[③]，左追蓐[④]，前茅虑

无[5]，中权后劲[6]，军政不戒而备。”大抵言其备豫[7]之固。今使敌人能入上将之幕而登其床，则刺客奸人，何施不得？虽至于王所可也，岂所谓军制乎？疑不然也。《公羊传》云：“楚使子反乘堙[8]而窥宋城，宋华元亦乘堙而出见之。”其说比《左氏》为有理。

·注释·

①子反：即司马子反，楚国大将。

②病：困难。

③右辕：右军跟随主将的车辕。

④左追蓐：左军打草作为歇息的准备。

⑤前茅虑无：前锋部队旌旗为路以防意外。

⑥中权：中军谋划。后劲：后面以精兵做后盾。

⑦豫：防守。

⑧堙：构筑的土堆工事。

·译文·

《左传》记载：楚庄王派兵进攻宋国，宋国遭到突然袭击，急忙派华元连夜潜入楚营，登上楚将司马子反的床，叫他起来，说：“我国国君派我来，把困难告诉你。”司马子反害怕了，就与宋国签订了盟约，下令楚军撤围，退兵三十里。杜预在这里作注说：“兵法上说，选将用人在选用其乡人时，一定要先知道守将的侍从左右谒者、守门人的姓名，以便因势利导。华元巧妙地使用了这一方法，因而取得了成功。”按：在此前三年，晋、楚两国的军队在邲（今河南荥阳北）会战。随武子称赞楚国治军有方：“军队出行，右军跟着主将

的车辕，左军打草作为歇息的准备，前军以旌旗为路以防意外，中军斟酌谋划，后军以精兵作为后盾。军中政教不必等待命令而完备。”这则记述，大致是说军队出动要严密防备。现在让敌人进入上将军的行营帐篷并登上上将军的床，那么使用刺客、间谍，又有什么做不到的呢？虽然来到王所是可以的，这难道是军中的制度吗？我怀疑情况不是这样。《公羊传》里记述这件事时说：“楚国让司马子反乘构筑的土堆工事而窥视宋城，宋国华元亦乘构筑的土堆工事而前往楚营见到司马子反。”在我看来，后面这一种说法，与《左传》所述相比，更为合乎情理。

卷　九

沈庆之曹景宗诗

原文

宋孝武尝令群臣赋诗，沈庆之手不知书，每恨眼不识字，上逼令作诗，庆之曰："臣不知书，请口授师伯。"上即令颜师伯执笔，庆之口授之曰："微生遇多幸，得逢时运昌。朽老筋力尽，徒步还南冈。辞荣此圣世，何愧张子房[①]？"上甚悦，众坐并称其辞意之美。

梁曹景宗破魏军还，振旅凯入，武帝宴饮连句，令沈约赋韵，景宗不得韵，意色不平，启求赋诗。帝曰："卿伎能甚多，人才英拔，何必止在一诗？"景宗已醉，求作不已。时韵已尽，唯馀"竞""病"二字。景宗便操笔，其辞曰："去时儿女悲，归来笳鼓竞。借问行路人，何如霍去病？"帝叹不已，约及朝贤惊嗟竟日[②]。

予谓沈、曹二公，未必能办此，疑好事者为之，然正可为一佳对，曰："辞荣圣世，何愧子房？借问路人，何如去病？"若全用后两句，亦自的切[③]。

·注释·

①张子房：即张良，字子房。

②竟日：一整天。

③的切：自然真切。

·译文·

一天，南朝宋孝武帝令群臣赋诗。沈庆之自己不会写字，也不识字，看到孝武帝也要他作诗，不免有些焦急。无奈，只好奏明圣上，说：“臣自幼不会写字，请允许我口述，让颜师伯记录下来。”孝武帝接受了他的请求，就命颜师伯执笔记录。沈庆之思索之后说道：“微生遇多幸，得逢时运昌。朽老筋力尽，徒步还南冈。辞荣此圣世，何愧张子房？”孝武帝听了，十分高兴。在座的文武大臣听罢，也都异口称赞这首诗的语言优美。

南朝梁曹景宗发兵与北魏军队作战，大获战捷凯旋。梁武帝特设盛宴祝贺，并命文武群臣赋诗对句助兴。武帝让沈约提出赋诗时所用的韵，赋诗的人必须按照自己的韵去作诗。曹景宗没有得到分给他的韵字，不能赋诗，心中很不高兴。于是，就请求武帝允许他赋诗。武帝见此情景，就劝他，说：“爱卿武艺超人，人才英俊，何必为一首诗而计较呢？”这时候，曹景宗正在兴头上，饮酒已有醉意，连声请求武帝允许他赋诗。原先拟定的韵字，只剩“竞”“病”二字了。景宗听后，立即操笔疾书诗一首。诗中说："去时儿女悲，归来笳鼓竞。借问行路人，何如霍去病?"武帝看后，惊叹不已，赞不绝口。沈约及参与赋诗的文武大臣亦为此赞叹竟日。

在我看来，沈庆之、曹景宗二人，未必真能做出这样令人叹服的好诗，疑为那些多事的人所杜撰。然而，这两首诗正好可以合成为这样一篇佳对："辞荣圣世，何愧子房?借问路人，何如去病?"若全用后两句，亦非常恰当真切。

蓝尾酒

原文

白乐天元日对酒诗云："三杯蓝尾酒，一碟胶牙饧。"又云："老过占他蓝尾酒，病余收得到头身。""岁盏后推蓝尾酒，春盘先劝胶牙饧。"《荆楚岁时记》云："胶牙者，取其紧固如胶也。"而蓝尾之义，殊不可晓。《河东记》载申屠澄与路旁茅舍中老父、妪及处女[1]环火而坐，妪自外挈酒壶至，曰："以君冒寒，且进一杯。"澄因揖，逊[2]曰："始自主人翁，即巡澄，当婪尾。"盖以蓝为婪，当婪尾者，谓在最后饮也。

叶少蕴[3]《石林燕语》云："唐人言蓝尾多不同，蓝字多作啉，出于侯白《酒律》，谓酒巡匝，末坐者连饮三杯，为蓝尾，盖末坐远，酒行到常迟，故连饮以慰之，以啉为贪婪之意。或谓啉为燣，如铁入火，贵其出色，此尤无稽。则唐人自不能晓此义。"叶之说如此。

予谓不然，白公三杯之句，只为酒之巡数耳，安有连饮者哉？侯白滑稽之语，见于《启颜录》。《唐·艺文志》，白有《启颜录》十卷、《杂语》五卷，不闻有《酒律》之书也。苏鹗《演义》亦引其说。

·注释·

①处女：少女，女孩子。

②逊：辞让。

③叶少蕴：即叶梦得，字少蕴，苏州人。宋代著名词人，其词深厚清隽。

·译文·

唐朝白居易在正月初一元日对酒作诗说：“三杯蓝尾酒，一碟胶牙饧。”又说：“老过占他蓝尾酒，病余收得到头身。”“岁盏后推蓝尾酒，春盘先劝胶牙饧。”《荆楚岁时记》说：“胶牙，是取牢固如粘胶的意思。”至于蓝尾意思是什么，人们则不大明白。《河东记》载：申屠澄与住在路旁茅屋中的老头、老太婆及少女，围着火炉而坐。一个老太婆从外面提着一个酒壶进来，对申屠澄说道：“因为你冒着天寒而来，应当先喝一杯。”申屠澄急忙站起身来拱手施礼，辞让说：“礼当先让主人喝上一杯，然后才能轮到我，当婪尾。”这里作婪尾，大概是因为把蓝字写成了婪字。当婪尾的意思，就是说在聚会饮酒时最后一个喝酒。

另外，叶梦得在他的《石林燕语》中述说：“唐朝的时候，人们所说蓝尾的意思，多有不同。蓝字大都写成啉，见于侯白所著《酒律》一书。在这里说聚会饮酒，轮流一圈，坐在末座即最后一个人要连喝三杯，称为蓝尾。这大概是因为坐在末座的人，最后才喝，轮到他时要经过一段时间，所以让他连喝三杯，以表示敬意。有人认为啉是贪婪的意思，还有人说啉即燷，就像把一块铁放进火中，认为它能出色，这纯是无稽之谈。由此可见，唐朝人自己也不大明白蓝尾的真正意思。”叶梦得的看法，即是如此。

在我看来，上述说法，未必就是这样。侯白在《酒律》中关于连喝三杯的记载，只是喝酒时的巡数，这里哪有连饮的意思呢？侯白这些滑稽有趣的话，见于《启颜录》一书。《唐书·艺文志》著录侯白著《启颜录》十卷、《杂语》五卷，并没有著录他著有《酒律》一书。苏鹗的《演义》里亦引用了叶梦得的说法。

欧阳公辞官

原文

欧阳公自亳州除兵部尚书知青州，辞免至四[①]，云：“恩典超优，迁转颇数[②]。臣近自去春由吏部侍郎转左丞，未逾两月，又超转三资，除刑部尚书。今才逾岁，又超转两资。尚书六曹，一岁之间，超转其五。”累降诏不从其请[③]。此是熙宁元年未改官制时，今人多不能晓。盖昔者左右丞在尚书下，所谓左丞超三资除刑书者，谓历工、礼乃至刑也。下云又超两资者，谓历户部乃至兵也。其上唯有吏部，故言尚书六曹，超转其五云。

·注释·

①辞免至四：多次连续奏请辞官。

②迁转颇数：升迁许多次。

③累降诏不从其请：朝廷连续下诏不准许他辞官。

欧阳修自从在亳州（今安徽亳州）除授兵部尚书知青州（今山东潍坊）以来，连续奏请辞官。他在上书中说："承蒙皇上特恩眷念，使臣得以多次晋升。臣自去年春天，由吏部侍郎转为左丞，不到两个月，又越次转资三等，升为刑部尚书。任刑部尚书到现在刚过一年的时间，又越次转资二等。尚书省下属有六曹，官员的晋升，是严格按照工、礼、刑、户、兵、吏的资序进行的。而臣在一年之内，连续越次转资五等。"欧阳修辞官的上书，接连进呈了四次。朝廷看到之后，就连续下诏不准许他辞官。这是神宗熙宁元年没有进行官制改革以前的事，现在有很多人都不知道这个情况。因为宋代官制旧制规定左丞、右丞位在尚书之下。所谓左丞越次转资三等为刑部尚书，是说没有经过工部、礼部直接转为刑部尚书。另外，下面所说越次转资二等，是说没有经过户部直接转为兵部。在兵部的上面只有吏部。所以欧阳修在上疏中说，自己是在尚书六曹中，连续越次转资五等。

卷　十

亲王回庶官书

原文

《随笔》中载亲王与侍从往还礼数，又得钱丕《行年杂记》云："升王[①]受恩命，丕是时为将作少监，亦投资状，王降回书签子启头[②]。继为皇太子，三司判官并通榜子，诣内东门参贺。通入后，中贵[③]出传令旨传语。及受册宝讫，百官班贺，又赴东宫贺，宰相亲王阶下班定[④]，太子降阶[⑤]，宰相前拜，致辞讫，又拜。太子皆答拜，亦致辞叙谢。"一时之仪如此。

注释

①升王：宋太宗第六子赵受益。

②王降回书签子启头：升王回书答谢时，将回书装在封带里，封带外面贴有贴条。签子，签条，贴在封袋上的狭长纸条。

③中贵：宫中宦官。

④宰相亲王阶下班定：宰相及各个亲王在台阶下按照品级，排

定班次。

⑤降阶：走下台阶。

关于宋代亲王与侍从交往的礼仪，我在《容斋随笔》中立有专目记述。又见钱丕《行年杂记》中记述：“太宗第六子赵受益受封为升王时，丕为将担任少监，亦进呈贺状表示祝贺，升王回书答谢时，将回书装在封带里，封带外面贴有一个长纸条。后来，升王受封为皇太子时，三司判官一起先用札子通报，同到内东门参拜祝贺。通报进入后，宫中宦官出来传达宣读令旨。举行接受册宝仪式完毕，文武百官列班恭贺，接着又到东宫祝贺，宰相及各个亲王在台阶下按照品级，排定班次，皇太子下台阶，宰相上前向太子拜贺，并致贺词，致辞完毕之后，再拜。皇太子俱都一一答谢，亦致辞表示谢意。”宋代开国之后，亲王回谢一般官员的礼仪，在一个时期内是这样的。

青莲居士

原文

李太白《赠玉泉仙人掌茶诗序》云：“荆州玉泉寺近清溪诸山，往往有乳窟[①]。其水边处处有茗草罗生[②]，枝叶如碧玉，唯玉泉真公常采而饮之。余游金陵，见宗僧中孚，示予茶楼十片，其状如手，名为‘仙人掌茶’，盖新出乎玉泉之山，旷古未觌[③]，因持以见遗，兼赠诗，要

予答之，遂有此作。后之高僧大隐，知仙人掌茶发乎中孚禅子及青莲居士李白也。”太白之称，但有“谪仙人”尔，“青莲居士”，独于此见之，文人未尝引用。而仙人掌茶，今池州九华山中亦颇有之，其状略如蕨拳[④]也。

·注释·

①乳窟：石钟乳丛生的洞穴。

②罗生：到处生长。

③觌：见到。

④蕨拳：指蕨芽。因其端卷曲如拳，故名。

唐朝诗人李白在《赠玉泉仙人掌茶诗序》中说：“在荆州玉泉寺附近，有清溪诸山并峙，山间有石钟乳丛生的洞穴。在水边的地方，到处长满着名叫茗草的茶草。茗草的枝叶如同碧玉，似乎还没有引起人们的注意，只有玉泉寺的真公常常采摘作为茶叶饮用。有一次游历，我来到金陵（今江苏南京），与高僧中孚相见，他拿出一种茶叶数十片给我看，叶片的形状很像人的手掌，所以就把它叫作‘仙人掌茶’。这是才从荆州玉泉山采集而来的，自古以来，从未有人见到过。因此，特意拿出来赠送给我，并且赠诗一首，要我作诗酬答。为此，我写下了这首诗。后来的高僧及著名的隐士，都知道仙人掌茶起源于中孚禅子及青莲居士李白。”作为李白名号的太白称号，只有“谪仙人”“青莲居士”的称号，仅仅在这里见到，还没有见有人引用。而仙人掌茶，在现在池州（今安徽贵池）九华山中亦有出产，它的形状与才长出来的蕨菜差不多，很像小孩子的手掌。

卷十一

熙宁司农牟利

原文

熙宁、元丰中，聚敛之臣，专务以利为国，司农遂粥[①]天下祠庙。官既得钱，听民为贾区，庙中慢侮秽践[②]，无所不至。南京有阏伯、微子两庙，一岁所得不过七八千，张文定公判应天府，上言曰："宋，王业所基也，而以火王。阏伯封于商丘，以主大火，微子[③]为宋始封，此二祠者独不可得免乎！乞以公使库钱代其岁入。"神宗震怒，批出曰："慢神辱国，无甚于斯！"于是天下祠庙皆得不粥。

又有议前代帝王陵寝，许民请射耕垦，司农可之，唐之诸陵，因此悉见芟刈。昭陵乔木，剪伐无遗。御史中丞邓润甫言："熙宁著令，本禁樵采，遇郊祀则敕吏致祭，德意可谓远矣。小人掊克[④]，不顾大体，使其所得不赀，尤为不可，况至为浅显者哉！愿绌[⑤]创议之人，而一切如故。"于是耒耕之地仅得免。

二者可谓前古未有，一日万几，盖无由尽知之也。

·注释·

①粥：古同“鬻”，卖。

②庙中慢侮秽践：祠堂庙宇中的神像及各种设施，任人侮辱践踏。

③微子：名启，纣的庶兄。多次向纣王劝谏，王不听，遂出走。武王灭商之后他被封于宋。

④掊克：敛财，搜刮。

⑤绌：贬谪。

·译文·

神宗熙宁、元丰年间，那些平日爱财如命的官员，聚敛钱粮不择手段。掌管国家财政的司农决定租赁全国各地的祠堂庙宇。官府为了得到一些钱，就让百姓在祠堂庙宇内投摊叫卖。祠堂庙宇中的神像及各种设施，任人侮辱践踏，而无人过问。南京（今河南商丘）有阏伯庙和微子庙，租赁之后，一年所得不过七八千钱。张方平在任应天府时曾经上疏说：“南京是我朝王业根基重地，我朝是以火德为王的。阏伯是轩辕黄帝曾孙帝喾的儿子，受封到商丘，主管大火。微子是纣王庶兄，周武王灭商丘之后，被封于宋（今河南商丘）。而今就连这两个供奉阏伯和微子的祠庙，也不得幸免！恳请朝廷降旨以国家库存钱粮来代替这两个地方每年的收入。”神宗从这一奏折中得知各地祠庙遭到破坏的严重情况，十分恼火，立即批示说：“侮神辱国，莫甚于此！”自此以后，各地的祠庙一如既往，不许人们在这里设摊叫卖。

此外，又有人提出前代帝王陵墓，占地甚广，请准许百姓开垦耕种，司农批准了这一建议。顿时，在前代帝王陵墓所在地的百姓纷纷开垦耕种。唐朝帝王陵墓上的草木，被铲除一尽。昭陵上高大的树木，亦被砍伐无遗。御史中丞邓润甫得知这种情况后，就给神宗上疏说：“熙宁时的国家法令，本来是禁止打柴的人乱砍滥伐的。每遇在郊外祭祀天地的时候，都要诏令各地官吏前往致祭，朝廷的德意不能说不是深谋远虑、从长计议的。而今那些无耻小人，贪得无厌，不顾大局，他们搜刮所得已难以计数，仍然不以此为满足，何况要叫他们少搜括呢！希望贬斥首先提出准许垦耕前代帝王陵墓的人，恢复旧的制度。”神宗见到此奏之后，立即下令禁止。这样才使未被开垦耕种的帝王陵墓幸免于难。

以上二事，可以说是前所未有。皇上日理万机，哪能什么都知道啊！

东坡诲葛延之

原文

江阴葛延之，元符间，自乡县不远万里省苏公[①]于儋耳，公留之一月。葛请作文之法，诲[②]之曰：“儋州虽数百家之聚，而州人之所急，取之市而足，然不可徒得也，必有一物以摄之，然后为己用。所谓一物者，钱是也。作文亦然，天下之事，散在经、子、史中，不可徒使，必得一物以摄之，然后为己用。所谓一物者，意是也。不得钱不可以取物，不得意不可以用事，此作文之要也。”葛拜其言，而书诸绅。尝以亲制龟冠为献，

公受之，而赠以诗曰：“南海神龟三千岁，兆叶朋从生庆喜。智能周物不周身，未死人钻七十二。谁能用尔作小冠，岣嵝耳孙创其制。今君此去宁复来，欲慰相思时整视。”今集中无此诗。葛常之，延之三从弟也，尝见其亲笔。

注释

①省苏公：拜谒苏轼。

②诲：教导。

江阴葛延之于哲宗元符年间，从乡下不远万里、不辞劳苦来到儋耳（今海南儋州市），见到了被朝廷贬斥的苏东坡，虚心向他求教。苏东坡很受感动，留葛延之在这里住了一个月。葛延之问苏东坡：“写文章有什么好方法吗？”苏东坡耐心引导说：“儋州是一个几百户人家的小城，这里百姓日常所需要的各种用品，都可以从集市上得到，当然不是平白无故就能得到，必须用一样东西去换取，然后才能为自己所有。那么，这一样东西是什么呢？就是钱。写文章也是同样的道理。天下之事，千姿百态。各种材料都分散在经书、子书（诸子百家、笔记小说）及史书之中，虽然可以得到它，可也不能白白地得到使用，也必须先得到一个东西，然后才能把它们攫取过来，为自己所使用。那么，这个东西是什么呢？就是意。得不到钱就不能买到自己需要的物品，没有意也就不能写出文章。这就是写文章的秘诀。”葛延之听了，很受启发，当即拜谢，并把这个秘诀写了下来，转告给各位绅士。他还将亲手制作的龟冠献给了苏东坡，以表示自己的敬意。苏东坡也赋诗回赠，诗中说："南海神龟三千岁，兆叶朋从生庆喜。智能周物不周身，未死人钻七十二。谁能用尔作小冠，岣嵝耳孙创其制。今君此去宁复来，欲慰相思时整视。"而今所见苏东坡集中没有这首诗。葛常之，为延之的叔伯三弟，曾经见到苏东坡亲笔所写这首诗的真迹。

卷十二

汉唐三君知子

原文

英明之君，见其子有才者，必爱而称之。汉高祖谓赵王如意类己，欲以易孝惠[1]，以大臣谏而止。宣帝以淮阳王钦壮大，好经书、法律，聪达有材，数嗟叹曰："真我子也！"常有意欲立为嗣，而用太子起于微细[2]，且早失母，故弗忍。唐太宗以吴王恪英果类我，欲以代雉奴[3]。其后如意为吕母所戕，恪为长孙无忌所害，钦陷张博之事，殆于不免。此三王行事[4]无由表见。然孝惠之仁弱，几遭吕氏之覆宗；孝元之优柔不断，权移于阉寺[5]，汉业遂衰；高宗之庸懦，受制凶后[6]，为李氏祸尤惨。其不能继述固已灼然。高祖、宣帝、太宗盖本三子之材而言之，非专指其容貌也，可谓知子矣。彼明崇俨谓英王哲（即中宗也）。貌类太宗，张说谓太宗画像雅类忠王（即肃宗也）。此惟取其形似也。若以材言之，中宗之视太宗，天壤相隔矣。汉成帝所幸妾曹宫产

子，曰："我儿额上有壮发，类孝元皇帝。"使其真是孝元，亦何足道？而况于婴孺⑦之状邪！

·注释·

①易孝惠：用赵王如意去替换孝惠皇帝的太子地位。

②起于微细：生于贫贱之时。

③雉奴：唐高宗李治的乳名。

④行事：建功立业的本领。

⑤阍寺：宦官。

⑥凶后：高宗皇后武则天。

⑦婴孺：婴孩。

·译文·

英名的君主，发现自己儿子中有才能的，一定会喜爱并称赞他。汉高祖称赵王如意像自己，想叫他替换孝惠皇帝做太子，因为大臣们进谏才没有实行。汉宣帝因淮阳王刘钦形象高大，喜欢研究经书和法律，聪明畅达富于才华，屡次叹赏道："真是我的儿子！"经常有心立他为继承人，可因为太子出生于贫贱之时，并且早年丧母，所以不忍心夺其位。唐太宗认为吴王李恪英明果断像自己，曾想以他取代

雉奴（唐高宗李治乳名）。后来赵王如意被吕后残害，吴王李恪被长

孙无忌处死，淮阳王钦被牵连到张博的事件里，几乎难免于难。这三王建功立业的才能无从发挥。可是孝惠帝仁厚懦弱，几乎被吕氏覆灭宗族；孝元帝优柔寡断，大权旁落到宦官手里，汉朝的大业于是走向衰落；唐高宗平庸怯懦，受凶后武则天控制，给李氏带来的祸患更惨。他们没能力继承先人事业当然是昭然若揭的。汉高祖、汉宣帝、唐太宗大抵是根据三个儿子的才能来说话，并非专指他们的相貌，真可谓知子莫若父。那明崇俨说，英王李哲（即唐中宗）样子像太宗，张说则说，唐太宗的画像很像忠王（即唐肃宗），这只是取其形貌相似。如果从才能上来讲，唐中宗比之唐太宗，真是异同霄壤。汉成帝所宠幸的侍妾曹宫生子，说："我儿子额上有丛生突下的壮发，像孝元皇帝。"即使他真是孝元帝，又有什么值得称道的？更何况是婴儿的长相有点像呢？

当官营缮

原文

元丰元年，范纯粹自中书检正官谪[1]知徐州藤县，一新[2]公堂吏舍，凡百一十有六间，而寝室未治，非嫌[3]于奉己也，曰吾力有所未暇而已。是时，新法正行，御士大夫如束湿，虽任二千石之重，而一钱粒粟，不敢辄用，否则必著[4]册书。东坡公叹其廉，适为徐守，故为作记。其略曰："至于宫室，盖有所从受，而传之无穷，非独以自养也。今日不治，后日之费必倍。而比年以来，所在务为俭陋，尤讳土木营造之功，欹仄[5]腐坏，

转以相付[6]，不敢擅易一椽，此何义也!”是记之出，新进趋时之士，娼疾以恶之[7]。恭览国史[8]，开宝二年二月诏曰：“一日必葺[9]，昔贤之能事。如闻诸道藩镇、郡邑公宇及仓库，凡有隳坏，弗即[10]缮修，因循岁时[11]，以至颓毁，及僝工充役，则倍增劳费[12]。自今节度、观察、防御、团练使、刺史、知州、通判等罢任，其治所廨舍[13]，有无隳坏及所增修，著以为籍[14]，迭相符授[15]。幕职州县官受代，则对书于考课之历，损坏不全者，殿一选[16]，修葺、建置而不烦民者，加一选。”太祖创业方十年，而圣意下逮，克勤小物[17]，一至于此！后之当官者不复留意。以兴仆植僵为务，则暗于事体、不好称人之善者[18]，往往翻指为妄作名色，盗隐官钱，至于使之束手讳避[19]，忽视倾陋，逮于无可奈何而后已。殊不思贪墨之吏，欲为奸者，无施不可[20]，何必假于营造一节乎?

·注释·

①谪：贬谪，贬官。

②一新：翻新。

③嫌：避嫌，避忌。

④著：记录。

⑤欹仄：房子倾斜。

⑥转以相付：转身就把它交给后任。

⑦娼疾以恶之：嫉妒并且讨厌他。

⑧恭览国史：我恭敬地披览本朝文献。

⑨一日必葺：即使在任一天也须修葺损坏了的房屋。

⑩即：立刻，及时。

⑪因循岁时：拖延时间。

⑫劳费：劳务和费用。

⑬廨舍：官署。

⑭著以为籍：记录在案。

⑮迭相符授：依次点验移交给后任。

⑯殿一选：落后一个选次授官。

⑰克勤小物：勤于政务，密切注意小事。

⑱暗于事体、不好称人之善者：不明事理、不喜欢称人之美的人。

⑲束手讳避：为避嫌疑，束手不干。

⑳无施不可：无处不可为。

·译文·

宋神宗元丰元年，范纯粹从中书省检正官贬黜为徐州藤县知县，将公堂吏舍翻修一新，共一百一十六间；但寝室还没有整治，不是避忌奉养自己的口实，说只不过是尽力于他事尚没有空暇罢了。这时，新法正在推行，像束湿那样的御史大夫，出任地方官，尽管肩负着州郡长官的重任，可是一文钱一粒米也不敢随便用，要用的话就一定记录在簿册之上。苏东坡赏叹他廉洁，刚好正做徐州知州，所以专为此事作了一篇杂记文字。他约略说道："至于官府的宫室，大抵是从前任那里接收来的，并且要不断地传给后任，不只是用来奉养自己。宫室坏了今日不及时整治，以后所用费用定会成倍增加。可是近年以来，到处以因陋就俭为时尚，特别避忌土木营造的工程，即使房子倾斜、腐坏了，转身就把它交给后任，不敢擅自动一根椽子，这是什么道理呢？”这篇杂记写出之后，新近提拔上来趋奉时尚的人，嫉妒并且讨厌他。我恭敬地披览本朝文献，见宋太祖开宝二年二月的诏书上说：“就是在任一天也要修葺损坏了的房舍，这是过去的贤官良宰所能之事。可是听说各路的藩镇和郡县的官房和仓库，大抵是有了破坏，并不及时修缮，拖延岁月，以至于倾塌，等到筹集工料、募民充役进行修复的时候，劳务和费用就要倍增了。从今以后，节度使、观察使、防御使、团练使、刺史、知州、通判等谢任，他治所的廨舍，有没有毁坏以及增修的情况如何，都要记录在案，依次点验移交给后任。地方长官的属吏及州县长官任满去职，就对照着书写到考核优劣的记事文书上，廨舍损坏不全的，落后一个选次授官，有所修葺、建置而且不烦扰百姓的，提前一个选次授官。”太祖皇帝创立基业才十年，就下达了这样的旨意，勤劳国事密切注意小事，居然达到这样的地步！后来的担任官职的人不再留心此类事。如果有人从事于倾颓官舍的修复，那么，不明事理、不喜欢称人之美的人往往反而指责为巧立名目贪污公款，以至于使得当事者束手不干，为避免嫌疑，无视墙倒屋塌，达到无可奈何的境地才罢手。都不想想贪墨的官吏想做坏事，无处不可，哪里一定要假借营造官舍一事呢？

卷十三

国初救弊

原文

国朝削并僭伪[①]，救民水火之中，然亦有因仍旧弊，未暇更张[②]者，故须赖于贤士大夫昌言之。江左初平，太宗选张齐贤为江南西路转运使，谕以民间不便事[③]，令一一条奏。先是诸州罪人多锢送阙下，缘路非理而死者[④]，常十五六。齐贤至蕲州，见南剑州吏送罪人者，索得州帖视之。二人皆逢贩私盐者，为荷[⑤]盐笼得盐二斤，又六人皆尝见贩盐而不告者，并黥决传送，而五人已死于路。江州司理院自正月至二月，经过寄禁罪人，计三百二十四人。建州民二人，本田家客户，尝于主家塘内，以锥刺得鱼一斤半，并杖脊、黥面，送阙下。齐贤上言："乞俟至京，择官虑问[⑥]，如显有负屈者，本州官吏量加惩罚。自今只令发遣正身。"及虔州，送三四，尝市得牛肉，并家属十二人悉诣阙，而杀牛贼不获，齐贤悯之，即遣其妻子还。自是江南送罪人者减大

半。是皆相循习所致也，齐贤改为，其利民如此。齐贤以太平兴国二年方登科，六年为使者，八年还朝，由密学拜执政，可谓迅用⑦也。

注释

①国朝削并僭伪：宋朝削平割据对立的王朝。文中特指与宋朝对立的割据势力。

②更张：改正。

③不便事：不好解决的事情。

④缘路非理而死者：路途上非正常死亡者。

⑤荷：挑担。

⑥择官虑问：选派官员仔细加以审查。

⑦迅用：提拔得很快。

译文

宋朝削平割据对立的王朝，拯救百姓于水火之中，但是也有承袭旧的弊端，未来得及改正者，因此需要依靠贤能的人士提出建议。江南平定之初，宋太宗选派张齐贤任江南西路转运使，晓谕他凡遇到民间不好解决的事，要逐一上奏。起初，各州获罪之人多数是禁锢之后送往京城，路途上非正常死亡者，常占十之五六。齐贤到了蕲州（今湖北蕲春），见到南剑州派遣官吏押送罪人，便要来罪人名单观看。其中有两个人碰到了卖私盐的人，替他们担盐笼得到二斤盐，因而获罪。还有六人都因为看见有卖私盐的没有上告而获罪，一并受到刺面的刑罚送往京城处理，其中五人已死于路上。江州（今江西九江）司理院从正月到二月，两个月时间内，从这里经过并寄禁于此的罪人，就有三百二十四人。建州（今福建建瓯）有两个人，本来是地主家的佃户，曾经在主人家的池塘里，用锥子扎得一斤半鱼，却受到杖打脊背、脸上刺字、送往京城的惩罚。齐贤上书说："请求这些囚犯至京城时，选派官员仔细审问，如果确实有含冤负屈的，应由本州官吏给以适当的惩罚。从现在开始凡往京城遣送罪犯本人，不要株连其他人。"齐贤到了虔州，那里正遣送三名囚犯，这三人曾经在集市上买过牛肉，连累家属十二人一块遣送京城，而杀掉耕牛的贼人却未抓获。齐贤可怜这些人，当下便释放这三人的妻子老小回家。从此之后，江南各州往京城遣送的罪人减少了大半。往京城遣送罪人的弊端都是各州官吏因循旧习形成的，齐贤做了改革，给百姓带来了好处。齐贤在太宗太平兴国二年考中进士，太平兴国六年担任使者，太平兴国八年回朝，由枢密直学士升为参知政事，提拔得很快。

二朱诗词

原文

朱载上，舒州桐城人，为黄州教授，有诗云："官闲无一事，蝴蝶飞上阶"。东坡公见之，称赏①再三，遂为知己。中书舍人新仲翌，其次子也，有家学，十八岁时戏作小词，所谓"流水泠泠，断桥斜路梅枝亚"者。朱希真见而书诸扇，今人遂以为希真所作。又有折叠扇词云："宫纱蜂赶梅，宝扇鸾开翅。数摺聚清风，一捻生秋意。摇摇云母轻，袅袅琼枝细。莫解玉连环，

怕作飞花坠。”公亲书稿固存，亦因张安国书扇，而载在《于湖集》中。其咏五月菊词云：“玉台金盏对炎光。全似去年香。有意庄严端午，不应忘却重阳。菖蒲九节，金英满把，同泛瑶觞。旧日东篱陶令，北窗正傲羲皇。”渊明于五六月高卧北窗之下，清风飒至，自谓羲皇上人。用此事于五月菊，诗家叹其精切[②]云。

·注释·

①称赏：称道赞赏。

②精切：精准确切。

·译文·

朱载上是舒州桐城（今属安徽）人，任黄州（今湖北黄冈）教授，他写的诗中有“官闲无一事，蝴蝶飞上阶”的句子。苏东坡见了，再三称道赞赏，把朱载上引为知己。中书舍人朱翌字新仲，是载上的第二个儿子，家学渊源，十八岁时写游戏之词，有“流水泠泠，断桥斜路梅枝亚”的句子。朱希真见到后书写在扇子上，现在人便以为是希真所写了。朱载上又有折叠扇词说：“宫纱蜂赶梅，宝扇鸾开翅。数摺聚清风，一捻生秋意。摇摇云母轻，袅袅琼枝细。莫解玉连环，怕作飞花坠。”朱载上亲自书写在稿纸上永远保存，也因为张安国把这首诗写在扇子上，而记录在其著作《于湖集》中。朱载上咏五月菊词说：“玉台金盏对炎光。全似去年香。有意庄严端午，不应忘却重阳。菖蒲九节，金英满把，同泛瑶觞。旧日东篱陶令，北窗正傲羲皇。”陶渊明在五六月间高卧于北窗之下，清风飒飒吹来，自称羲皇上人。把陶渊明这件事写进五月菊诗中，诗人们都佩服他用典确切。

金刚经四句偈

原文

今世所行《金刚经》，用姚秦鸠摩罗什所译，其四句偈曰："一切有为法，如梦幻泡影，如露亦如电，应作如是观。"又曰："若以色见我，以音声求我，是人行邪道，不能见如来。"予博观它本，颇有不同。元魏天竺三藏菩提流支译云："一切有为法，如星翳灯幻。露泡梦电云，应作如是观。"而"不能见如来"之下更有四句云："彼如来妙体，即法身诸佛。法体不可见，彼识不能知。"陈天竺三藏真谛译云："如如不动，恒有正说。应观有为法，如暗翳灯幻。露泡梦电云。若以色见我，以音声求我，是人行邪道，不应得见我。由法应见佛，调御法为身，此法非识境，法如深难见。"唐三藏玄奘译云："诸和合所为，如星翳灯幻，露泡梦电云，应作如是观。诸以色见我，以音声寻我，彼生履邪断，不能当见我。应观佛法性，即导师法身。法性非所识，故彼不能了。"唐沙门义净译前四句，与魏菩提本同，而后云："若以色见我，以音声求我，是人起邪观，不能当见我。"后四句与玄奘本同。予案，今人称六如，

东坡以名堂者，谓梦、幻、泡、影、露、电也。而此四译，乃知有九如。《大般若经》[1]，第八会《世尊颂》，第九会《能断金刚》分二颂，亦与玄奘所译同。

·注释·

①《大般若经》：佛教经典。全称《大般若波罗蜜多经》，简称《般若经》。为宣说诸法皆空之义的大乘般若类经典的汇编。唐玄奘译。大概成书于公元前1世纪，其他各会是在以后几个世纪中成书的。一般认为最早出现于南印度，以后传播到西、北印度，在贵霜王朝时广为流行。梵本多数仍存。

·译文·

现在社会上所流行的《金刚经》，采用了十六国时期姚氏秦国鸠摩罗什的翻译，其中有四句偈语说："一切有为法，如梦幻泡影，如露水亦如闪电，应当这样看待。"又说："从颜色形体来看我，从声音来寻求我，这是人行邪道，无法见到如来。"我广泛地考查了其他版本，有很大的区别。元魏时期，天竺僧人三藏菩提流支翻译说："一切有为的法，如星、翳、灯、幻、露、泡、梦、电、云，应当这样来看。"而在"不能见如来"之下还有四句说："彼如来妙体，即法身诸佛。法体不可见，彼识不能知。"南朝陈国天竺三藏大师真谛的翻译是："如如不动，恒有正说。应观有为法，如暗翳灯幻。露泡梦电云。若以色见我，以音声求我，是人行邪道，不应得见我。由法应见佛，调御法为身，此法非识境，法如深难见。"唐朝三藏大师玄奘的翻译是："诸和合所为，如星翳灯幻。露泡梦电云，应作如是观。诸以色见我，以音声寻我，彼生履邪断，不能当见我。应观佛法性，即导师法身。法性非所识，故彼不能了。"唐朝僧人义净翻译的前四句，与元魏菩提流支所译相同，后面几句是："若以色见我，以音声求我，是人起邪观，不能当见我。"后四句与玄奘所译相同。我认为今人称六如，就是苏东坡给六如堂起名字用的六如，是指梦、幻、泡、影、露、电。而以上四人的翻译，使我知道六如应该变成九如。《大般若经》第八卷《世尊颂》、第九卷《能断金刚》中的两段颂，也和玄奘所译的一样。

卷十四

王元之论官冗

原文

省官之说，昔人论之多矣，唯王元之两疏，最为切当。其一云："臣旧知苏州长洲县，自钱氏纳土以来，朝廷命官，七年无县尉，使主簿[①]兼领之，未尝阙事。三年增置尉，未尝立一功。以臣详之，天下大率如是。诚能省官三千员，减俸数千万，以供边备，宽民赋，亦大利也。"其二云："开宝中，设官至少，臣古籍济上，未及第时，止有刺史一人，李谦溥是也，司户一人，孙贲是也。近及一年，朝廷别不除吏。自后有团练推官一人，毕士安是也。太平兴国中，臣及第归乡，有刺史、通判、副使、判官、推官、监军，监酒榷税算又增四员，曹官之外更益司理。问其租税，减于曩日也，问其人民，逃于昔时也，一州既尔，天下可知。冗兵耗于上，冗吏耗于下，此所以尽取山泽之利而不能足也。"

观此二说，以今言之，何止于可为长太息哉！

·注释·

①主簿：官名。掌置。各级主官属下掌管文书的佐吏。

·译文·

减少官员的议论，前人谈论已经不少了，只有王元之上的两个奏章，讲得精彩确切。其中一个奏章说："臣过去曾当过苏州长洲县知县，那里自从钱叔归附宋朝以来，朝廷派去的官员，七年之间没有县尉，仅仅让主簿兼领他的职务，但一件事也没有延误过。设置了三年县尉，没有立过一次功。臣仔细考虑过，天下的情况和长洲县大致相同。如果能减少三千名官员，减少俸禄支出数千万两，用这些钱供给边防，减轻百姓负担，对国家是有很大益处的。"第二个奏章说："宋太祖开宝年间，设置的官员很少，臣的籍贯是济州，我没有考中进士时，济州只有一个刺史，就是李谦溥司户一人，也就是孙贲。有将近一年，朝廷没有在济州再安排官吏。以后又增加团练推官一人，就是毕士安。太宗太平兴国年间，我考中进士回到家乡，济州的官员有刺史、通判、副使、判官、推官、监军，监理酒榷税算，又增加了四名官员，曹官之外，又增加了司理一职。询问济州的租税收入，比过去少了不少；询问那里的百姓，逃亡的比过去增多了。一个州是这样，天下的情况就知道了个大概。多余的士兵在朝廷上消耗钱粮，多余的官吏在地方上消耗钱粮，因此刮尽田地河泊中的所有出产也不敷应用。"

读完王元之的两个奏折，对照现在的情况，仅为此而叹息是不够的啊！

梁状元八十二岁

原文

陈正敏《遁斋闲览》：“梁灏[①]八十二岁，雍熙二年状元及第。其谢启云：‘白首穷经，少伏生之八岁；青云得路，多太公之二年。’后终秘书监，卒年九十余。”此语既著，士大夫亦以为口实。予以国史考之，梁公字太素，雍熙二年，廷试甲科，景德元年，以翰林学士知开封府，暴疾卒，年四十二。子固亦进士甲科，直至史馆，卒年三十三。史臣谓：“梁方当委遇，中途夭谢。”又云：“梁之秀颖，中道而摧。”明白如此，遁斋之妄不待攻也。

注释

①梁灏：（公元963—1004年）字太素，北宋郓州须城（今东平州城）人，出身官宦家。少年丧父。曾从学于王禹恬，初考进士，未中。雍熙二年（公元985年），考取状元，任大名府观察推官，时年二十三岁。灏有吏才，每上朝进奏，辞辩明敏，对答如流，真宗甚为嘉赏。群臣奏章，多教灏参议。景德元年（1004年），任开封知府。同年六月，暴病卒，时年四十二岁。著有文集十五卷。

陈正敏著的《遁斋闲览》中说："梁灏八十二岁那年，于太宗雍熙二年（公元985年）考中进士科第一名状元。在他写给朝廷的谢表中说：'头发白了还在研究经典，比秦末汉初人，精通《尚书》的伏生，仅小八岁；在青云中找到入仕道路，比姜太公还大两岁。'后来梁灏官拜秘书监，死时已九十余岁。"这番话流传极广，士大夫也认为这是事实。我考查本朝历史，梁灏字太素，在雍熙二年殿试时考中甲科，真宗景德元年（1004年），他以翰林学士的身份担任开封府知府之职，得暴病而死，那年他四十二岁。他的儿子梁固也考中了进士甲科，在使馆，死时三十三岁。写国史的人评论说："梁灏正当受到信任之际，突然中途死去。"又说："梁灏聪明敏捷，突然中年去世。"这些记载是如此的明白，《遁斋闲览》一书的荒谬也就不言自明了。

卷十五

徽庙朝宰辅

原文

蔡京[①]擅国命，首尾二十余年，一时士大夫未有不因之以至大用者，其后颇采公议，与为异同。若宰相则赵清宪挺之、张无尽商英、郑华原居中、刘文宪正夫，所行所言，世多知之。其居执政位者，如张康国宾老、温益禹弼、刘逵公路、侯蒙元功者，皆有可录。

康国定元祐党籍，看详讲义司编汇奏牍，皆深预密议，及后知枢密院，始浸为崖异。徽宗察京专愎，阴令狙伺其奸，盖尝许以相。是时，西北边帅多取部内好官自辟置，以力不以才。康国曰："并塞当择人以纾忧，顾奈何欲私所善乎?”乃随阙选用，定为格。京使御史中丞吴执中击之，康国先知之，具以奏。

益镇潭州，凡元祐逐臣在湖南者，悉遭侵困，因《爱莫助之图》遂为京用。至中书侍郎，乃时有立异。京一日除监司郡守十人，将进画，益判其后曰：“收。”京使益所厚中书舍人郑居中问之，益曰：“君在西掖，每见所论事，舍人得举职，侍郎顾不许邪?今丞相所拟十人，共皆姻党耳，欲不逆其意，得乎?”

逵以附京至中书侍郎。京去相，逵首劝上碎元祐党碑，宽上书邪籍之禁，凡京所行悖理殃民事，稍稍厘正之。蒙在政地，上从容问蔡京何如人，对曰：“使京能正其心术，虽古贤相何以加?”上颔首，且使密伺京所为，京闻而衔之。

凡此数端，皆见于国史本传。

·注释·

①蔡京:（1047—1126年），北宋奸臣。字元常。兴化军仙游（今属福建）人。与北宋政治家、书法家蔡襄是同乡。蔡京是王安石变法的坚决拥护者和得力干将。熙宁二年（1069年），在满朝保守派大臣的反对中，王安石被宋神宗任命为宰相，实行变法;次年，

兴化军仙游县蔡京进京应试，得中进士，开始步入仕途。此时蔡襄已经去世，蔡京妄想攀附名门，于是自称是蔡襄的族弟。蔡京权力欲望极强，但并无固定的政治见解，其言行以向上爬为终极目标，是个典型的政治投机分子。

蔡京掌握国家政权，先后达二十年之久，一时之间，朝中士大夫没有不借助他的支持而得到重用的，后来这些人采取了公正的立场，与蔡京对立。如宰相赵清宪、张商英、郑华原、刘文宪。他们的言行，世人都已知道。当执政的如张康国、温益、刘逵、侯蒙，皆有值得记载的事迹。

张康国曾经参与确定元祐党籍，审定讲义司编排汇集的奏牍，也参与了处置元祐党人的秘密会议。后来张康国改任知枢密院事，才慢慢地不随波逐流，转而提出了自己的看法。徽宗觉察出蔡京专权、刚愎自用后，暗中让张康国侦察蔡京的奸邪之状，并且答应将来委任他做宰相。当时，西北边境上的领兵将领，蔡京多数采取举荐的方式委任，根据是否愿为自己效力而看其人才能高低。张康国说：“任命官员当选择有才能的人，为什么专挑与自己关系好的人呢？”于是，便根据阙员多少，挑选有才能的人上任，并定为规矩。蔡京指使御史中丞吴执之攻击张康国，张康国经预先知道，便把此事上奏给了徽宗。

温益镇守潭州，凡是哲宗元祐年间贬往湖南的大臣，全部遭到

他的侵扰围困，温益因《爱莫助之图》受到蔡京重用。官至中书侍郎后，立场便有了变化。蔡京一次任命监司、郡守十人，正准备交给徽宗批准执行时，温益在后面写上批语说："收回。"蔡京派和温益关系不错的中书舍人郑居中问他为什么这样做，温益说："你在中书省任职，每次见讨论任命的事，中书舍人推荐的人，哪有被中书侍郎否决的呢？如今丞相所推荐的十个人，统统都是他的姻亲，怎么能使人同意呢？"

刘逵因为投靠蔡京升为中书侍郎。蔡京被罢相后，刘逵是第一个劝徽宗砸碎元祐党人碑，放宽因上书得罪圣上而被列入奸邪之籍的禁令，凡是蔡京所做的违背情理、祸国殃民等事，逐渐加以纠正。侯蒙在政府任职，圣上郑重地问他蔡京是什么样人，侯蒙回答："如果蔡京心术纯正，即使古代的贤明宰相也比不上他的才能。"圣上点头称是，让他密切侦察蔡京的所作所为，蔡京知道后极为恨他。

以上几件事，都见之于国朝历史他们本人的传记。

经句全文对

原文

予初登词科，再至临安，寓于三桥西沈亮功主簿之馆，沈以予买饭于外，谓为不便，自取家馔日相供。同年汤丞相来访，扣旅食大概，具为言之。汤公笑曰："主人亦贤矣。"因戏出一语曰："哀王孙而进食，岂望

报乎?”良久，予应之曰：“为长者而折枝，非不能也。”公大激赏[①]而去。

汪圣锡为秘书少监，每食罢会茶，一同舍辄就枕不至。及起，亦戏之曰：“宰予昼寝，于予与何诛。”众未有言，汪曰：“有一对，虽于今事不切，然却是一个出处。”云:“子贡方人，夫我则不暇。”同舍皆合词称美。

注释

①激赏：赞赏。

译文

我第一次由博学宏词科考中进士后，再次到临安，住在三桥西沈亮功主簿的客房里。沈主簿因我在外边买饭吃，很不方便，便拿来他家的饭让我吃。和我同榜的汤思退丞相来看我，问我吃住的情况，我一一回答了。汤公笑着说：“主人是够贤明有德了。”便开玩笑地说出一句话：“我可怜公子王孙才让他吃饭，哪里希望报答呢?”过了很长时间之后，我应和说：“为年长的人按摩身体，也不是不可以的。”汤公对此非常赞赏。

汪圣锡任秘书少监，每次吃罢饭喝茶时，他同一宿舍居住的人往往睡觉不来，等他们起床时，汪圣锡就开他们的玩笑说："孔子的学生宰予白天睡觉，我能给他什么责备呢?"大家都没有讲话，汪圣锡说："我给他对一个下联，虽然和现在的事不切题，然而出处却是同一部书。"接着说："子贡好评论别人的短长，而我却没这个时间。"同屋住的人一致赞扬对答得好。

卷十六

寄资官

原文

内侍[1]之职，至于干办后苑，则为出常调，流辈称之曰苑使。又进而干办龙图诸阁，曰阁长。其上曰门司，曰御药，曰御带。又其上为省官，谓押班及都知也。在法，内侍转至东头供奉官则止，若干办御药院，不许寄资，当迁官则转归吏部。司马公论高居简云："旧制，御药院官至内殿崇班以上，即须出外，今独留四人，中外以此窃议。"言之详矣。后乃不然，逮其迁带御器械可带阶官，然后尽还所寄之资。至于宣庆诸使，遥郡防、团、观察，其高者为延福宫、景福殿承宣使。顷在枢密行府，有院吏兵房副承旨董球，于绍兴三十二年正月尚未有正官，至四月，予接伴人使回，球通刺字来谒，已转出为武显大夫。问其何以遽得至此，曰："副承旨比附武显郎，后用赏故而。"盖亦寄资也。

①内侍：皇宫内的侍卫。

·译文·

在皇帝宫廷供使唤的内侍宦官官职，如做到干办后苑这个官的，就算是出常调，世人称干办后苑为苑使。苑使再进升迁就是干办龙图阁和其他阁，称之为阁长。他的上级叫门司、御药、御带，再往上是内侍省官，即押班和都知。按规定，内侍官晋升到东头供奉官就到头了，如果担任干办御药院，以后就不许寄资，再升官时就要调离宦官系统，转归吏部按普通官员对待。司马光在谈及高居简时说："按照规定，御药院官升到内殿崇班以上，便需要改归外官系列，如今他官已至内殿崇班而仍未改归外，又留下四人，因此朝野内外不免议论纷纷。"说得已很详细了。但后来就不是如此了，等到升为带御器械时就可带高级的武官的官阶，然后把以前寄存的官职全部归还给本人。甚至升到宣庆等使，遥远边郡的防御史、团练使、观察使，最高的是延福宫、景福殿承宣使。不久前，我在枢密行府任职，有个院吏兵房副承旨董球，在高宗绍兴三十二年（1162 年）正月还没有被任命正式官职，到了四月，我迎接伴随入金使节归来的人，刚回到家，董球便送来名刺拜见我，他已晋升为武官官阶武显大夫。我问他如何会升得这么快，他说："副承旨相当于武显郎，后来是因为天子奖赏的缘故。"这也是通过寄资官的途径取得的。

昔贤为卒伍

原文

三代而上，文武不分，春秋列国军将皆命卿，处则执政，出则将兵[①]，载于《诗》《书》《左传》，可考也。然此特谓将帅耳，乃若卒伍[②]之贱，虽贤士亦为之，不以为意。鲁哀公时，吴伐鲁，次[③]于泗上。微虎欲宵[④]攻王舍，私属徒七百人，三踊于幕庭，卒三百人，有若与焉。杜预云："卒，终也，谓于七百人中，终得三百人任行也。"或谓季孙曰："不足以害吴，而多杀国士，不如已也。"乃止之。此盖后世斫营劫寨[⑤]之类，而有若亦为之。齐伐鲁，冉求帅左师，樊迟为右，季孙曰："须也弱。"有子曰："就用命[⑥]焉。"谓虽年少，能用命也。冉有用矛于齐师，故能入其军。杜预云："言能以义勇也。"皆孔门高弟，而亲卒伍之事，后世岂复有之？

注释

①处则执政，出则将兵：处朝廷时执政，在外时领兵。

②卒伍：下级士兵。

③次：驻扎。

④宵：晚上。

⑤斫营劫寨：砍杀敌人军营或劫夺敌人粮草。

⑥就用命：能够拼命。

夏商周三代以前，官员不分文武，春秋时各个国家的军队将领都是受命的大臣，在朝时执政，出外时率兵，这在《诗经》《书经》《左传》中都有记载，可以考证。不过以上所指乃是将帅，至于士兵之类下贱的人，即使是很贤能的人也干过，不认为这有什么耻辱。鲁哀公时，吴国攻打鲁国，军队驻扎在泗上（今江苏西北）。微虎这个人打算趁着夜晚进攻吴王，他有私人部属七百人，三次召集到大帐前的庭阶上，最后有三百人参加，有个叫有若的人也在其中。杜预说："卒，最后之意，是说七百人中，最后有三百人愿去攻打王宫。"有人对季孙说："袭营杀不了吴王，只是使本国人受到损失，不如停止这次行动。"季孙接受了这个意见。这就是后代所谓砍杀敌人军营或劫寨一类，而有若也想这样干。齐国攻打鲁国，冉求率领左师，樊迟率领右师迎战，季孙说："樊迟太软弱。"有子说："但是他能拼命。"意思是说，樊迟虽然年少，但却敢于拼命。冉有善于用矛进攻齐军，因此能攻入齐军中去。杜预说："冉有因为是正义之军因而勇敢。"以上几人都是孔子的得意学生，但却当了普通的士兵，后代哪里还有这种事呢？

兵家贵于备预

原文

晋盗卢循据广州，以其党徐道覆为始兴相，循寇[①]建康，以为前锋。初，道覆遣人伐船材于南康山，至始兴贱卖之，居人争市[②]之，船材大积，而人不疑。至是悉取以装舰，旬日而办。萧衍镇雍州，以齐室必乱，密修武备，多伐材竹，沉之檀溪，积茅如冈阜[③]，皆不之用。中兵参军吕僧珍觉其意，亦私具橹数百张。衍既起兵，出竹木装舰，葺之以茅，事皆立办。诸将争橹，僧珍出先所具者，每船付二张，争者乃息。魏太武南伐盱眙，太守沈璞以郡当冲要，乃缮城浚隍[④]，积财谷，储矢石，为城守之备。魏攻之，三旬不拔[⑤]，烧攻具退走。古人如此者甚多，道覆虽失所从，为畔涣之归，然其事固可称也。

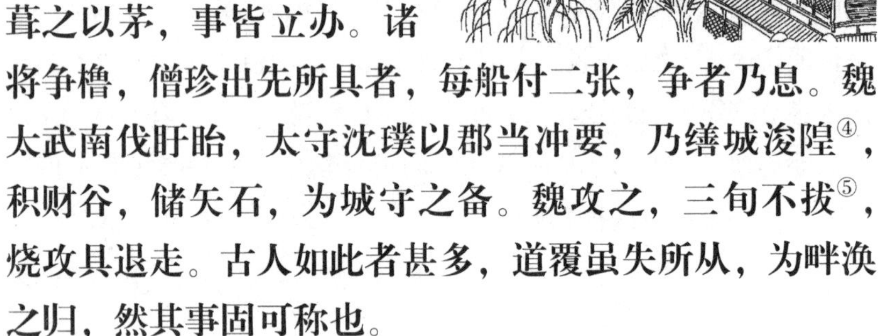

注释

①寇：攻打。

②市：购买。

③积茅如冈阜：竹木堆积得像小山一样。

④缮城浚隍：修缮城池，疏浚城河。

⑤三旬不拔：三十天还没攻克。

晋代大盗卢循占据广州，以他的党羽徐道覆做始兴长官，卢循攻打建康（今江苏南京）时，让他担任前锋。起初，道覆派人在南康山砍伐造船的木材，运到始兴（今广东韶关）贱价出卖，当地百姓争着购买，造船的木材堆集了很多，但没人怀疑他别有用心。到攻建康时全部取出来装上兵舰，十来天就办好了。萧衍镇守雍州时，预见到南齐必然发生战乱，暗地里准备武装，砍伐了很多成材的竹子，沉到檀溪中去，竹木堆积如山，都没拿出来用。中兵参将吕僧珍觉察出了他的用意，也暗中准备了船桨数百个。萧衍起兵后，取出贮藏的竹木装在战舰上，上面用茅草覆盖，事情很快就办好了。诸位将领争要船桨，僧珍拿出先前所预备的，每只船上发给两个，争议才平息了。魏太武帝拓跋焘向南进攻盱眙（今属江苏），盱眙的地方官沈璞因为这个郡是冲要之地，便修缮城池，疏浚城河，聚积财物粮食，储备弓箭，做守城的准备。魏兵攻打了三十天，还没攻下来，烧掉攻城的器材退走了。古人这样做的很多，道覆虽然跟错了人，成为一个跋扈将领，但他这件事还是值得称道的。

容斋五笔

卷　一

天庆诸节

原文

大中祥符之世，谀佞之臣，造[1]为司命天尊下降及天书等事，于是降圣、天庆、天祺、天贶诸节并兴。始时，京师宫观每节斋醮[2]七日，旋减为三日、一日，后不复讲[3]。百官朝谒之礼亦罢。今中都[4]未尝举行，亦无休假，独外郡必诣天庆观朝拜，遂休务[5]，至有前后各一日。此为敬事司命过于上帝矣，其当寝明甚，惜无人能建白者。

注释

①造：鼓噪，煽动。

②斋醮：请僧道设斋坛，祈祷神佛。

③后不复讲：后来就不再举行了。

④中都：京城。

⑤休务：放下公务。

北宋真宗大中祥符年间，一些谄谀奸佞之臣，鼓噪掌管命运的天尊下凡以及上帝下天书等事，于是降圣、天庆、天祺、天贶等节日一并兴起。开始的时候，每遇上述诸节京城的宫观都要设斋坛，向神佛祈祷七天，很快就减为三天、一天，后来就不再举行了。百官朝谒之礼也随即作罢。现在京城已不再举行此类活动，遇上述诸节也无休假，只是有一些地方每遇诸节必到天庆观朝拜，于是他们放下公务，以至有费时达前后两天的。这是敬事司命超过了上帝。很明显，这类活动早就应当禁止，可惜无人能向皇上提出这一建议。

狐假虎威

原文

谚有“狐假虎威”之语，稚子来扣其义，因示以《战国策》《新序》所载。《战国策》云：“楚宣王问群臣曰：‘吾闻北方之畏昭奚恤也，果诚何如[1]？’群臣莫对。江乙对曰：‘虎求百兽而食之，得狐，狐曰：“子无敢食我矣，天帝使我长百兽[2]，今子食我，是逆天帝命也。子以我为不信[3]，吾为子先行，子随我后，观百兽之见我而敢不走乎？”虎以为然，故遂与之行。兽见之皆走，虎不知兽畏己而走也，以为畏狐也。今王之地方五千里，带甲百万，而专属之昭奚恤，故北方之畏奚恤也，其实畏王之甲兵也，犹百兽之畏虎也。’”《新序》

并同。而其后云："故人臣而见畏者，是见君之威也，君不用，则威亡矣。"俗谚盖本诸此④。

·注释·

①果诚何如：果真这样吗？

②长百兽：管理百兽，做百兽之王。

③子以我为不信：子若不信我，你如果不相信我。

④本诸此：源于此处。

·译文·

有个成语叫"狐假虎威"，我的幼子向我请教其意义，我就把《战国策》《新序》两书中的有关记载给他看。《战国策》中记载："楚宣王曾问群臣：'我听说北方诸国很害怕昭奚恤将军，果真如此吗？'群臣中一时无人应对。江乙回答：'老虎天天捉各种动物以充饥，一天，它捉住一只狐狸，狐狸就对老虎说："你不敢吃我！天帝让我做百兽之王，今天你要吃我，这是违逆天帝命令的。你如果不相信，我可以在前面走，你紧随我身后，看看百兽之中有谁见了我敢不逃跑？"虎信以为真，所以就跟随它走着。百兽见到它们都慌忙逃窜，老虎不知道百兽是害怕自己而逃跑，还认为它们是害怕狐狸。现在大王您的属地方圆五千里，有百万强大的军队，而把军队委托给昭奚恤指挥，所以北方诸国畏惧奚恤，其实他们害怕的是大王强大的军队，就像是百兽害怕老虎一样。'"《新序》中所记载的与此相同。而且在前文之后接着写道："所以说人们害怕那些大臣，主要是害怕君主的权力，君主若不将权力赋予大臣，大臣的权威也就不存在了。"这句成语大概就源出于此。

王安石弃地

原文

熙宁七年，辽主洪基遣泛使萧禧来言河东地界[①]未决。八年再来，必欲以代州天池分水岭为界。诏询于故相文彦博、富弼、韩琦、曾公亮以可与及不可许之状，皆以为不可。王安石当国，言曰："将欲取之，必固与之。"于是诏不论有无照验，擗拨[②]与之。往时界于黄嵬山麓，我可以下瞰其应、朔、武三州，既以岭与之，虏[③]遂反瞰忻、代，凡东西失地七百里。

案庆历中，虏求关南十县，朝廷方以西夏为虑，犹不过增岁币以塞[④]其欲，至于土地，尺寸弗与。熙宁之兵力胜于曩时[⑤]，而用萧禧坚坐都亭之故，轻弃疆场设险要害之处。安石果于大言，其实无词以却[⑥]之也。孙权谓："鲁肃劝吾借刘玄德地云：'帝王之起，皆有驱除，关羽不足忌。'此子敬[⑦]内不能辨，外为大言耳！"安石之语亦然。

·注释·

①言河东地界：就宋辽两国河东（今山西太原）一带边界问题进行谈判。

②擗拨：分割。

③虏：此处代指辽国人。

④岁币：朝廷每年向外族输纳的钱物。塞：搪塞，满足。

⑤曩时：往时，以前。

⑥却：退却，拒绝。

⑦子敬：即鲁肃，字子敬，三国时期吴国著名谋臣和武将。

·译文·

北宋熙宁七年，辽国皇帝洪基派遣使者萧禧来宋，谈判宋辽两国河东（今山西太原）一带边界问题，没有结果。第二年萧禧又为此事而来，坚持两国要以代州（今山西代县）天池分水岭为国界。神宗皇帝就能否接受辽国的条件下诏征求前宰相文彦博、富弼、韩琦、曾公亮的意见，他们都认为不能答应。当时，王安石做宰相执掌朝政，上奏皇帝说："要想取之，必先予之。"于是皇帝下诏，不论察看勘验与否，都按萧禧的要求划拨给辽国。以前，宋辽两国边界在黄嵬山麓，我方可以居高临下俯瞰辽国的应州（今山西应县）、朔州（今山西朔州）、武州（今山西神池）三州，现在把黄嵬山岭割给辽国，辽贼反而俯瞰我忻州（今山西忻县）、代州（今属山西代县），从东到西，我国失地总共七百里。

而宋仁宗庆历年间，辽提出把关南十县割让给他们的无理要求，朝廷当时正为西夏的入侵而担忧，只不过每年多给辽一些钱粮来搪塞了其贪欲，至于国土，却尺寸不让。熙宁年间兵力比庆历年间要强大，只因为萧禧不达目的坚决不走，就轻而易举地放弃了军事上的冲要之地。王安石说大话像是真的一样，其实是因为他没有其他措辞来拒绝辽国的无理要求。三国时吴主孙权曾说："鲁肃劝我把荆州借给刘备时说：'帝王之起，皆有驱除，关羽不足忌。'这是鲁肃不能分辨形势，口吐大话罢了！"王安石的话与鲁肃的话没有什么两样。

卷　二

二叔不咸

原文

《左氏传》载富辰之言曰："昔周公吊二叔之不咸[①]，故封建[②]亲戚，以蕃屏周。"士大夫多以二叔为管、蔡。案《蔡仲之命》云："群叔流言，乃至辟管叔于商，囚蔡叔，降霍叔为庶人。"盖三叔也。杜预注以为周工伤夏、殷之叔世，疏其亲戚，以至灭亡，故广封其兄弟。是以方叙说管、蔡、郕、霍十六国，其义昭然。所言亲戚者，指兄弟耳。

注释

①昔周公吊二叔之不咸：从前，周公哀痛二叔不归服。

②封建：分封。

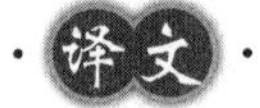

《左氏传》中记载富辰之言说："从前，周公哀痛二叔不归服，所以才分封亲戚，作为周朝的屏蕃。"士大夫大多都认为二叔是管叔和蔡叔。据《蔡仲之命》记载："群叔散布言论，才导致管叔在商地被处死，蔡叔被囚禁，霍叔被贬为庶人。"大概是他们三人。杜预作的注解认为，周公对夏、殷国运衰落之时疏远其亲戚以至灭亡的教训进行了反思，所以才大封其兄弟为各地诸侯。因此，方才叙说的管、蔡、郕、霍等十六国，其意义是很明白的。所说的亲戚，指的就是兄弟。

官阶服章

原文

唐宪宗时，因数赦，官多泛阶[①]；又帝亲郊[②]，陪祠者授三品、五品，不计考[③]；使府军吏以军功借赐朱紫，率十八；近臣谢、郎官出使，多所赐予。每朝会，朱紫满庭，而少衣绿者，品服太滥，人不以为贵[④]，帝亦恶之，诏太子少师郑余庆条奏惩革。淳熙十六年，绍熙五年，连有覃霈，转官赐服者众。绍熙元年，予自当涂徙会稽，过阙，遇起居舍人莫仲谦于漏舍，仲谦云："比赴景灵行香，见朝士百数，无一绿袍者。"又，朝议、中奉皆直转行，故五品官不胜计，颇类元和也。

·注释·

①官多泛阶：大多数官员都升了官。

②帝亲郊：每年冬至，皇帝又亲自到南郊祭天。

③不计考：不论考核政绩的优劣。

④人不以为贵：因为赏赐太滥，人们也都不以得到赏赐为贵。

唐宪宗时，由于多次大赦，大多数官员都升迁了官阶；每年冬至，皇帝又亲自到南郊祭天，陪同祭祀的官员不管考核政绩的优劣都授以三品、五品官；军营中的武官大概十个中有八个凭军功被赐予中高级官员所穿的朱紫之衣；皇帝身边的官员调外任向皇帝辞别，郎官受皇帝的派遣出使地方，大多都会受到皇帝的恩赐。每到大臣朝见皇帝的日子，朝廷上的官员都是身着朱紫之衣，很少有穿绿官服的，由于官员服饰赏赐太滥，人们也都不以得之为贵，皇帝也觉得这样太不成体统，就下诏让太子少师郑馀庆逐条列出改革意见上奏。南宋淳熙十六年，绍熙五年，广施皇恩，很多人因此升官被赐以朱紫官服。南宋绍熙元年，我以当涂（今安徽南陵东南）调职到会稽（今浙江绍兴），经过京城皇宫时，在漏舍中遇上起居舍人莫仲谦，仲谦告诉我："不久前，我去景灵烧香，见到数百位官员，竟没有一位穿绿袍。"再加上朝议、中奉等散官也身着朱紫，所以五品官有多少都数不过来，很像唐宪宗元和年间那样。

庆善桥

原文

饶州学非范文正公所建，予既书之矣。城内庆善桥之说，亦然。比因郡人修桥[①]，拆去旧石，见其上镌云："康定庚辰"。案范公以景祐乙亥为待制，丙子知开封府，黜知饶州[②]，后徙润、越，至庚辰岁乃复职，帅长安，既去此久矣。

注释

①比因郡人修桥：不久前，由于本地人维修这座桥。

②黜知饶州：被贬谪到饶州做知州。

译文

饶州（今江西鄱阳）学校并不是北宋范仲淹先生所建，我已经做了记载了。城内的庆善桥也一样不是他修建的。不久前，由于本地人维修这座桥，拆去一块旧石块，只见上面镌刻着几个字："康定庚辰"。范公在北宋仁宗景祐二年担任待制职务，第二年担任开封府知府，接着被贬谪到饶州做知州，后来又调职到润、越地任职，到康定元年就恢复了原来的职务，在长安（今陕西西安）任职，已经离开此地很长时间了。

吕望非熊

原文

自李翰《蒙求》有"吕望非熊"之句，后来据以为用。然以史册考之，《六韬》第一篇《文韬》说："文王将田[①]，史编布卜曰：'田于渭阳，将大得焉。非龙非彨（螭），非虎非罴，兆得公侯，天遗汝师[②]。'文王曰：'兆致是乎?'史编曰：'编之太祖史畴，为禹占得皋陶兆。'"《史记》云："吕尚穷困年老，以渔钓干西伯，西伯将出猎，卜之，曰：'所获非龙非彨，非虎非罴，所获霸王之辅。'"后汉崔骃《达旨》云"渔父见兆于元龟"，注文乃引《史记》"非龙非彨，非熊非罴"为证。今之《史记》，盖不然也。"非熊"出处，唯此而已。

注释

①文王将田：文王将去打猎。田，田猎，狩猎。

②天遗汝师：是上天授予你的国师。

自从后晋李翰的《蒙求集》中有“吕望非熊”之句，后来人都以此为根据加以引用。但是用史册来考证这句话，《六韬》中的第一篇《文韬》中说：“文王要去打猎，史编告诉他占卜结果：‘在渭水之北打猎，将会有大的收获。所获非龙非螭，非虎非罴，预兆会得公侯，是上天送给你的国师。’文王问道：‘征兆会这么准确吗?’史编回答：‘我的太祖史畴，曾为大禹占卜到获得皋陶的征兆。’”《史记》中说：“吕尚穷困年老，经常在河边钓鱼，希望能遇到西伯，西伯将出去打猎，对这次活动进行了占卜，结果道：‘所获得的东西非龙非螭，非虎非罴，所获得的是帮你成霸王之业的人。’”东汉崔骃在《达旨》中说“渔父（吕尚）从大龟身上见到了征兆”，注文是引用《史记》中的“非龙非螭，非熊非罴”作为证据。今天的《史记》，就不是这样说的。“非熊”的出处，就是从此而来。

卷　三

人生五计

原文

朱新仲舍人常云："人生天地间，寿夭不齐[①]，姑以七十为率：十岁为童儿，父母膝下，视寒暖燥湿之节，调乳哺衣食之宜，以须成立，其名曰生计；二十为丈夫，骨强志健[②]，问津名利之场，秣马厉兵，以取我胜，如骥子伏枥，意在千里[③]，其名曰身计；三十至四十，日夜注思，择利而行，位欲高，财欲厚，门欲大，子息欲盛，其名曰家计；五十之年，心怠力疲，俯仰世间，智术用尽，西山之日[④]渐逼，过隙之驹不留，当随缘任运[⑤]，息念休心，善刀而藏[⑥]，如蚕作茧，其名曰老计；六十以往，甲子一周，夕阳衔山，倏尔就木，内观一心，要使丝毫无慊[⑦]，其名曰死计。"朱公每以语人[⑧]，以身计则喜，以家计则大喜，以老计则不答，以死计则大笑，且曰："子之计拙也。"朱既不胜笑者之众，则亦自疑其计之拙，曰："岂皆恶老而讳死邪？"因

为南华长老作《大死庵记》，遂识其语。予之年龄逾七望八，当以书诸绅云。

注释

①寿夭不齐：寿命长短不一。

②骨强志健：筋骨强健，志向高远。

③如骥子伏枥，意在千里：就像是千里驹虽然屈服槽枥，却想着有朝一日能驰骋千里。

④西山之日：死亡的日子，讳称。

⑤随缘任运：听从命运的安排。

⑥善刀而藏：修缮并藏起在名利场上厮杀的工具。

⑦慊：不满，怨恨。

⑧朱公每以语人：朱新仲先生每次把他的人生五计讲给人听。

译文

朱新仲经常说："人生活在天地之间，寿命的长短不一样，姑且以七十岁为准：十岁左右还是儿童，跟随在父母身旁，天气的寒暖燥湿父母都得为他操心，衣食住行都由父母安排，只待长大成人，这叫生计；二十岁时已是成人，筋骨强健，志向高远，开始问津名利场、秣马厉兵，以争取自己获胜，就像是千里驹虽然屈服槽枥，却想着有朝一日驰骋千里，这叫身计；三十到四十岁之间，日夜苦思，选择有利于自己的事情去做，欲求高官厚禄、财源茂盛、门第高大、子孙兴盛，这叫家计；五十岁时，心力已经疲惫，俯仰人世间，自己的聪明才智已经施展殆尽，生命已接近尾声，就像白驹过隙一样，过去的岁月已经一去不复返，这时应当听从命运的安排，收起名利之心，善藏在名利场上拼杀的工具，像蚕作茧一样建一个舒适的安乐窝，这叫老计；六十岁以后，人生已过了一个甲子，生命就像夕阳衔山一样很快要朽木入土了，这时应静心修养，使生活安宁，死而无憾，这叫死计。”朱新仲先生每次把他的人生五计讲给人听时，听者的情绪都在不断地变化。讲到身计，听者喜笑颜开；讲到家计，听者欣喜若狂；讲到老计，听者沉默不语；讲到死计，听者则哈哈大笑，并对朱新仲说：“你的五计太笨拙了。”笑话他的人多了，朱新仲自己也对五计产生了怀疑，自言自语地说：“难道人们都讳老忌死吗?”我在为南华长老作《大死庵计》时，才真正认识到他讲的人生五计的深刻内涵。我已是七八十岁的人了，觉得他说的人生五计很有道理，所以应把这五计记在腰带间，铭刻在心中。

瀛莫间二禽

原文

瀛、莫二州之境，塘泺之上有禽二种。其一类鹄，色正苍而喙长，凝立水际不动，鱼过其下则取之，终日无鱼，亦不易地。名曰信天缘。其一类鹜，奔走水上，不闲腐草泥沙[1]，唼唼然[2]必尽索乃已，无一息少休。名曰漫画。信天缘若无能者，乃与漫画均度，一日无饥色，而反加壮大。二禽皆禀性所赋，其不同如此。

·注释·

①不闲腐草泥沙：不停地在腐草泥沙中寻觅食物。

②唼唼然：水鸟或鱼吃食的样子。唼唼，象声词，水鸟或鱼的吃食声。

·译文·

在瀛洲（今河北河间）和莫州（今河北任丘），在河塘湖泊上有两种鸟。一种很像是天鹅，全身灰白色，嘴很长，长时间静立于水边不动，有鱼从它身下经过时，它就用嘴将其捉住吃掉，即使终日无鱼，它也不换地方。它的名字叫信天缘。另一种很像鸭子，经常在水上游来游去，不停地在腐草泥沙中唼唼寻觅食物，直至找完为止，也不休息。它的名字叫漫画。信天缘好像是很无能，却和漫画一样都要度过一天，且面无饥色，其反比漫画更壮更大。二禽的秉性都是天赋予的，却有如此不同。

萧颖士风节

原文

萧颖士为唐名人，后之学者但称其才华而已，至以笞楚[1]童奴为之过。予反复考之，盖有风节识量[2]之士也。为集贤校理，宰相李林甫欲见之，颖士不诣，林甫怒其不下己。后召诣史馆，又不屈，愈见疾[3]，至免官更调河南参军。安禄山宠恣，颖士阴语柳并曰："胡人负宠而骄，乱不久矣。东京其先陷乎！"即托疾去。禄山反，往见河南采访使郭纳，言御守计，纳不用。叹曰："肉食者以儿戏御剧贼，难矣哉！"闻封常清陈兵东京，往观之，不宿而还[4]，身走山南，节度使源洧欲退保江陵，颖士说曰："襄阳乃天下喉襟[5]，一日不守，则大事去矣。公何遽轻土地，取天下笑乎？"洧乃按甲不出[6]。洧卒，往客金陵，永王璘召之，不见。刘展反，围雍丘，副大使李承式遣兵往救，大宴宾客，陈女乐。颖士曰："天子暴露[7]，岂臣下尽欢时邪！夫投兵不测，乃使观听华丽，谁致其死哉？"弗纳。颖士之言论操持如此，今所称之者浅矣。李太白，天下士也，特以堕永王乱中，为终身累[8]，颖士，永王召而不见，则过之焉。

·注释·

①笞楚：鞭笞。

②有风节识量：高风亮节，有胆识，有肚量。

③愈见疾：越发遭到李林甫的嫉恨。

④不宿而还：连夜返回。

⑤喉襟：咽喉要冲，兵家重地。

⑥按甲不出：按兵不动。

⑦天子暴露：天子逃离京师，风餐露宿。

⑧为终身累：一辈子都受牵连。

·译文·

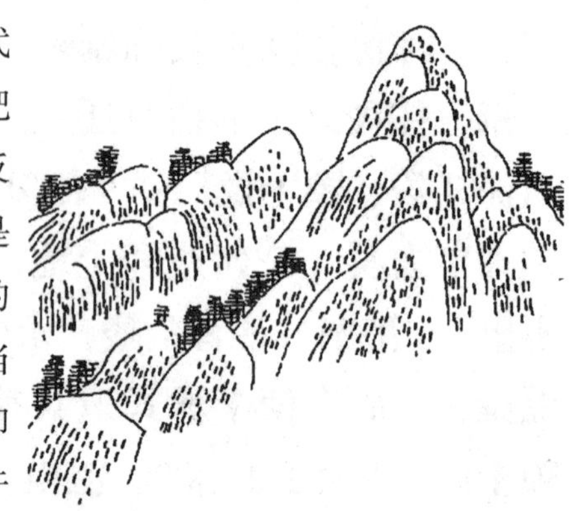

萧颖士是唐朝的名人，后代学者只称赞其才华出众而已，把他鞭笞童奴作为他的过错。我反复考察有关资料后发现，他还是一位高风亮节有胆识、有抱负的人。在他担任集贤殿校理时，当时的权相李林甫想召见他，他却辞而不去，李林甫对他不屈从于自己很恼火。后来，李林甫又让他到史馆任职，他仍然不屈服，为此他更遭李林甫所忌恨，以至被免除史官职务外调到河南府（今河南洛阳）任参军。当时，安禄山自恃玄宗的宠信，恣意妄为，萧颖士私下对抗并说："胡人（指安禄山）依仗着皇上的宠信而骄横跋扈，他反叛朝廷的时间不会太久了。

东都洛阳到时会最先陷落的！”不久，他便托病很快离开了洛阳。安禄山反叛以后，萧颖士去见河南采访使郭纳，向他进献防守抵御叛军的策略，可郭纳不予采用。萧颖士感叹道：“那些身居高位要职的人抵御来势凶猛的叛贼如同玩儿戏，想抵挡住也太难了！”他听说大将封常清陈兵东都洛阳，就去观察了一番，结果很失望，连夜返回，南逃到山南东道（今湖北襄樊）避乱。当地节度使源洧想放弃襄阳，退保江陵（今湖北江陵），萧颖士规劝道：“襄阳是天下的咽喉要冲，兵家必争之地，一日不坚守，则大势即去。你何必匆忙轻易放弃这个战略要地，让天下人取笑你呢？”源洧听从了他的建议，就按兵不出。源洧死后，萧颖士又去金陵（今江苏南京），并客居于此。肃宗的弟弟永王李璘慕名要召见他，他坚辞不去。后来，刘展反叛，兵围雍丘，副大使李承式派兵救援，出兵前大宴宾客，歌女环列。萧颖士见此劝李承式说：“天子逃离京师，风餐露宿，这难道是臣下尽情欢乐的时候吗？现在要到吉凶难测的战场战斗，临行前却让他们看听如此华丽的歌舞音乐，谁还愿去拼死疆场呢？”李承式拒不接受其建议。萧颖士的言论如此精辟，操持胆识如此卓异，今天对他的议论也太浅薄了。李白是闻名天下的大诗人，只因身陷永王李璘的叛军之中，而终身受到连累。萧颖士对永王李璘的召见辞而不见，可见他的胆识远远超过李白。

开元宫嫔

原文

自汉以来，帝王妃妾之多，唯汉灵帝、吴归命侯、晋武帝、宋苍梧王、齐东昏、陈后主。晋武至于万人。

唐世明皇为盛，白乐天《长恨歌》云“后宫佳丽三千人”，杜子美《剑器行》云“先帝侍女八千人”，盖言其多也。《新唐史》所叙，谓开元、天宝中，宫嫔大率至四万。嘻，其甚矣！隋大业[①]离宫遍天下，所在皆置宫女。故裴寂为晋阳宫监，以私侍高祖。及高祖义师经过处，悉罢之[②]。其多可想。

①隋大业：隋炀帝大业年间。

②悉罢之：把离宫中的女人悉数释放回家。

·译文·

自汉朝以来，拥有众多妃妾的帝王，只有东汉灵帝刘宏、三国吴归命侯孙皓、西晋武帝司马炎、南朝宋苍梧王刘昱、南朝齐东昏侯萧宝卷、南朝陈后主陈叔宝几人。晋武帝司马炎的后宫中，嫔妃近万人。唐朝以唐玄宗的嫔妃最多，白居易在《长恨歌》中写道“后宫佳丽三千人”，杜甫在《剑器行》中也写道“先帝侍女八千人”，是说唐玄宗嫔妃之多。据《新唐书》记载，唐玄宗开元、天宝年间，后宫中嫔妃大概有四万人之多。嘻，这也太过分了！隋炀帝大业年间，离宫遍布天下，每座离宫中都有数量不等的宫女。故此，裴寂才能以晋阳宫监的身份，私下里归奉唐高祖李渊。唐高祖起义兵以后，所到之处，把离宫中的宫女都释放回家。其宫女之多可想而知。

卷　四

东坡文章不可学

原文

东坡作《盖公堂记》云："始吾居乡，有病寒而欬者，问诸医，医以为蛊[①]，不治且杀人。取其百金而治之，饮以蛊药，攻伐其肾肠，烧灼其体肤，禁切其饮食之美者[②]。期月而百疾作，内热恶寒而欬不已，累然真蛊者也[③]。又求于医，医以为热[④]，授之以寒药，旦朝吐之，莫夜[⑤]下之，于是始不能食。惧而反之[⑥]，则钟乳、乌喙，杂然并进，而漂疽、痈疥、眩瞀[⑦]之状，无所不至。三易医而病愈甚。里老父教之曰：'是医之罪，药之过也。子何疾之有？人之生也，以气为主，食为辅。今子终日药不释口[⑧]，臭味乱于外[⑨]，而百毒战于内[⑩]，劳其主[⑪]，隔其辅[⑫]，是以病也。子退而休之，谢医却药，而进所嗜，气全面食美矣。则夫药之良者，可以一饮而效。'从之，期月而病良已。昔之为国者亦然。吾观夫秦自孝公以来，至于始皇，立法更制[⑬]，以镌磨

锻炼其民，可谓极矣。萧何、曹参亲见其斫丧之祸，而收其民于百战之余，知其厌苦、憔悴、无聊，而不可与有为也，是以一切与之休息⑭，而天下安"。

是时，熙宁中，公在密州，为此说者，以讽王安石新法也。其议论病之三易，与秦、汉之所以兴亡治乱，不过三百言而尽之。

注释

①医以为蛊：医生认为我肚子里有蛔虫。

②禁切其饮食之美者：禁食一切美味佳肴。

③累然真蛊者也：疲惫不堪好像腹中真有虫子一样。

④医以为热：医生认为是内热。

⑤莫夜：通"暮夜"，晚上。

⑥惧而反之：医生恐惧，则反其道而行之。

⑦眩瞀：眩晕。

⑧药不释口：药不离口。

⑨臭味乱于外：外在的味觉被破坏。

⑩百毒战于内：各种病毒在体内发作。

⑪劳其主：气受劳顿。

⑫隔其辅：食物被阻隔。

⑬立法更制：订立法令，更改制度。

⑭与之休息：与民休息，让百姓休养生息。

苏东坡作《盖公堂记》文章说："以前我在乡下居住的时候，着了凉而咳嗽，询问医生，医生认为我肚子里有虫，不治疗就会死人。于是我拿出百金来治疗，喝了打虫药，攻伐肾肠，烧灼体肤，禁食一切美味佳肴。一个月以后各种疾病都发作了，忽冷忽热而咳嗽不已，疲惫不堪像真有虫子一样。又请了一个医生，医生认为是内热，给开了清热药，喝下之后一直吐了一天多，于是饭也吃不下去了。医生害怕了，反过来给开了钟乳、乌喙等，喝下之后，疖子、疮疥、眩晕等症状，一齐都来了。三次换药而病得越来越厉害。乡里的老人对我说：'这是医生的责任和吃药的过错。你有什么病？人生在世，以气为主，吃的为辅。现在您一直药不离口，外面的味觉破坏之后，各种病毒发作于体内，气受劳顿，食物被阻，所以真的就病了。您回头休息一下，不找医生，停止服药，喜欢吃什么就吃什么，气全饭也就香了，那时一剂药立即见效。'我听从他的话，一个月后病真的全好了。过去治理天下也是这个理儿。我看秦自孝公以来，至于始皇，颁布法令，更改制度，百般地折磨百姓，可以说已经达到了顶点。萧何、曹参目睹了秦暴政的祸害，他们在百战之后统治天下，知道人民的疾苦和困顿，知道不能再继续使人民劳作了，于是一切与民休息，从而安定了天下。"

当时是宋神宗熙宁年间，东坡先生在密州（今山东诸城一带），他写这篇文章的目的在于讽刺王安石的新法。他议论三次换药及秦、汉兴亡的原因，不过短短的三百字就把理说透了。

晋代遗文

原文

故箧[①]中得旧书一帙[②]，题为《晋代名臣文集》，凡十四家，所载多不能全，真太山一毫芒[③]耳。有张敏者，太原人，仕历平南参军、太子舍人、济北长史。其一篇曰《头责子羽文》，极为尖新[④]。古来文士皆无此作，恐《艺文类聚》《文苑英华》或有之，惜其泯没不传，谩采之以遗博雅君子。其序云："太原温长仁、颍川荀景伯、范阳张茂先、士卿刘先生、南阳邹润甫、河南郑思渊。余友有秦生者，虽有姊夫之尊，少而狎[⑤]之，同时昵好。张、荀之徒，数年之中，继踵登朝[⑥]，而此贤身处陋巷，屡沽而无善价[⑦]，抗志自若，终不衰堕。为之慨然！又怪诸贤既已在位，曾无伐木嘤鸣之声，又违王、贡弹冠之义，故因秦生容貌之盛，为头责之文以戏之。并以嘲六子焉。虽似谐谑，实有兴也。"

文曰："维泰始元年，头责子羽曰：'吾托为子头，万有余日矣。大块禀[⑧]我以精，造我以形。我为子莳发肤，置鼻耳，安眉頞，插牙齿。眸子桥光，双权隆起[⑨]。每至出入人间，遨游市里，行者辟易[⑩]，坐者竦跽[⑪]。或称君侯，或言将军，捧手倾侧，伫立踦蹰。如此者，故我形之足伟也。子冠冕弗戴，金银弗佩，艾以当笄[⑫]，帼以代带，百味弗尝，食粟茹莱[13]，岁暮年过[14]，曾不自悔。子厌我形容，我贱子意态。若此者，必子行已累也。子遇我如仇，我视子如仇。居常不乐，两者俱忧。何其鄙哉！子欲为仁贤耶？则当如咎陶、后稷、巫咸、伊陟，保乂王家，永见封殖[15]。子欲为名高耶？则当如许由、子臧、卞随、务光，洗耳逃禄[16]，千载流芳。子欲为游说耶？则当如陈轸、蒯通、陆生、邓公，转祸为福，含辞从容[17]。子欲为进趋耶？则当如贾生[18]之求试，终军之请使，砥砺锋颖[19]，以干王事。子欲为恬淡耶？则当如老聃之守一，庄周之自逸[20]，漠然离俗，志凌云日。子欲为隐遁耶？则当如荣期之带索，渔父之瀺灂，栖迟神岳，垂饵巨鳌。此一介之人，所以显身成名者也。今子上不睎道德，中不效儒、墨，块然穷贱，守此愚惑。察子之情[21]，观子之志[22]，退不为处士[23]，进无望三事。而徒玩日劳形[24]，习为常人之所喜，不亦过乎？'子羽愀然深念[25]而对曰：'凡所教敕，瑾闻命矣。受性拘系，不闻礼义，误以天幸，为子所寄。今子欲使吾为忠耶？当如包胥、屈平[26]；欲使吾为信耶？则当杀身以成名；欲使吾为节耶？则当赴水火以全贞[27]。此四者，人之所忌，故吾不敢造诣[28]。'头曰：'子所谓天刑地网，刚德之尤[29]。不登山抱木，则蹇裳赴流[30]。吾欲告尔以养性，诲尔以优游。而与虮虱同情[31]，不听我谋。悲哉！俱御人体，而独为子头。且僎人其伦，喻子侪偶，曾不如太原温颙、颍川荀禹、范阳张华、士乡刘许、南阳邹湛、河南郑诩。此数子者，或蹇吃天宫商[32]或尫陋希言语[33]；或淹伊多姿态[34]，或讙哗少智谞[35]；或口如含胶饴[36]，或头如巾虀杵[37]。而犹以文采可观，意思详序[38]，攀龙附凤[39]，并登天府[40]。夫舐痔得车，沉渊窃珠，岂若夫子，徒令唇舌腐烂，手足沾濡[41]哉？居有事之世[42]，而耻为权谋，譬犹凿地抱瓮，难以求富。嗟乎子羽！何异牢槛之熊，深阱之虎，石间饿蟹，灶中之鼠！事虽多，而见工甚少[43]，宜其卷局煎蹙[44]，至老无所睎也。支离其形者，犹能不困。命也夫，与子同处！'"

其文九百馀言，颇有东方朔《客难》、刘孝标《绝交论》之体。《集仙传》所载神女《成公智琼传》，见于《太平广记》，盖敏之作也。邹湛姓名，因羊叔子[45]而传，而字曰润甫，则见于此。

·注释·

①簏：竹箱。

②一帙：一卷。

③毫芒：微小的杂草。

④尖新：尖锐新颖。

⑤狎：关系亲厚而不尊重。

⑥继踵登朝：相继入朝为官。

⑦善价：好价钱。

⑧禀：赋予。

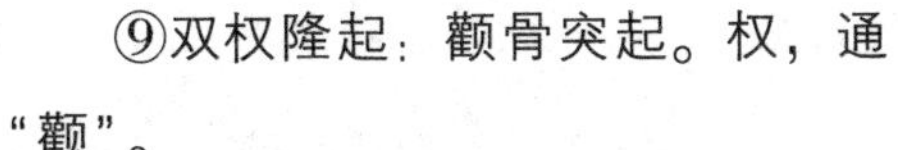

⑨双权隆起：颧骨突起。权，通“颧”。

⑩辟易：退避。

⑪竦跽：庄重地跪下。

⑫笄：古时插头发的簪子。

⑬食粟茹莱：吃糠咽菜。

⑭岁暮年过：一年一年过去。

⑮永见封殖：永远被分封。

⑯洗耳：事见于许由。许由是尧舜时代的贤人，品德高尚，才智过人，很受部族崇敬。部落联盟领袖唐尧想将天下传给许由，许由坚辞不受，到岐山隐居。唐尧得知后，又派人来请他出任九州长官。许由认为这话是污染了自己的耳朵，于是到河中洗耳。逃禄：隐居不仕。

⑰含辞从容：谈吐从容不迫。

⑱贾生：贾谊。

⑲砥砺锋颖：磨砺锋芒，使之脱颖而出。

⑳老聃、庄周：老子和庄子，两人都是道家的代表人物，追求恬淡闲适，超然物外。

㉑察子之情：考察你的实际情况。

㉒观子之志：观察你的志向。

㉓处士：隐士。

㉔玩日劳形：虚度时日。

㉕愀然深念：严肃认真地思考。愀然，神色严肃。

㉖包胥、屈平：申包胥和屈原，二人都是不世的忠臣。

㉗全贞：保全贞节的名声。

㉘造诣：提倡某种方法，此处代指起念头、动心思。

㉙尤：罪过。

㉚褰裳赴流：撩起衣服投水自杀。

㉛同情：同样的想法。

㉜或蹇吃天宫商：有的口吃五音不全。

㉝或尪陋希言语：形貌猥琐，寡言少语。

㉞淹伊：又作“伊优”，阿谀逢迎的样子。多姿态：故作姿态。

㉟或讙哗少智谞：有的喜爱哗众取宠而缺少智谋。

㊱或口如含胶饴：有的像口里含着胶饴糖一样张不开口。

㊲头如巾虀杵：即头上包着头巾，像捣齑的杵。

㊳意思详序：文意明晰。

㊴攀龙附凤：即攀龙附凤。

㊵并登天府：登上朝官的宝座。

㊶濡：湿。

㊷有事之世：多事之秋。

㊸而见工甚少：而收效甚微。

㊹卷局煎蹙：卷曲煎熬。

㊺羊叔子：即羊祜，三国两晋时名臣，有卓越的军事才能。

最近从旧竹箱子里得一卷旧书，书名为《晋代名臣文集》，一共有十四家，所收文章都不全，就像泰山上的一棵小草一样。其中有一位是张敏，太原人，历官平南参军、太子舍人、济北长史。他的文章收入一篇《头责子羽文》，很是尖锐新颖。从来文人没有这种作品，恐怕《艺文类聚》《文苑英华》已经收入，我还是有点担心它泯没不传于后世，所以便抄在这里以传给后世的博雅君子。这篇文章的小序说：“太原温长仁、颍川荀景伯、范阳张茂先、士卿刘文生、南阳邹润甫、河南郑思渊。我的朋友秦生，虽然是我的姐夫，但我们从小就玩得很好。张华、荀禹等人，几年之间相继做上了朝官，而你身处陋巷一直卖不出个好价钱，自己却悠然自得，我行我素。我为你感慨万千！张、荀诸贤在位之后，毫无顾念朋友之心，又违王、贡弹冠谦让之义，我对此感到生气，故因秦生的仪表堂堂，写出这篇文章来和他开个玩笑。同时嘲讽上述六位。虽然诙谐，实乃有感而发。"

文章说："泰始元年（公元265年），头指责子羽说：'我托生为您的头已经一万多天了。天地赋予我精神和形体，我为您生长毛发，放置鼻子耳朵，安排眉毛额头，插上牙齿。目光炯炯，颧骨隆起。每当穿插于人丛当中，游荡于闹市之上，正在行走的人立即让路，坐着的人庄重地跪下。有的称君侯，有的喊将军，一个个庄严肃穆。这都是因为我形状伟岸的缘故。您没有冠冕可戴，没有金银可佩，用艾棍簪子，用布条为带，各种美味尝不到，一年到头吃糠咽菜也不后悔。您讨厌我的容貌，我还瞧不起您的意态呢！这样一定给您的行为带来不便。您我像仇敌一样，双方都不快活，有什么意思呢？你想做一个仁人贤者吗？那就应当像咎陶、后稷、巫咸、伊陟那样，保护王家平安，您也永远得到分封。您想做名士吗？那就应当像许由、子臧、卞随、务光那样，逃避尘世，流芳千古。您想做游士吗？那就应当像陈轸、蒯通、陆贾、邓公那样，转祸为福、从容谈吐。您想有所进取吗？那就应当像贾谊求试和终军请求出使那样，磨尖锋芒，脱颖而出。您想恬淡利禄吗？那就应当像老聃一样恪守一意和庄周那样飘然自逸，漠然人生，壮志凌云。您想遁世吗？那就应当像荣期和渔父那样，栖居山岳，垂钓大壑。这一群人都是些显身成名者。现在您上不注意道德，中不效法儒、墨，孤零零地处于穷贱境地，恪守着您的愚惑。考察您的情形和志向，您退不能为隐士，进不能取三公。每天白白地虚度年华，安于俗人的喜怒哀乐，这样您觉得合适吗？'子羽痛心思考后回答：'您的教诲我都听到了。由于天性的限制，我不懂什么礼义，幸亏上天把您安置到了我的身上。现在您想让我做忠臣吗？那么下场就像申包胥和屈原；您想让我守信吗？那我就应该杀身以成名；您想让我有气节吗？那我就必须投入水火之中以求得贞节之名。这种种名号，人人忌惮，所以我也不敢想。’头说：‘您说的是天刑地网、刚德有罪。不是登山抱木而死，就是撩起衣服投水自杀。我想告诉您的则是如何养性，从容地生活，您与虮虱一样不听我的话，太可悲了！都是长在人体上，为什么单单托生为您的头？而且人与人相比，拿您与太原温颙、颍川荀禹、范阳张华、士乡刘许、南阳邹湛、河南郑翔相比，您还不如他们？这几位，有的口吃五音不全，有的猥琐寡言少语；有的迟钝而故作姿态，有的喜欢哗众取宠而缺少智谋；有的像口里含着胶饴一样张不开口，有的头就像木棒一样。然而却以文采可观、思想明晰，最终能够攀龙附凤，登上朝官的宝座。有的靠舔人痔疮而得到彩车，有的到深渊之中偷到宝珠，您倒好，让唇舌白白腐烂，手足沾湿。在一个多事之秋里生活，却耻于为人出谋划策，就像挖地和抱瓮汲水，这是难以致富的。哎呀子羽！您和牢圈中的熊、陷阱中的虎、乱石中的饿蟹以及炉灶中的鼠有什么区别呢？事干了不少，收效却甚微，您煎熬一生，前途暗淡，真应该呀！支离形体，尚能不困，与您同处一体，这都是命啊！’”

这篇文章九百多字，和东方朔的《客难》、刘孝标的《绝交论》颇为相似。《集仙传》所载神女《成公智琼传》，见于《太平广记》，也是张敏的作品。邹湛姓名，靠羊祜得以传世，而其字润甫，则在这里见到。

汉武帝　田蚡　公孙弘

原文

尚论古人者，如汉史所书，于武帝则讥其好大喜功，穷奢极侈，置生民于涂炭；于田蚡则诋其负责骄溢[①]，以肺腑[②]为相，杀窦婴、灌夫；于公孙弘则云性意忌[③]，外宽内深，饰诈钓名[④]，不为贤大夫所称述。然以予考之，三君臣者，实有大功于名教[⑤]。自秦始皇焚书坑儒，六学散缺，高帝初兴，未皇庠序之事[⑥]，孝惠、高后时，公卿皆武力功臣，孝文好刑名[⑦]，孝景不任儒。至于武帝，田蚡为丞相，黜黄、老刑名百家之言，延文学儒者以百数。帝详延天下多闻之士[⑧]，咸登诸朝，令礼官劝学，讲义洽闻，举遗兴礼[⑨]，以为天下先。而公孙弘以治[⑩]《春秋》为丞相，天下学士靡然乡风[⑪]。弘为学官，悼道之瘀滞[⑫]，始请为博士官置弟子，郡国有秀才异等，辄以名闻。请著为令[⑬]。而《诗》《书》《易》《礼》之学，彬彬并兴，使唐、虞三代以来稽古礼文[⑭]之事，得以不废。今之所以识圣人至道之要者，实本于此。史称其“罢黜百家，表章[⑮]《六经》，号令文章，焕[⑯]焉可述”。盖已不能尽其美。然则武帝奢暴，固贻患于一时；蚡、弘之为人，得罪于公论，而所以扶持圣教者，乃万世之功也。平帝元始诏书，尚能称弘之率下笃俗[⑰]，但不及此云。

·注释·

①负责骄溢：仗势骄傲。

②肺腑：外戚。

③性意忌：性格狭隘。

④饰诈钓名：生性狡诈，沽名钓誉。

⑤名教：指以孔子的“正名”思想为主要内容的封建礼教，魏晋南北朝时期该名称出现。

⑥未皇庠序之事：无暇顾及文化教育事业。庠序，代指学校教育。

⑦刑名：刑律。

⑧详延天下多闻之士：广招天下博学多才之士入朝为官。

⑨举遗兴礼：举遗才，兴礼乐。

⑩治：研究、治学。

⑪靡然乡风：风起响应。

⑫道之瘀滞：学术荒芜。瘀滞，停滞不前。

⑬请著为令：请求用法令的形式将这些内容都确定下来。

⑭稽古礼文：稽古，考察古事；礼文，礼乐仪制。

⑮表章：同“表彰”。

⑯焕：光明。

⑰笃俗：笃正社会风气。

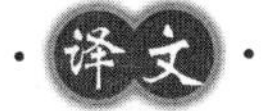

谈论古人，就像汉代史书所记载的那样，对武帝则讽刺他好大喜功、穷奢极欲，致使人民生灵涂炭；对田蚡则诋毁他仗势骄傲，以外戚为相，杀窦婴、灌夫；对公孙弘则说他生性狭隘，表面宽厚，内心促狭，矫饰沽名，为贤大夫所不赞成。然而在我看来，这君臣三位，实际上对名教都有大功。自秦始皇焚书坑儒，《诗》《书》《礼》《乐》《易》《春秋》六艺散缺，高帝新中国成立初起，无暇顾及文化事业，惠帝、高后时代，公卿都是些武官功臣，孝文帝好刑名之学，孝景帝不喜欢儒生。至于武帝，用田蚡为相，罢黜黄老刑名百家之学，招揽文学儒生上百人。武帝广召天下多闻之士到朝廷，命令礼官鼓励儒学，讲论学术，兴礼乐，举遗才，作为天下的表率。公孙弘于是以治《春秋公羊传》而登上丞相的宝座，天下学士风起响应。公孙弘为学官，对于学术荒芜感到痛心，请求皇上为博士官置弟子，地方郡国有秀才异等要上报中央，并请求把这些内容用法律的形式肯定下来。《诗》《书》《易》《礼》之学于是彬彬兴起，唐、虞三代以来的典章制度得以传播下来。现在能够认识圣人之道的基本精神，全依赖这些人的努力。史书记载武帝“罢黜百家，表彰儒家六经，于是儒学焕然明白”。已不能把好处全部记述。然而武帝奢侈暴虐，的确给一代人带来灾难；田蚡、公孙弘的为人处事，得罪了社会舆论，但他们扶持圣教，则是万世之功。平帝元始年间的诏书，还能称赞公孙弘率领下属笃正风气，只是没说到这一点罢了。

卷　五

庚公之斯

原文

《孟子》："逢蒙[1]学射于羿，尽羿之道，思天下惟羿为愈己[2]，于是杀羿。孟子曰：'是亦羿有罪焉？'公明仪曰：'疑若无罪焉。'曰：'薄乎云尔，恶得无罪？'"此一段既毕，而继之曰："郑人使子濯孺子侵卫，卫使庚公之斯追之。子濯孺子曰：'今日我疾作，不可以执弓，吾死矣夫！'问其仆曰：'追我者谁也？'其仆曰：'庚公之斯也。'曰：'吾生[3]矣。'其仆曰：'庚公之斯，卫之善射者也。夫子曰吾生，何谓也？'曰：'庚公之斯学射于尹公之他，尹公之他学射于我。夫尹公之他，端人[4]也，其取友必端矣。'庚公之斯至[5]，曰：'夫子何为不执弓？'曰：'今日我疾作，不可以执弓。'曰：'小人学射于尹公之他，尹公之他学射于夫子，我不忍以夫子之道[6]反害夫子。虽然，今日之事，君事[7]也，我不敢废。'抽矢，扣轮[8]，去其金，发乘矢而后反。”

孟子书子濯、庾公一段，几[⑨]二百字，其旨以谓使羿如子濯，得尹公而教之，则必无逢蒙之祸。然前段结尾，自常为文者处之，必云如子濯孺子，施教于尹公之他则可，不然，后段之末，必当云：以是事观之[⑩]，羿之不善取友，至于杀身，其失如此，然后文体相属[⑪]。兹判为两节，若不关联，而宫商相宣[⑫]，律吕明焕，立言之妙，是岂步趋模仿所能仿佛哉？人为儿童时，便读此章，未必深识其趣，故因表出而极论之。《左氏传》书卫献公奔齐云：“尹公他学射于庾公差，庾公差学射于公孙丁。他与差为孙林父追公，公孙丁御公。庾公差曰：‘射为背师，不射为戮，射为礼乎。’射两軥而还。尹公佗曰：‘子为师，我则远矣。’乃反之。公孙丁授公辔而射之。贯佗臂。”即《孟子》所引者，而名字先后美恶皆不同。

①逢蒙：后羿的弟子。

②愈己：比自己强。愈，愈加，超过。

③吾生：我的学生。

④端人：正派的人。

⑤至：追上来。

⑥道：技艺。

⑦君事：君主之事，公事。

⑧扣轮：向车轮敲击。扣，敲击。

⑨几：接近。

⑩以是事观之：从这件事看来。

⑪相属：上下贯穿。

⑫宫商相宣：宫和商两颗星互相映照，意即相辅相成。

·译文·

《孟子·离娄下》载："逢蒙跟随后羿学习射箭，完全获得了后羿的技巧，考虑到天下只有羿比自己强，就把羿杀死了。孟子说：'这事羿也有过错。'公明仪说：'好像不是这样。'孟子说：'过错不大罢了，怎能说一点没有呢？'"这一段说完，《孟子》接着写道："郑国曾经派子濯孺子去攻打卫国，卫国派庾公之斯来追击他。子濯孺子说：'现在我的病发作了，拿不了弓，这下是活不成了！'他问赶车人：'谁在追我？'赶车人回答：'庾公。'子濯孺子说：'我死不了啦。'赶车人问道：'庾公是卫国的神射手，您反而说死不了，这是为什么？'子濯回答：'庾公跟尹公学射，尹公又跟我学射。尹公是个正派人，他选择的学生一定也正派。'庾公追上来后问道：'先生您为什么不拿弓？'子濯回答：'今天我的病发作了，拿不起弓。'庾公便说：'我跟尹公学射，尹公又学射于您。我不忍心用您的技巧来伤害您。但是，今天的事情是公事，我不敢完全废弃。'于是抽出箭向车轮敲了几下，把箭头拔下，射了几箭然后就回去了。"

《孟子》记述子濯、庾公一段，近二百字，他的意思是让后羿像子濯一样，得到像尹公那样的好人才教，这样就不会有逢蒙的祸害。然而在前段结尾处，如果是一般人写文章，一定要说像子濯孺子教尹公那样才行，不这样写的话，则要在后段的末尾处加上这样一句话：这样看来，后羿交友不当，以致招来杀身之祸，他的过失就在这里。这样全文上下才能贯穿起来。这里判为两节，好像没有关联，然而却相辅相成，相得益彰。孟子立论的巧妙，这是那些亦步亦趋的人怎能模仿得了的？每个人从小都读《孟子》中的这一章，然而却未必都能够明了它的意趣，所以我把它列出来而详加讨论。《左传》对卫献公出奔于齐是这样记载的："尹公佗学射于庾公差，庾公差学射于公孙丁。尹公佗和庾公差替孙林父追赶卫献公，公孙丁为献公赶车。庾公差说：'向他射击就背叛了老师，不射回去就要被处死，依照礼义射两箭吧！'于是向两个轮子射击后就回来了。尹公佗说：'公孙丁是你的老师，和我就隔得远了。'乃掉过头来准备射击。公孙丁把车缰绳交给献公，向尹公佗射击，箭穿透了尹公佗的手臂。"这就是《孟子》那段话的出处，只是名字、次序以及各人的美恶都不相同。

万事不可过

原文

天下万事不可过[①]，岂特此也？虽造化阴阳亦然。雨泽所以膏润[②]四海，然过则为霖淫[③]；阳舒[④]所以发育万物，然过则为燠亢[⑤]。赏以劝[⑥]善，过则为僭[⑦]；刑以惩恶，过则为滥。仁之过，则为兼爱无父；义之过，则为我无君。执礼之过，反邻于谄；尚信之过，至于证父。是皆偏而不举之弊，所谓过犹不及者。扬子《法言》云："周公以来，未有汉公之懿[⑧]也，勤劳则过于

阿衡。”盖谄王莽也。后之议者，谓阿衡之事不可过也，过则反，乃诮[9]莽耳。其旨意固然。

·注释·

①过：超过，逾越。

②膏润：润泽。

③霖淫：暴雨。

④舒：舒展开来，上升。

⑤燠亢：燠热，酷热。

⑥劝：劝勉，鼓励。

⑦僭：僭越。

⑧汉公：安汉公王莽。懿：德行美好。

⑨诮：讥诮。

·译文·

天下的各种事情都不可过分，难道只有人事是这样吗？即使阴阳造化也是这样。下雨是为了滋润四海，然而过分后就是暴雨；阳气上升是用来培育万物的，然而过分就是酷热。奖赏是对善德的鼓励，过分就是僭越；惩罚是为了杜绝恶行，过分就是枉滥。

过于仁慈，就会像墨家那样兼爱不顾自己的父亲；行义过分，就会像道家那样自私不要君主。过于拘礼，就像是在向邻居献媚；太讲信守，最终会证明自己父亲的过失。这些都是偏执的行为，就像平常所说的，过分和达不到效果是一样的。杨雄的《法言》说：“从周公以来，还没有人的德行像安汉公（王莽）这样美好，而其勤劳则超过了阿衡伊尹。”这是向王莽献媚的。后人议论说，阿衡的功德是没法超过的，超过就走向了反面，这是讥讽王莽的。思想本来就是这样。

大言误国

原文

隗嚣谋畔汉，马援劝止之甚力，而其将王元曰：“今天水全富[①]，士马最强[②]，案秦旧迹[③]，表里河山。元请以一丸泥为大王东封函谷关。”嚣反遂决，至于父子不得其死。元竟降汉。

隋文帝伐陈，大军临江，都官尚书孔范言于后主曰：“长江天堑，古以为限隔[④]南北，今日虏军岂能尽度邪？臣每患官卑，虏若渡江，臣定作太尉公矣[⑤]。”或妄言北军马死，范曰：“此是我马，何为而死？”帝笑以为然[⑥]，故不为深备。已而国亡，身窜

远裔[7]。

唐元宗有克复中原之志，及下南闽，意以谓诸国可指麾而定，而事力穷薄[8]，且无良将。魏岑因侍宴言[9]："臣少游玩城，好其风物，陛下平中原，臣独乞任魏州。"元宗许之。岑趋墀下拜谢，人皆以为佞。

孟蜀通奏使王昭远，居常[10]好大言，有杂耕渭上之志，闻王师入讨，对宾客掇手言："此送死来尔！乘此逐北[11]，遂定中原，不烦再举也。"不两月蜀亡，昭远为俘。

此四臣之佞，本为爵禄及一时容悦[12]而已，亦可悲哉！

·注释·

①全富：非常富裕。

②士马最强：兵强马壮。

③案秦旧迹：学习秦国的做法。案，按照。

④限隔：隔断，阻隔。

⑤臣定作太尉公矣：我一定能登上太尉的宝座，意谓在抗隋战争中立下大功。

⑥然：正确。

⑦身窜远裔：逃亡远方。

⑧事力穷薄：实力弱小。

⑨因侍宴言：在宴会上说。

⑩居常：平常。

⑪逐北：出兵北伐。

⑫容悦：龙颜大悦，即博得皇帝的宠爱。

·译文·

隗嚣准备叛汉，马援极力阻止，而其部将王元说：“现在天水十分富裕，兵强马壮，我们应该像秦人那样，表里山河。请允许我用一个泥丸替大王您封上函谷关。”于是隗嚣反叛的决心下定，最后父子被杀，王元也投降了刘秀。

隋文帝准备伐陈，大军临江，都官尚书孔范对陈后主说：“长江天险，自古以来就阻隔着南北方的交通，现在敌军难道能够飞渡吗？我常常为我的官位太低感到不安，敌军如果胆敢渡江，我一定能够立功之后登上太尉的宝座。”有人胡说隋军的战马死了不少，孔范说：“这是我们的军马，为什么会死呢？”陈后主笑着表示赞同，并不做认真的准备。不久陈国灭亡，孔范也逃窜远方。

唐元宗有夺取中原的雄心壮志，灭了南闽之后，认为各国可以指麾而定，然而实力弱小，并且没有一员良将。魏岑在宴会上对元宗说：“我从小就游过元城，喜欢这里的风俗和物产，陛下您平定了中原，我单单请求委任我做魏州的地方官。”元宗答应了，魏岑快步到台阶下拜谢，世人认为这是故意在用花言巧语骗人。

后蜀的通奏使王昭远，平常就好说大话，志向是杂耕于渭水之上。听到宋军来攻，对宾客搓着手说：“这是来送死的！趁此机会我们北伐，平定中原，不用麻烦再次用兵了。”这话说过不到两个月，蜀就灭亡了，王昭远本人也被宋军俘虏。

这四位的花言巧语，本来是为了爵禄以及博得一时的宠爱，也太可怜了！

卷　六

鄱阳七谈

原文

鄱阳素无图经地志[①]，元祐六年，馀干进士都颉，始作《七谈》一篇，叙土风人物，云：“张仁有篇，徐濯有说，顾雍有论，王德琏有记，而未有形于诗赋之流者，因作《七谈》。”其起事则命以“建端先生”，其止语则以“毕竟”。其一章，言澹浦、彭蠡山川之险胜，番君之灵杰。其二章，言滨湖蒲鱼之利，膏腴七万顷，柔桑蚕茧之盛。其三章，言林麓木植之饶，水草蔬果之衍，鱼鳖禽畜之富。其四章，言铜冶铸钱，陶埴为器。其五章，言宫寺游观，王遥仙坛，吴氏润泉，叔伦戴堤。其六章，言鄱江之水。其七章，言尧山之民，有陶唐之遗风。凡三千余字，自谓八日而成，比之太冲十稔、平子十年为无慊[②]。予偶于故箧中得之，惜其不传于世，故表着于此。其所引张、徐、王、顾所著，今不复存，更为可恨[③]也！

注释

①图经地志：泛指地理方面的著作。图经，附有图画、地图的书籍或地理志。地志，记载国或区域的地形、气候、居民、政治、物产、交通等的变迁的书。

②无慊：不逊色。

③可恨：可惜。

鄱阳地区一直没有地理方面的著作，哲宗元祐六年（1091 年），馀干进士都颉才作了一篇《七谈》，叙述这一地区的风土民情，他写道："张仁、徐濯、顾雍、王德琏等人曾经写过文章，却从来没有人用诗赋的形式对这一地区的风情加以记述，所以我写下这篇《七谈》。"它的记事起于"建端先生"，止于"毕竟"。第一章讲了澹浦、彭蠡的险要山川、番君的英明。第二章讲述湖滨地区发达的渔业、农业和蚕桑业的情况。第三章讲述林业、蔬菜和副业生产的情况。第四章记述冶炼、陶埴等手工业生产。第五章记述寺院情况：王遥仙坛、吴氏润泉、叔伦戴堤。第六章讲鄱江之水。第七章讲当地纯朴的民风。一共三千余字，都颉自己说八天写成，比之太冲十稔、平子十年一点也不逊色。偶然中我从旧籍子里翻到了它，为它没有流传于世而感到惋惜，所以写在这里以示表彰。他所引张、徐、王、顾的著作，现在都已失传，更为可惜了！

卜筮不敬

原文

古者龟为卜，筴[①]为筮，皆兴神物以前民用。其用之至严，其奉之致敬，其求之至悉，其应之至精[②]。斋戒乃请[③]，问不相袭[④]，故史祝所言，其验若答。周史筮陈敬仲，知其八世之后莫之与京[⑤]，将必代齐有国。史苏占晋伯姬之嫁，而及于为嬴败姬，惠、怀之乱。至邃至赜[⑥]，通于神明。后世浸以不然，今而愈甚。至以饮食猥杂之际，呼日者隅坐，使之占卜，往往不加冠裳，一问四五，而责其术之不信，岂有是理哉！善乎班孟坚之论曰："君子将有为也，将有行也，问焉而以言，其受命也如响。及至衰世[⑦]，懈于斋戒，而娄烦卜筮，神明不应。故筮渎不告，《易》以为忌；龟厌不告[⑧]，《诗》以为刺。"谓《周易》之《蒙》卦曰："初筮告，再三渎，渎则不告。"《诗·小旻》之章云："我龟既厌，不我告犹[⑨]。"言卜问烦数，狎嫚于龟，龟灵厌之，不告以道也。汉世尚尔，况在于今，未尝顷刻尽敬，而一归咎于淫巫瞽史[⑩]，其可乎哉！

·注释·

①筴：蓍草，古时常用来筮算。

②其应之至精：神物的应答也极为精确。

③斋戒乃请：斋戒后才敢请问。

④袭：因袭，重复。

⑤京：抗争。

⑥至赜：极其深奥微妙。亦指极深奥微妙的道理。

⑦衰世：风俗衰败。

⑧龟厌不告：神龟厌烦了也不回答。

⑨不我告犹：即“不告我犹”，不再告诉我们未来的吉凶。

⑩淫巫瞽史：占卜者。

·译文·

古代用龟壳占卜，用蓍草筮算，这些神物都为我们的先民们所使用。先民们使用得非常严格，尊奉得十分虔敬，求问极为详细，所以神物的应答也极为精确。询问以前先斋戒，问题不相重复，所以卜祝的话，就像回答问题一样灵验。周王室史官替陈完占卜，知道他八世之后没有人能与他抗争，必将代姜氏而有齐国。史苏占卜晋国的伯姬出嫁，将赶上怀嬴败坏姬氏，以及晋惠公和晋怀公时代的动乱。这其中的奥妙，简直直通神明。后世浸坏，今天更甚。甚至在吃饭杂闹的时候，让占卜者坐在角落里进行占卜，往往衣冠不整，接连发问，这样却要批评占卜不能应验，哪有这样的道理！班固说得好：“君子有所动作，外出行动，问而有答，十分灵验。后世风俗衰败，懈于斋戒，而屡烦卜筮，神明也不应验了。所以亵渎之后神灵就不会告诉你，《周易》以此为忌，神龟烦了就不回答，《诗经》对此进行了批评。”这里说的是《周易·蒙》卦：“初次卜筮，神灵回答你；反复卜筮，亵渎了神明，神明就不回答了。”《诗经·小雅·小旻》说：“我们的灵龟已经厌倦，不再告诉我们未来的吉凶。”这是说卜问太多了，狎嫚了灵龟，灵龟厌倦后就不再把吉凶告诉出来。汉代尚且如此，何况今天？顷刻的虔敬也没有，却把不灵验的责任统统归结到占卜者的身上，这怎么能行呢？

糖霜谱

原文

糖霜之名，唐以前无所见，自古食蔗者始为蔗浆，宋玉《招魂》所谓“胹鳖炰羔有柘浆”是也。其后为蔗饧[①]，孙亮使黄门就中藏吏取交州献甘蔗饧是也。后又为石蜜，《南中八郡志》云：“笮甘蔗汁，曝成饴，谓之石蜜。”《本草》亦云，“炼糖和乳为石蜜”是也。后又为蔗酒，唐赤土国用甘蔗作酒，杂以紫瓜根是也。唐太宗遣使至摩揭陁国，取熬糖法，即诏扬州上诸蔗，榨沉如其剂，色味愈于西域远甚，然只是今之砂糖。蔗之技尽于此，不言作霜，然则糖霜非古也。历世诗人模奇写异[②]，亦无一章一句言之，唯东坡公过金山寺，作诗送遂宁僧圆宝云：“涪江与中泠，共此一味水。冰盘荐琥珀，何以糖霜美。”黄鲁直在戎州，作颂答梓州雍熙长老寄糖霜云：“远寄蔗霜知有味，胜于崔子水晶盐。

正宗扫地从谁说，我舌犹能及鼻尖。”则遂宁糖霜见于文字者，实始二公。甘蔗所在皆植，独福唐、四明、番禺、广汉、遂宁有糖冰，而遂宁为冠[③]。四郡所产甚微，而颗碎色浅味薄，才比遂之最下者，亦皆起于近世。唐大历中，有邹和尚者，始来小溪之繖山，教民黄氏以造霜之法。繖山在县北二十里，山前后为蔗田者十之四，糖霜户十之三。蔗有四色，曰杜蔗，曰西蔗，曰艻蔗，《本草》所谓荻蔗也，曰红蔗，《本草》昆仑蔗也。红蔗止堪[④]生啖，艻蔗可作砂糖，西蔗可作霜，色浅，土人不甚贵，杜蔗紫嫩，味极厚，专用作霜。凡蔗最困地力，今年为蔗田者，明年改种五谷以息之[⑤]。霜户器用，曰蔗削，曰蔗镰，曰蔗凳，曰蔗碾，曰榨斗，曰榨床，曰漆瓮，各有制度。凡霜，一瓮中品色亦自不同，堆叠如假山者为上，团枝次之，瓮鉴次之，小颗块次之，沙脚为下；紫为上，深琥珀次之，浅黄又次之，浅白为下。宣和初，王黼创[⑥]应奉司，遂宁常贡外，岁别进数千斤。是时，所产益奇，墙壁或方寸，应奉司罢，乃不再见。当时因之大扰，败本业者居半，久而未复。遂宁王灼作《糖霜谱》七篇，具载其说，予采取之以广闻见。

①饧：糖稀。

②模奇写异：喜欢猎奇。

③冠：首，最好。

④止堪：只适合。

⑤以息之：让田地休息。

⑥创：创立，设立。

译文

糖霜的名字，唐以前没有见过。古代吃蔗糖，最早制成的叫作“蔗浆”，宋玉《招魂》所说的“胹鳖炰羔有柘浆”，说的就是这个东西。后来出现了糖稀，孙亮派黄门到中藏吏那里取交州所献的甘蔗饧，甘蔗饧就是糖稀。后来又出现了石蜜，《南中八郡志》说：“榨甘蔗汁，晒成饴状的东西，就叫作石蜜。”《本草》也说，“炼糖和乳而成的东西叫石蜜”。后来又出现了蔗酒，唐时赤土国用甘蔗做酒，杂以紫瓜根，就是这个东西。唐太宗派使者到摩揭陁国去，学来熬糖的方法，太宗立即下诏扬州地区上交甘蔗，用其法榨糖，色味比西域糖强多了，然而只是今天的砂糖。蔗糖制作的技术只有这些，并不曾说过做糖霜的话，那么糖霜的制作只能是晚近的事情。历代诗人喜欢猎奇，也无一章一句提到过，只有苏东坡先生过金山寺时，作诗送给遂宁僧人圆宝才提到：“涪江与中泠，共此一味水。冰盘荐琥珀，何以糖霜美。”黄庭坚先生在戎州，作诗答谢梓州雍熙长老寄赠糖霜时写道：“远寄蔗霜知有味，胜于崔子水晶盐。正宗扫地从谁说，我舌犹能及鼻尖。”遂宁糖霜见于文字记载，的确是从苏、黄二位开始的。甘蔗到处都种，只有福唐、四明、番禺（今属广东)、广汉、遂宁出产糖冰，其中遂宁的最好，其他四个地方的产量低，而且颗碎、色浅、味薄，只能比上遂宁的最低级，也都是近代才学会制作的。唐朝宗大历中，有个叫邹和尚的人来到小溪的繖山，开始教当地一个姓黄的老百姓制作糖霜的方法。繖山在小溪县城北二十里，山前山后十分之四的土地都种上了甘蔗，十分之三的人家从事熬糖的工作。当地的甘蔗有四个品种：杜蔗、西蔗、艻蔗，这就是《本草》所说的荻蔗，红蔗，即《本草》上的昆仑蔗。红蔗只能生吃，艻蔗可做砂糖；西蔗可做糖霜，因其色浅，当地人不很稀罕；杜蔗紫嫩，味极甜，专门用来做糖霜。种甘蔗最耗地力，今年做蔗田，明年必须改种粮食以休息地力。制作糖霜人家所持的器械，有蔗削、蔗镰、蔗凳、蔗碾、榨斗、榨床、漆瓮等，各有标准。一瓮之中的糖霜质量也分不同的等级，堆叠得像假山一样的为上等，像团枝一样的稍次一些，像瓮鉴一样的再次些，小颗粒的再次些，像沙子一样的为末等。从颜色上说，一等为紫色，二等为深琥珀色，浅黄为三等，浅白为下。徽宗宣和初年，王黼创设应奉司，遂宁在定额之外，每年还必须另外贡献几千斤。当时，出产很少，墙壁或方寸，应奉司撤了之后，就再见不到了。当时搞得人心惶惶，破产者过半，元气很长时间恢复不过来。遂宁人王灼作《糖霜谱》七篇，把这件事记载得很详细，我采摘一些过来使之传播得更广泛些。

卷　七

盛衰不可常

原文

东坡谓废兴成毁不可得而知[①]。予每读书史，追悼古昔，未尝不掩卷而叹。伶子于叙《赵飞燕传》，极道其姊弟[②]一时之盛，而终之以荒田野草之悲，言盛之不可留，衰之不可推[③]，正此意也。国初时，工部尚书杨玢长安旧居，多为邻里侵占，子弟欲以状诉其事，玢批纸尾，有“试上含元基上望，秋风秋草正离离[④]”之句。方去唐末百年，而故宫殿已如此，殆于宗周《黍离》之咏矣。慈恩寺塔有荆叔所题一绝句，字极小而端劲[⑤]，最为感人。其词曰：“汉国河山在，秦陵草树深。暮云千里色，无处不伤心。”旨意高远，不知为何人，必唐世诗流所作也。李峤[⑥]《汾阴行》云：“富贵荣华能几时，山川满目泪沾衣。不见只今汾水上，唯有年年秋雁飞。”明皇闻之，至于泣下。杜甫《观画马图》云：“忆昔巡幸新丰宫，翠华拂天来向东。腾骧磊落三万匹，皆与此图筋骨同。君不见金粟堆前松柏里，龙媒去尽鸟呼风。”《公孙大娘弟子舞剑器行》云：“先帝侍女八千人，公孙剑器初第一。五十年间似反掌，风尘澒洞昏王室。梨园弟子散如烟，女乐余姿映寒日。”元微之《连昌宫词》云：“两宫定后六七年，却寻家舍行宫前。庄园烧尽有枯井，行宫门闼[7]树宛然。”又云：“舞榭欹倾[8]基尚存，文窗[9]窈窕纱犹绿。”“上皇偏爱临砌花，依然御榻临阶斜。”“寝殿相连端正楼，太真梳洗楼上头。晨光未出帘影黑，至今反挂珊瑚钩。指似傍人因恸哭，却出宫门泪相续。”凡此诸篇，不可胜纪。《飞燕别传》以为伶玄所作，又有玄自叙及桓谭跋[10]语。予切[11]有疑焉，不唯其书太媟，至云杨雄独知之，雄贪名矫激，谢不与交；为河东都尉，捽辱决曹班躅，躅从兄子彪续司马《史记》，绌子于无所叙录，皆恐不然。而自云：“成、哀之世，为淮南相。”案，是时淮南国绝久矣，可照其妄也。因序次诸诗，聊载于此。

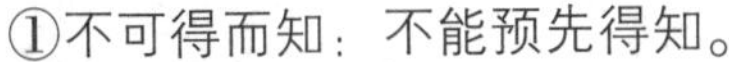

①不可得而知：不能预先得知。

②其姊弟：赵飞燕姐妹。

③推：改变。

④离离：盛多貌，此处指草木茂盛的样子。

⑤端劲：端正遒劲。

⑥李峤：唐朝诗人，对唐朝律诗和歌行的发展有一定影响。和

杜审言、崔融、苏味道并称“文章四友”。其诗绝大部分为五言近体，风格近似苏味道而文采更甚之。

⑦门闼：宫门。

⑧攲倾：歪倒，歪斜。

⑨文窗：刻有花纹的窗子。

⑩跋：文章或书籍正文后面的短文，说明写作经过、资料来源等与成书有关的情况。

⑪切：谦辞，代指自己。

苏东坡说兴衰成败不可能预先得知。每当我阅读史书、追思往古的人事，没有一次不是合上书卷便长长感叹。汉代伶玄写《赵飞燕传》，极力渲染飞燕姐妹一时间的荣宠，却以荒田野草的悲凉作为结尾，所谓贵盛不能永留，衰落是不可改变的结局，正是这个意思。宋朝初年，工部尚书杨玢在长安的旧居有不少被邻居们侵占去了，杨家的后代想递状告这件事，杨玢在状纸下面批了几句话，有一句说：“试上含元基上望，秋风秋草正离离。”唐朝灭亡还不到一百年，而故宫旧殿就变成这般模样，几乎和宗周《黍离》的歌咏差不多了。慈恩寺的塔壁上有荆叔题写的一首绝句，字很小但很端正遒劲，写得非常感人。这首诗写道：“汉国河山在，秦陵草树深。暮云千里色，无处不伤心。”寓意深沉高远，不知作者荆叔是什么人，但肯定是唐朝诗人的笔墨。李峤《汾阴行》说：“富贵荣华能几时，山川满目泪沾衣。不见只今汾水上，唯有年年秋雁飞。”唐玄宗读了之后，竟然为之伤心落泪。杜甫《观画马图》诗说：“忆昔巡幸新丰富，翠华拂衣来向东。腾骧磊落三万匹，皆与此图筋骨同。君不见金粟堆前松柏里，龙媒去尽鸟呼风。”《公孙大娘弟子舞剑器行》

说："先帝侍女八千人，公孙剑器初第一。五十年间似反掌，风尘澒洞昏王室。梨园弟子散如烟，女乐余姿映寒日。"元微的《连昌宫词》说："两宫定后六七年，却寻家舍行宫前。庄园烧尽有枯井，行宫门闼树宛然。"又说："舞榭欹倾基尚存，文窗窈窕纱犹绿。""上皇偏爱临砌花，依然御榻临阶斜。""寝殿相连端正楼，太真梳洗楼上头。晨光未出帘影黑，至今反挂珊瑚钩。指似傍人因恸哭，却出宫门泪相续。"总之这样的诗篇，多得无法计数。《飞燕别传》世传伶玄所写，其书还载有伶玄的自序和桓谭的跋语，我对此颇有怀疑，不单单是因为这本书描写猥亵，至于说杨雄了解他，说杨雄由于顾惜名声，掩盖真情，所以不与伶玄交往；还有人说伶玄曾任河东都尉，殴打过决狱官班躅，班躅叔伯兄长的儿子班彪续写司马迁《史记》时，以伶玄没有像样的著述为由把他排除于史书之外，这些说法恐怕都不可信。伶玄的自序又说："汉成帝、哀帝时任淮南王相。"按，成帝、哀帝时淮南封国早就亡了，足可证明这种说法的荒谬。因而只摘录上述这些诗篇，附记在此。

叙西汉郊祀天地

原文

郊祀合祭、分祭[①]之论，国朝元丰、元祐、绍圣中三议之矣，莫辩[②]于东坡之立说，然其大旨驳当时议臣，谓周、汉以来，皆尝合祭，及谓夏至之日行礼为不便。予固赞美之于《四笔》矣。但熟考[③]《汉史》，尤为未尽。自高皇帝增秦四畤为五，以事天地。武帝以来，至于元、成，皆郊见甘泉[④]。武帝因幸汾阴，始立后土祠

于脽上，率岁岁间举之，或隔一岁，常以正月郊泰畤，三月祠后土。成帝建始元年，初立南北郊，亦用正月、三月辛日，而罢甘泉、汾阴之祭。元丰、祐、绍三议，皆未尝及此。盖盛夏入庙出郊，在汉礼元不然也。是时，坡公以非议者所起，故不暇更为之说，似不必深攻[⑤]合祭为王莽所行，庶几往复考赜[⑥]，不至矛盾，当复俟知礼者折中之焉。

①合祭：天神地底合在一起祭祀。分祭：将天神和地底分开祭祀。

②辩：明白。

③熟考：仔细考察。

④郊见甘泉：在甘泉宫进行祭祀。

⑤深攻：仔细查究并非议。

⑥考赜：考察。

郊祀中的合祭和分祭，本朝元丰、元祐、绍圣年中已经议论了三次，没有比苏轼的议论更明白的，然而苏轼之说的主要目的在于驳斥当时参加议论的大臣，说周、汉以来，都曾是合祭天地，并说夏至这一天行郊祭礼十分不便。我原已在《容斋四笔》中予以赞美。但是我仔细地考察《汉书》，感到苏轼之说还不是十分详尽。自从汉高祖刘邦把秦朝的四个祭地增为五个，并以此敬事天地。汉武帝以

后，直到元帝、成帝，都在甘泉宫进行祭祀。因汉武帝曾巡行于汾阴，才在脽上建立了后土祠，其后年年都到那里去祭后土，有时也隔一年去一次，通常是正月里祭泰畤，三月里祭后土。汉成帝建始元年（公元前 29 年），开始设立南北两郊，也还采用正月和三月的辛日祭天地，此后取消了甘泉和汾阴的郊祭活动。元丰、元祐、绍圣年间的三次议论，都没有说到这些。看来盛夏之时进入庙中、外出郊野，在汉代的礼制中原本就不是如此。当时，苏东坡由于持错误意见的大臣占了上风，所以来不及再提出详尽的说法。看来似乎没有必要深究合祭是王莽实行的制度，或许可以通过更详密的考证，使之不至于自相矛盾，这就要等待深知礼制的学者来为之折中了。

卷　八

唐臣乞赠祖

原文

唐世赠[①]典为一品乃及祖，余官只赠父耳。而长庆中流泽[②]颇异，白乐天制集有户部尚书杨於陵，回赠其祖为吏部郎中，祖母崔氏为郡夫人。马总准制赠亡父，亦请回其祖及祖母。散骑常侍张惟素亦然。非常制也[③]。是时，崔植为相，亦有《陈情表》云："亡父婴甫，是臣本生；亡伯祐甫，臣今承后。嗣袭虽移，孝心则在。自去年以来，累有庆泽，凡在朝列，再蒙追荣，或有陈乞，皆许回授。臣猥[④]当宠擢，而显扬之命，独未及于先人。今请以在身官秩，并前后合叙勋封，特乞回充追赠。"则知其时一切之制如此。伯兄文惠执政，乞以己合转官回赠高祖，既已得旨，而为后省封还。固近无此比[⑤]，且失于考引唐时故事也。

·注释·

①赠：赠官。指朝廷对功臣的先人或本人死后追封的官职和爵位。

②流泽：流布恩德。

③非常制也：不是通行的制度。

④猥：不才，自谦之意。

⑤近无此比：近代没有追赠的先例。

·译文·

唐朝赠官的规矩是一品官员才能追赠祖父，其他官员只能追赠到父亲。但是唐穆宗长庆年间，皇帝的恩泽特别优异。白居易的文集中有写户部尚书杨於陵，他的祖父被追赠为吏部郎中、祖母崔氏为郡夫人。马总得到恩准追赠已故的父亲，也请求皇帝追赠他的祖父母。散骑常侍张惟素也是这样。看起来这并不是法定制度。当时崔植担任宰相，也写了一篇《陈情表》说："已故父亲婴甫，是微臣的生身之父；已故伯父祐甫，是微臣的养父。虽然过继给伯父，但孝敬亲父之心还在。自去年以来，朝廷对大臣们屡施恩泽，凡是在朝群臣都得到陛下追赠先人的荣宠，只要陈情祈求，都准许追赠授官。微臣不才得到奖拔重用，但是荣显的恩泽还没有施及先人。如今微臣请求根据官位和前后的荣封，追赠微臣的先人。"这样看来当时的法定制度就是如此。我的长兄洪适当宰相时，请求用合转官来追赠高祖，虽然得到皇帝应允，但却被中书省封还了。此种追赠近代虽然没有前例，却是他们却没有详细考察唐朝的旧例。

卷　九

擒鬼章祝文

原文

东坡在翰林作《擒鬼章奏告永裕陵祝文》云："大猾获禽，必有指踪之自[①]。丰年多廪[②]，孰知耘耔[③]之劳？昔汉武命将出师，而呼韩来庭[④]，效于甘露；宪宗历尽讲武[⑤]，而河湟恢复，见于大中。"其意盖以神宗有平唃氏之志，至于元祐，乃克有成，故告陵归功，谓武帝、宪宗亦经营于初，而绩效在于二宣之世，其用事精切[⑥]如此。今苏氏眉山功德寺所刻大小二本，及季真给事在临安所刊，并江州本、麻沙书坊《大全集》，皆只自"耘耔"句下，便接"憬彼西戎，古称右臂"。正是好处，却芟[⑦]去之，岂不可惜？唯成都石本法帖真迹，独得其全。坡集奏议中登州上殿三札，皆非是[⑧]。司马季思知泉州，刻温公集，有作中丞日弹[⑨]王安石章，尤可笑。温公以治平四年解中丞，还翰林，而此章乃熙宁三年者。二集皆出本家子孙，而为妄人所误[⑩]，季真、

季思不能察耳。坡内制有《温公安葬祭文》，云："元丰之末，天步为艰。社稷之卫，中外所属。惟是一老，屏予一人⑪。名高当世，行满天下⑫。措国于泰山之安⑬，下令于流水之源。岁月未周，纲纪略定。天若相之⑭，又复夺之。殄瘁之哀，古今所共⑮。知之者神考，用之者圣母。驯致其道⑯，太平可期。长为宗臣，以表后世。往奠其葬，庶知⑰予怀！"而石本颇不同，其词云："元丰之末，天步惟艰⑱。社稷之卫，存者有几？惟是一老，屏予一人。措国于泰山之安，下令于流水之源。岁未及其，纲纪略定。道之将行，非天而谁？天既予之，又复夺之。惟圣与贤，莫如天何！然其所立，天亦不能亡也。知之者神考，用之者圣母。驯致其道，终于太平。永为宗臣，与国无极。于其葬也，告诸其柩⑲。"今莫能考其所以异也。

·注释·

①指踪之自：指挥得当。

②廪：仓廪，仓库，此处代指粮食。

③耘耔：耕耘播种。

④呼韩来庭：指西汉时期匈奴单于呼韩邪来到汉廷。

⑤历尽讲武：励精图治，用武力来强国。

⑥精切：精准恰当。

⑦芟：删除。

⑧皆非是：都不是苏轼所写。

⑨弹：弹劾。

⑩而为妄人所误：可是被一些无知的人窜改。

⑪屏予一人：摒弃其他，只剩下唯一的人选。

⑫行满天下：他的举止天下人都称颂不已。

⑬措国于泰山之安：把国家治理得如同泰山一般安定。太山，即泰山

⑭天若相之：上天要任用他为相。

⑮殄瘁之哀，古今所共：他为国家鞠躬尽瘁，人们对他的哀悼也如同古代贤臣。殄，尽，绝，这里代指死亡。瘁，鞠躬尽瘁。

⑯驯致其道：如果按照他的政策治理。

⑰庶知：无人知道。

⑱天步惟艰：宋神宗体弱多病。

⑲柩：灵柩，此处代指灵魂。

·译文·

苏轼任翰林学士时写了一篇《擒鬼章奏告永裕陵祝文》，文中写道："出猎收获很大，一定是由于指挥精当。丰年仓廪充实，谁想到农夫耕耘的辛劳？当年汉武帝派大将出征，匈奴单于呼韩邪就来到朝廷，在甘露年间俯首受降；唐宪宗励精图治，以武强国，河湟一带就重新纳入唐朝版图，功劳在大中年间突显出来。"文章想表达的是宋神宗立下扫平西夏唃氏的志向，直到元祐年间才取得成果，因此到先帝陵墓前报告，归功于先帝，指明汉武帝、唐宪宗时期开始

运筹谋划，到汉宣帝和唐宣宗时期取得成果，苏轼使用典故大多都是如此精当。如今苏氏眉山功德寺所刻的大字本、小字本，以及给事中苏季真在临安府所刻本，还有江州本、建阳麻沙书坊刻本《大全集》中，“耘耔之劳”一句之后都是接“憬彼西戎，古称右臂”句。其实“耘耔之劳”后面几句是点睛之笔，一旦删去岂不令人惋惜吗？只有成都石印的碑帖真迹保留了文章的原貌。苏轼文集的奏议部分有登州上殿三札，都不是苏轼所作。司马伋任泉州知州时，刻印了《司马温公集》，收录了司马光担任御史中丞时弹劾王安石的奏章，尤其可笑。司马光在英宗治平四年（1067 年）就不再担任御史中丞了，到了翰林院任职，而这篇奏章却作于神宗熙宁三年（1070 年）。两部文集的刻印者都是本家子孙，但是这些文章在刻印前都被一些人窜改过，苏季真、司马伋都没能审查出来而已。苏轼的翰院制词里有一首《温公安葬祭文》，文中写道：“元丰末年，神宗多病。急需一位保卫社稷的贤臣，朝廷内外都中意的唯有一人。那位老臣就是司马温公，除了他之外别无人选。他的名声真的当世无双，他的廉洁得到举世称颂。他把国家治理得像泰山一样稳固，他发号施令像流水一样畅通无阻。没有多久，朝廷纲纪便井井有条。是上天要他担任宰相，可偏偏又夺去了他的生命。他为国家鞠躬尽瘁，人们哀悼他如同哀悼古代贤臣。最了解他的是已驾崩的神宗，大胆任用他的是圣明的太后。如果按照他的政策治理，太平盛世指日可待。他长时间都是社稷之臣，可以垂范于后代。如今参加他的葬礼，谁能知道我内心的伤感！”但是石印本中的字句却出入很大，石印本中是：“元丰末年，神宗多病。急需一位保卫社稷的贤臣，但是存世的贤者还有几人？那位老臣就是司马温公，除了他之外别无人选。他把国家治理得像泰山一样稳固，他发号施令像流水一样畅通无阻。不到一年，朝廷纲纪便井井有条。开明的政令得以实施，这不是上天的意志又是谁的呢？上天既把大任交付给他，可偏偏又夺去了他的生命。看来即便是圣人和贤人，对于天意也无可奈何！然而他建立的功绩，是上天都夺不走的。最了解他的是已驾崩的神宗，大胆任用他的是圣明的太后。如果按照他的政策治理，最终能出现太平盛世。让他久任宰相之职，对国家的贡献则无人可比。如今在他的葬礼上，我以此文来告慰他的英灵。”今天已经无法考证二者为什么相差如此之大。

欧公送慧勤诗

原文

国朝承平之时，四方之人，以趋京邑为喜。盖士大夫则用功名进取系心，商贾则贪舟车南北之利[①]，后生嬉戏则以纷华盛丽而悦。夷考其实，非南方比也[②]。读欧阳公《送僧慧勤归馀杭》之诗可知矣。曰：“越俗僭宫室，倾赀[③]事雕墙。佛屋尤其侈，耽耽拟侯王。文采[④]莹丹漆，四壁金焜煌。上悬百宝盖，宴坐以方床。胡为弃不居，栖身客京坊？辛勤营一室，有类燕巢梁。南方精饮食，菌笋比羔羊。饭以玉粒粳，调之甘露浆。一馔费千金，百品罗成行。晨兴未饭僧，日昃[⑤]不敢尝。乃兹随北客，枯粟充饥肠。东南地秀绝，山水澄清光。馀杭几万家，日夕焚清香。烟霏四面起，云雾杂芬芳。岂如车马尘，鬓发染成霜。三者孰苦乐？子奚勤四方！”观此诗中所谓吴越宫室、饮食、山水三者之胜，昔日固

如是矣。公又有《山中之乐》三章送之归。勤后识东坡，为作诗集序者。

·注释·

①舟车南北之利：做买卖的利润。古时做买卖都要车马劳顿，转运货物，故有此说。

②非南方比也：并不是南宋才这样。

③赀：钱财。

④文采：文采。

⑤昃：太阳偏西。

·译文·

在本朝的太平时节，四面八方的人都已来到京城杭州为一大乐事。士大夫到这里求取功名；商人到这里是贪图买卖上的利益；少年们到这里是喜欢它的繁华壮丽。仔细考察，不是南方能比得上的。读欧阳修的《送僧慧勤归馀杭》这首诗就知道了。诗中说："越俗僭宫室，倾赀事雕墙。佛屋尤其侈，眈眈拟侯王。文采莹丹漆，四壁金焜煌。上悬百宝盖，宴坐以方床。胡为弃不居，栖身客京坊？辛勤营一室，有类燕巢梁。南方精饮食，菌笋比羔羊。饭以玉粒粳，调之甘露浆。一馔费千金，百品罗成行。晨兴未饭僧，日昃不敢尝。乃兹随北客，枯粟充饥肠。

东南地秀绝，山水澄清光。馀杭几万家，日夕焚清香。烟霏四面起，云雾杂芬芳。岂如车马尘，鬓发染成霜。三者孰苦乐？子奚勤四方！”从诗里可以看出，吴越的宫室、饮食和山水都是绝佳的，在当时就是如此了。欧阳修还有《山中之乐》三章也是送慧勤返回馀杭的。慧勤后来结识了苏轼，还为苏轼的诗集写了序言。

东不可名园

原文

今人亭馆园池，多即其方隅[①]以命名。如东园、东亭、西池、南馆、北榭之类，固为简雅，然有当避就处。欧阳公作《真州东园记》，最显。案《汉书·百官表》：“将作少府，掌治宫室。属官有东园主章。”注云：“章谓大材也。主章掌大材，以供东园大匠。”绍兴三十年，予为省试参详官，主司委出词科题，同院或欲以“东园主章”为箴[②]，予曰：“君但知《汉表》耳！《霍光传》：‘光之丧，赐东园温明。’服虔曰：‘东园处此器，以镜置其中，以悬尸上。’师古曰：‘东园，署名也，属少府。其署主作此器。’《董贤传》：‘东园秘器以赐贤。’注引《汉旧议》：东园秘器作棺。若是岂佳处乎？”同院惊谢而退[③]。然则以东名园，是为不可。予有两园，适居东西，故扁西为西园，而以东为东圃，盖避此也。

注释

①方隅：方位。

②箴：考题。

③惊谢而退：大吃一惊，道歉而去。

如今人们建造亭台楼馆、园林水池，大多根据它们的方位来命名。比如东园、东亭、西池、南馆、北榭之类，虽然简单雅致，可是还是应该有所避忌。欧阳修写《真州东园记》就是个明显例子。按照《汉书·百官表》中所说：“将作少府主管修建宫室，他的属官有东园和主章。”注释说：“章指的是硕大的木材。主章主管搜求大木材，供东园大匠选用。”绍兴三十年（1160年）时，我担任省试参详官，主管官员委托我们出词科的考题，同僚中有人想以“东园主章”为题，我说：“您只看过《汉书·百官公卿表》吧！《霍光传》说：‘霍光死后，朝廷赏赐了东园制造的葬器。’服虔解释说：‘东园所制作的葬器，其中有一面镜子，恰好悬在尸体上方。’颜师古说：‘东园，署官的名称，隶属于少府。他主要负责制作这种葬器。’《董贤传》说：‘将东园的秘器赐给董贤。’注释引用《汉旧议》说：东园秘器就是棺材。真是这样的话，哪里算好去处呢？”同僚听罢，吃了一惊，道歉之后退下了。这样看来，把园林叫作“东园”，是不可以的。我有两个园子，正好一东一西，之所以把西面的园子称作西园，而把东面的园子称作东圃，主要就是为了避讳这个。

卷　十

哀公问社

原文

哀公问社[①]于宰我，宰我对曰："夏后以松，殷人以柏，周人以栗。"曰："使民战栗。"子闻之曰："成事不说，遂[②]事不谏，既往不咎。"古人立社，但各因其土地所宜木为之，初非求异而取义于彼也。哀公本不必致问，既闻用栗之言，遂起"使民战栗"之语。其意谓古者弗用命戮于社，所以威民。然其实则非也。孔子责宰我不能因事献可替否，既非成事，尚为可说，又非遂事，尚为可谏，且非既往，何咎之云。或谓"使民战栗"一句，亦出于宰我，记之者欲与前言有别，故加"曰"字以起之，亦是一说。然战栗之对，使出于我，则导君于猛[③]，显为非宜。出于哀公，则便即时正救[④]，以杜其始。两者皆失之，无所逃于圣人之责也。哀公欲以越伐鲁而去三家，不克成，卒为所逐[⑤]，以至失邦，其源盖在于此。何休注《公羊传》云："松，犹容也，

想见其容貌而事之，主人正之意也。柏，犹迫也，亲而不远，主地正[⑥]之意也。栗犹战栗，谨敬貌，主天正[⑦]之意也。”然则战栗之说，亦有所本。《公羊》云：“虞主用桑[⑧]，练主用栗[⑨]。”则三代所奉社，其亦为松、柏、栗为神之主乎？非植此木也。程伊川之说有之。

·注释·

①问社：询问做社主用的树木。社主，指土地神的神像。

②遂：完成。

③猛：刚猛，严酷。

④正救：用劝谏的方法使之走向正道。

⑤卒为所逐：最后被逐。

⑥地正：地祉。

⑦天正：天神。

⑧虞主用桑：国君刚死时进行虞祭的神主要用桑木。

⑨练主用栗：国君周年时进行练祭的神主要用栗木。

·译文·

鲁哀公找宰我询问土地神神像要用什么木材，宰我回答：“夏代用松木，商代用柏木，周代用栗木。”哀公说：“用栗木，是想让人民战栗、畏惧。”孔子听说后责备宰我说：“已经做过的事就不用再解释了，已经完成的事就不便再直言规劝了，已经过去的事就不必再追究了。”古代人立土地神的木主，不过是选择当地常见的树木来制作，最初并不是有意区别并利用其各自的含义。鲁哀公根本就没必要问，听说“用栗木”之后，马上说出“想让人民战栗”这样的

话。他的意思是说古时候虽然没有严命，但在使用土地神的神主时还是有所象征的，主要用这种象征来震慑百姓，但其实他这种想法是错误的。孔子责备宰我没有献上劝善规过的建议，这件事还没有成为定局，那就可以再劝说，还没有完成，还可以再劝谏，既然不是已经过去的事，还有什么可追究的呢？还有人说“使民战栗”这一句也出自宰我之口，记载这件事的人想让这句话和前边几句加以区别，所以又加上一个“曰”字来提示，这也是一种解释。然而“使民战栗”这句话，如果是出自宰我之口，那么他就是在引导国君趋向严酷，显然是错误的。而如果是出自哀公之口，那还可以马上劝谏他，从一开始杜绝他趋向严酷。无论哪种说法宰我都犯了错误，无法逃避圣人的责备。鲁哀公想借越人的力量攻打掌握鲁国实权的仲孙、叔孙、季孙氏三大家族，没能成功，自己反而被驱逐出境，失去君位，根源或许就是过于严酷。何休注释《春秋公羊传》说：“松，比喻的是君主的容貌，看到松树就想到君主端庄肃穆的容貌并侍奉他，说的是人君之道。柏，即迫近，亲近而并不遥远，说的是和地神的亲近关系。栗，即战栗，说的是谨慎恭敬的样子，说的是对天神的敬畏。”看来“使民战栗”的说法也是有所依据的。《公羊传》说：“国君死去，虞祭时的木主要用桑木；一周年时举行练祭，木主要用栗木。”看来夏、商、周三代不仅供奉社主用松、柏、栗，就是先王的神主也用松、柏、栗吧！这里说的并不是在土地庙周围种的树木。程颐先生有过这样的说法。

绝句诗不贯穿

原文

“夜凉吹笛千山月，路暗迷人百种花。棋罢不知人换世，酒阑无奈客思家。”此欧阳公绝妙之语。然以四句各一事，似不相贯穿，故名之曰《梦中作》。永嘉士人薛韶喜论诗，尝立一说云：“老杜近体律诗，精深妥帖，虽多至百韵，亦首尾呼应，如常山之蛇[1]，无间断龃龉[2]处。而绝句乃或不然，五言如‘迟日江山丽，春风花草香。泥融飞燕子，沙暖睡鸳鸯’‘急雨梢溪足，斜晖转树腰。隔巢黄鸟并，翻藻白鱼跳’‘江动月移石，溪虚云傍花。鸟栖知故道，帆过宿谁家’‘凿井交棕叶，开渠断竹根。扁舟轻袅缆，小径曲通村’‘日出篱东水，云生舍北泥。竹高鸣翡翠，沙僻舞鹍鸡’‘钓艇收缗[3]尽，昏鸦接翅稀。月生初学扇，云细不成衣’‘舍下笋穿壁，庭中藤刺檐。地晴丝冉冉，江白草纤纤’，七言如‘糁径杨花铺白毡，点溪荷叶叠青钱。笋根雉子无人见，沙上凫雏傍母眠’‘两个黄鹂鸣翠柳，一行白鹭上青天。窗含西岭千秋雪，门泊东吴万里船’之类是也。”予因其说，以《唐人万绝句》考之，但有司空图[4]《杂题》云：“驿步[5]堤萦阁，军城鼓振桥。鸥和湖雁下，雪隔岭梅飘。”“舴艋猿偷上，蜻蜓燕竞飞。樵香烧桂子，苔湿挂莎衣。”

①常山之蛇：传说中一种能首尾互相救应的蛇，形容活动灵活。

②间断龃龉：间断梗阻。

③缗：钓鱼用的绳子。

④司空图：字表圣，河中虞乡人，晚唐诗人、评论家，其诗论《诗品》对后世影响深远。

⑤驿步：水驿的停船处。

·译文·

“夜凉吹笛千山月，路暗迷人百种花。棋罢不知人换世，酒阑无奈客思家。”这是欧阳修的绝妙诗句。这四句每句独立说了一件事，好像没有贯穿其中的主线，所以题为《梦中作》。永嘉（今浙江温州）士子薛韶喜欢评论诗歌，曾创立一种学说说：“杜甫的近体律诗，意义深远，用词熨帖，即使多达一百韵，也能前后呼应，就像常山灵活的巨蛇一样，中间没有一点间断、梗阻的地方。但是他的绝句却不是这样，五言绝句像‘迟日江山丽，春风花草香。泥融飞燕子，沙暖睡鸳鸯’‘急雨梢溪足，斜晖转树腰。隔巢黄鸟并，翻藻白鱼跳’‘江动月移石，溪虚云傍花。鸟栖知故道，帆过宿谁家’‘凿井交棕叶，开渠断竹根。扁舟轻袅缆，小径曲通村’‘日出篱东水，云生舍北泥。竹高鸣翡翠，沙僻舞鹍鸡’‘钓艇收缗尽，昏鸦接翅稀。月生初学扇，云细不成衣’‘舍下笋穿壁，庭中藤刺檐。

地晴丝冉冉，江白草纤纤’，七言绝句像‘糁径杨花铺白毡，点溪荷叶叠青钱。笋根雉子无人见，沙上凫雏傍母眠’‘两个黄鹂鸣翠柳，一行白鹭上青天。窗含西岭千秋雪，门泊东吴万里船’之类，都是不相贯穿的。”我因袭他的说法，考察了《唐人万绝句》，只有司空图《杂题》：“驿步堤萦阁，军城鼓振桥。鸥和湖雁下，雪隔岭梅飘。”“舴艋猿偷上，蜻蜓燕竞飞。樵香烧桂子，苔湿挂莎衣。”两首是这样的。

卫宣公二子

原文

卫宣公二子之事，《诗》与《左传》所书，始末甚详，《乘舟》之诗，为伋、寿而作也。《左传》云：“宣公烝于庶母夷姜，生急子。为之娶于齐而美，公取之，生寿及朔。宣姜与公子朔谮[①]急子。宣姜者，宣公所纳伋之妻，翻谮其过[②]。公使诸齐，使盗待诸莘，将杀之。寿子告之，使行，不可。寿子载其旌以先，盗杀之，遂兄弟并命。”案，宣公以鲁隐四年十二月立，至桓十二年十一月卒，凡十有九年。姑以即位之始，便成烝乱，而急子即以次年生，势须[③]十五岁然后娶。既娶而夺之，又生寿、朔，朔已能同母谮兄，寿又能代为使者以越境，非十岁以下儿所能办也。然则十九年之间，如何消破[④]？此最为难晓也。

·注释·

①谮：进谗言诋毁。

②翻谮其过：她又反过来谗害她的前夫。谮，谗害。过，以前，这里代指前夫。

③势须：势必。

④消破：安排。

·译文·

卫宣公两个儿子的事，《诗经》和《左传》都记载了，来龙去脉十分详细。《诗经·二子乘舟》，就是为伋、寿而作的。《左传》中记载："卫宣公和庶母夷姜私通，生下急子。后来他为急子从齐国娶了一位妻子，十分美丽，宣公又强占了，生下了寿和朔。宣姜和公子朔一同谗毁急子。宣姜就是卫宣公霸占的急子的妻子，现在又反过来谗害她的前夫。宣公命急子出使齐国，派了武士假装盗贼在莘地埋伏，准备杀掉急子。寿把这个消息告了急子，让他赶紧逃走，急子不听。寿于是打着急子的旌旗抢先赶往齐国，盗贼杀死了寿，急子后来也赶来慷慨地与弟弟同死。"按，卫宣公在鲁隐公四年十二月即位，到鲁桓公十二年十一月死去，共在位十九年。就算他即位当年就与庶母私通，急子也必须在第二年才出世，按照常理必须十五岁才能娶妻。即使急子刚娶妻便被宣公夺去，又生下寿和朔，到了朔已经能与他母亲一起谗害兄长，而寿又能代替急子出使，这都不是十岁以下的小孩子能办到的。仔细分析的话，这些事在十九年之内是如何进行的呢？这一点实在难以理解。

谓端为匹

原文

今人谓缣帛一匹为壹端，或总言[1]端匹。按《左传》“币锦二两”注云：“二丈为一端，二端为一两，所谓匹也，二两，二匹也。”然则以端为匹非矣。《湘山野录》载夏英公镇襄阳，遇大礼赦恩，赐致仕官束帛，以绢十匹与胡旦，旦笑曰：“奉还五匹，请检《韩诗外传》及诸儒韩康伯等所解‘束帛戋戋’之义，自可见证。”英公检[2]之，果见三代束帛、束脩之制。若束帛则卷其帛为二端，五匹遂见十端，正合此说也。然《周易正义》及王弼注、《韩诗外传》皆无其语。文莹多荒诞[3]，不足取信。案，《春秋公羊传》“乘马束帛”注云：“束帛谓玄三纁二，玄三法天，纁二法地。”若文莹以此为证，犹之可也。

注释

①总言：合称。

②检：仔细查看。

③荒诞：任意，荒诞。

如今的人把一匹丝帛叫作一端，或者合称为端匹。按《左传》中“币锦二两”的注释说：“两丈为一端，两端为一两，这就是所谓的匹。二两，就是两匹。”如此一来，把一端叫作一匹是错的。《湘山野录》记载英公夏竦镇守襄阳时，遇到朝廷举办大典礼遇群臣，他奉命赏赐致仕官员束帛，于是就给了胡旦十匹丝绢，胡旦笑着说：“退回五匹，请你查验《韩诗外传》以及儒士韩康伯等人对‘束帛戋戋’的解释，就知道我为什么这样做了。”夏竦查验了一下，果然了解了三代时束帛、束修的制度。像束帛，就是把丝帛卷起来就是两端，五匹是十端，正与胡旦的说法吻合。但是读《周易正义》和王弼的注解、《韩诗外传》都没有记载这些话。写《湘山野录》的文莹这个人讲话十分随便，不足为信。按，《春秋公羊传》“乘马束帛”的注释说：“束帛指的是黑色布三匹，黄色布二匹，黑色三匹象征天，黄色二匹象征地。”如果文莹引用这句话为证，还是比较有说服力的。